GEORGES CANGUILHEM
ET L'UNITÉ DE L'EXPÉRIENCE

L'HISTOIRE DES SCIENCES – TEXTES ET ÉTUDES

Xavier ROTH

GEORGES CANGUILHEM ET L'UNITÉ DE L'EXPÉRIENCE

JUGER ET AGIR (1926-1939)

Ouvrage publié avec le concours du Centre d'Épistémologie et d'Ergologie Comparatives (CNRS – UMR 7304, Aix-Marseille Université)

PARIS
LIBRAIRIE PHILOSOPHIQUE J. VRIN
6, Place de la Sorbonne V^e

2013

Imprimé en France

ISSN 0768-4916
ISBN 978-2-7116-2491-1

www.vrin.fr

À Camille Limoges

PRÉFACE

Décidément, l'œuvre de Canguilhem ne connait pas le purgatoire qui suit fréquemment la disparition de l'auteur. Le remarquable ouvrage de Xavier Roth en est un témoignage supplémentaire et éclatant. Eclatant car il nous fait assister pour la première fois à la genèse d'une grande pensée philosophique au cours d'années, les années trente, assez décisives à de nombreux égards, sur les plans historique, politique et intellectuel. En bref, il nous fait assister à la transformation personnelle du Canguilhem disciple en Canguilhem maître – transformation qui ne s'est pas faite sans trouble ni même crise – signe indubitable d'authenticité philosophique, c'est-à-dire de l'intime liaison entre la vie et la pensée, l'homme et la philosophie. La vie propre, épreuve du réel, fait éclater les idées reçues, les évidences supposées, les convictions légitimes mais datées. Le pacifisme partagé avec Alain n'a pas résisté au choc des années trente. Canguilhem, enseignant à Toulouse au moment de la guerre d'Espagne, était aux premières loges. Le physiologiste Camille Soula, son collègue américain Walter Cannon qu'il recevait à Toulouse, s'employaient à aider les républicains espagnols dans leur lutte contre le fascisme. Une lutte que Canguilhem menait lui aussi dans les convulsions politiques françaises et qui, comme chacun sait, allait devenir beaucoup plus atroce bien au delà du contexte national. Si bien que, derrière l'évolution de la pensée philosophique de Canguilhem de la fin des années vingt à la fin des années trente, allant pour faire court d'une philosophie du jugement d'inspiration kantienne transmise par Lachelier, Lagneau et Alain, à une philosophie propre de la valeur, de l'agir et du choix, qui trouve ses domaines de référence dans la technique, la vie et finalement la médecine, il convient de se représenter une autre évolution, historique cette fois, par rapport à laquelle le philosophe prend parti. On aperçoit ainsi, à l'arrière-plan de la lecture philosophique des idées portées par les convictions intimes de leurs auteurs, la présence réelle de problèmes sociaux, politiques, idéologiques, aggravés par la crise des années trente et que Canguilhem, dans sa maturation, vit et pense à la fois.

C'est ainsi à Xavier Roth que je dois d'avoir finalement compris les raisons philosophiques de l'admiration de Canguilhem pour Foucault. Ces raisons tiendraient à ce que Foucault, dans *Les mots et les choses*, a exposé d'une manière systématique ce que Canguilhem avait lui-même vécu et pressenti, sans le formuler d'une manière aussi nette, à savoir l'effacement du sujet, *cogito* cartésien ou sujet transcendantal kantien, au profit de structures empiriques, vitales ou sociales, où l'élément empirique prend la place vacante du projet de fondation transcendantale. Mais Canguilhem a-t-il vraiment renoncé à toute forme d'ancrage subjectif? Le philosophe de la normativité vitale pouvait-il d'ailleurs y renoncer complètement? Telles sont les questions, profondes et peut-être insolubles, que pose l'itinéraire philosophique de Canguilhem dans sa progression vers ses œuvres majeures, reconstituée par Xavier Roth. On y apprend que le monde philosophique entretient avec le réel des rapports très étranges. Le philosophe interprète le réel à l'aune du possible. Il se met dès le début (suivant la leçon d'Alain), en opposition avec le réel. Ce sont là sa nature et sa posture. Il est philosophe par sa participation active à la création de réalités nouvelles, aussi improbables soient-elles, en prenant le risque de cet engagement. La philosophie s'identifie nécessairement à l'idéalisme au sens de l'affirmation de valeurs, qui s'exprime sur deux terrains de prédilection, l'enseignement comme transformation des esprits, l'action politique comme transformation des structures et règles sociales. Canguilhem, avec la discrétion qui lui est universellement reconnue, n'a été avare ni de l'un ni de l'autre.

Telles sont quelques réflexions que peut inspirer l'ouvrage si savant de Xavier Roth. Ce n'était pas une mince affaire que de reconstituer, d'une manière convaincante et lisible, l'itinéraire intellectuel initial, la formation de la pensée d'un philosophe de l'envergure de Canguilhem, l'un des plus grands du vingtième siècle dans sa singularité, son authenticité, sa fidélité absolue à l'engagement philosophique. Ce travail, qui vient s'ajouter à d'autres témoignages, est une contribution essentielle à la compréhension de la personnalité philosophique de Georges Canguilhem.

Claude Debru

INTRODUCTION

LARVATUS PRODEO, CANGUILHEM PHILOSOPHE

> *Je me serai donc trompé une fois de plus par timidité et par discrétion. Ce n'est pas la première fois que mes scrupules à m'exprimer me font perdre le bénéfice moral de mes sentiments et me valent peut-être d'être taxé d'office au rebours de l'authenticité.*
>
> Canguilhem à J.-R. Bloch, 19 mars 1946

UNE ŒUVRE SPÉCIALISÉE À PORTÉE PARADOXALE

Michel Foucault est à notre connaissance le premier qui ait clairement perçu la portée éminemment *paradoxale* de l'œuvre de Georges Canguilhem. Dans son fameux article « La Vie, l'Expérience, et la Science », Foucault présente effectivement comme un paradoxe, le magistère qu'aurait exercé Canguilhem auprès des philosophes qui ont tenu un rôle de tout premier plan durant « ces étranges années soixante » .

> De là un paradoxe : cet homme dont l'œuvre est austère, volontairement délimitée, et soigneusement vouée à un domaine particulier dans une histoire des sciences qui, de toute façon, ne passe pas pour une discipline à

> grand spectacle, s'est trouvé d'une certaine manière présent dans les débats où lui-même a bien pris garde de ne jamais figurer [1].

Austère, l'œuvre de Canguilhem l'est à la fois par la spécialisation des objets dont elle traite, mais aussi par l'érudition circonspecte des recherches qui la compose : « L'effet de la bactériologie dans la fin des "théories médicales" au XIXe siècle », « Pathologie et physiologie de la thyroïde au XIXe siècle », « Histoire des religions et histoire des sciences dans la théorie du fétichisme chez Auguste Comte », ou encore la thèse pour le doctorat de philosophie sur *La formation du concept de réflexe aux XVIIe et XVIIIe siècles*. Cependant, et c'est bien là le destin paradoxal d'une œuvre pourtant « soigneusement vouée à un domaine particulier » d'histoire des sciences, Canguilhem « a pu inspirer une telle admiration et une telle affection à toute une génération de penseurs français » que Bourdieu, dans son *Esquisse pour une auto-analyse*, le présente successivement comme « maître à penser », « emblème totémique », « phare », « mandarin », « figure exemplaire », penseur « vraiment universel » qui « représente sans doute ce qu'il y a de mieux dans la tradition du rationalisme que l'on peut dire français » [2].Rapport paradoxal donc entre d'un côté, une œuvre technique aux objets strictement délimités, et de l'autre côté, l'écho « universel » qu'elle a pu susciter.

A ce premier paradoxe, établi sur la base de ce qu'on pourrait nommer avec Foucault « une sociologie des milieux intellectuels français » [3], il faut en ajouter un second sur lequel on insiste plus rarement. On sait que Foucault propose de déconstruire la situation paradoxale occupée par Canguilhem en opérant, au sein de la philosophie française, une séparation entre

> une philosophie de l'expérience, du sens, du sujet et une philosophie du savoir, de la rationalité et du concept. D'un côté, une filiation qui est celle de Sartre et de Merleau-Ponty ; et puis une autre qui est celle de Cavaillès, de Bachelard, de Koyré et de Canguilhem [4].

1. M. Foucault, « La Vie, l'Expérience, et la Science », *Revue de métaphysique et de morale*, 1, janvier-mars 1985, numéro spécial consacré à Georges Canguilhem, p. 3-14, repris dans *Dits et Écrits II*, Paris, Gallimard, 2001, p. 1582-1595, p. 1582-1583.

2. P. Bourdieu, *Esquisse pour une auto-analyse*, Paris, Raisons d'agir, 2004, p. 22-23 et p. 40-45, p. 40-41 pour les citations.

3. M. Foucault, « La Vie, l'Expérience, et la Science », *op. cit.*, p. 1582.

4. *Ibid.*, p. 1583.

Cette dichotomie a eu un retentissement considérable, et alimente encore régulièrement le débat philosophique[1]. Nous n'y insisterons pas pour le moment. C'est la suite du texte qui retiendra notre attention, Foucault y soulevant un second paradoxe philosophiquement bien plus profond que le premier. Poursuivant donc son argumentation concernant la séparation entre philosophie du sujet d'une part, et philosophie du concept d'autre part, Foucault remarque :

> En apparence, la seconde est restée à la fois la plus théoricienne, la plus repliée sur des tâches spéculatives, la plus éloignée aussi des interrogations politiques immédiates. Et pourtant, c'est elle qui, pendant la guerre, a pris part, et de façon très directe, au combat, comme si la question du fondement de la rationalité ne pouvait pas être dissociée de l'interrogation sur les conditions actuelles de son existence[2].

Ce second paradoxe renvoie bien sûr pour Foucault aux actes héroïques accomplis par Canguilhem et Cavaillès durant la guerre : philosophes préoccupés de problèmes ardus d'épistémologie et d'histoire des sciences, ils n'ont pas hésité à prendre les armes et à s'en servir quand la nécessité s'en est fait sentir. Or, pour emprunter une distinction chère à Wittgenstein, nous dirions volontiers que cet engagement pratique se *montre* sans jamais être *dit* explicitement dans leurs écrits. S'agissant de Canguilhem, la finalité de ses textes nous semble en effet excéder le périmètre qu'il leur assigne expressément, à savoir retracer l'« histoire de la formation, de la déformation et de la rectification des concepts scientifiques »[3]. C'est que, chez lui, l'histoire des sciences est une histoire *subordonnée*. Mais subordonnée à quoi ? Dans l'introduction à *La formation du concept de réflexe aux XVIIe et XVIIIe siècles*, Canguilhem déclare :

> Si l'on se propose une mise au point historique et critique, tenant compte de la distinction de points de vue trop fréquemment confondus, ce n'est pas en vue simplement de redresser des torts, entreprise de zèle à base d'érudition, mais bien en vue de l'enseignement qui peut s'en dégager pour l'histoire de la science et pour l'épistémologie[4].

1. Voir P. Cassou-Noguès, P. Gillot (éd.), *Le Concept, le sujet et la science*, Paris, Vrin, 2009.

2. M. Foucault, « La Vie, l'Expérience, et la Science », *op. cit.*, p. 1584.

3. G. Canguilhem, « La constitution de la physiologie comme science », dans G. Canguilhem, *Études d'histoire et de philosophie des sciences* (1968), Paris, Vrin, 7e éd. aug., 2002, p. 235.

4. G. Canguilhem, *La formation du concept de réflexe aux XVIIe et XVIIIe siècles* (1955), 2e édition revue et augmentée, Paris, Vrin, 1977, p. 3.

En d'autres termes, la finalité de ses études d'histoire des sciences serait épistémologique. C'est la thèse défendue naguère par Dominique Lecourt : « L'épistémologie de G. Bachelard était historique; l'histoire des sciences de G. Canguilhem est épistémologique »[1]. Il n'est évidemment pas question de remettre ici en cause l'apport des écrits de Canguilhem sur le plan épistémologique. Nous affirmons cependant que si les textes de Canguilhem *parlent* expressément d'histoire des sciences et d'épistémologie, ils *montrent* toutefois autre chose, au sens où l'apport épistémologique n'épuise pas la totalité du message qu'ils délivrent. Car ce qui fait l'originalité de ces savantes histoires de concepts scientifiques, et qui contribue ainsi à leur irrésistibilité, c'est que l'enseignement qu'en retire le lecteur *déborde* à la fois l'information d'une étude érudite d'histoire des sciences à la Taton, mais aussi le cadre de l'épistémologie *stricto sensu*.

Qu'entendons-nous par là ? On se permettra d'évoquer ici, à la suite des deux paradoxes relevés par Foucault, un troisièmeparadoxe qui devrait éclairer la déclaration ci-dessus. Soixante dix ans se sont écoulés depuis la parution de l'*Essai sur quelques problèmes concernant le normal et le pathologique*[2]. Les disciplines médicales contemporaines, notamment appuyées sur la génétique et la biologie moléculaire, n'ont plus grand chose à voir avec l'univers théorique et pratique de la médecine des années 1940-1950 qui fut celui de Canguilhem. Ce qui n'est évidemment pas sans conséquence sur les idées directrices de l'*Essai.* Nous pensons en particulier à la thèse selon laquelle il n'y aurait d'identification possible de la maladie qu'au plan subjectif : « en matière de pathologie [écrit Canguilhem], le premier mot, historiquement parlant, et le dernier mot logiquement parlant, revient à la clinique »[3]. Or, au regard des avancées qu'a connues la biologie dans la deuxième moitié du XXe siècle, cette thèse est aujourd'hui « intenable »[4]; et Canguilhem lui-même ne l'a d'ailleurs pas tenue. Est-ce alors à dire que l'*Essai* de 1943 est désormais une pièce à verser aux archives de l'histoire de la médecine? Absolument pas. Et c'est là notre troisième paradoxe : bien que périmée au niveau de ses données, et sanctionnée sur l'une de ses principales thèses, cette œuvre si singulière continue de

1. D. Lecourt, *Pour une critique de l'épistémologie (Bachelard, Canguilhem, Foucault)*, Paris, Maspero, 1972, p. 71.

2. G. Canguilhem, *Essai sur quelques problèmes concernant le normal et le pathologique* (1943), repris dans *Le normal et le pathologique*, Paris, P.U.F., 1966, p. 3-167.

3. *Ibid.*, p. 153.

4. Voir la contribution de M. Morange, « Retour sur *Le normal et le pathologique* », dans A. Fagot-Largeault, C. Debru et M. Morange (dir.), Hee-Jin Han (éd), *Philosophie et médecine. En hommage à Georges Canguilhem*, Paris, Vrin, 2008, p. 155-169.

délivrer un message à la fois d'une brûlante actualité, mais aussi d'une portée universelle.

Concernant cet énigmatique attrait, Claude Debru nous semble avoir apporté un puissant éclairage. Certes, Canguilhem est assurément l'auteur de la magistrale leçon d'épistémologie et d'histoire des sciences que retrace Pierre Macherey dans son article de 1964 aujourd'hui classique[1]. A ce titre, on peut effectivement considérer qu'il est, aux côtés de Cavaillès, Bachelard et Koyré, une figure majeure de cette « philosophie du savoir, de la rationalité et du concept » évoquée par Foucault. Cependant, nous soutenons avec Claude Debru que « sa pensée était principalement ailleurs »[2]. En effet, si la thèse de médecine nous parlait hier à toutes et à tous, comme elle nous parle aujourd'hui à toutes et à tous, c'est qu'

> elle nous parle aussi d'autre chose que de ses thèmes affichés, physiologie et pathologie, science et technique, norme et valeur, ou du diabète, de l'électrochoc, de la maladie du neurogliome, des cellules malades. Elle nous parle de ce qui en nous est vivant. Elle s'appuie sur cela pour nous donner une magistrale leçon de vie et réalise de cette manière le but le plus élevé de la pensée philosophique[3].

Il y a dans ces quelques lignes de Claude Debru beaucoup plus qu'un simple jeu sur la polysémie du mot vie. Entretenant son lecteur de problèmes d'histoire et de philosophie des sciences de la vie, entendue comme objet de la biologie, Canguilhem lui *montrerait* dans le même temps, et sans jamais le lui *dire* explicitement, une leçon de vie prise en son sens existentiel. Jean-François Braunstein, dont les travaux sur Canguilhem ont notamment mis en évidence que les « critiques de la psychologie, du début à la fin de son œuvre, ont toutes une portée éthique »[4], remarque lui aussi qu'

> en même temps, et c'est là un trait marquant de son œuvre, Canguilhem ne traite que très fugitivement de philosophie ou d'éthique. Si celles-ci sont présentes dans ses écrits, ce n'est que de manière discrète, qui fait qu'on a pu quelquefois ne pas y prêter suffisamment attention[5].

1. P. Macherey, « La philosophie de la science de Georges Canguilhem. Epistémologie et histoire des sciences » (1964), repris dans *De Canguilhem à Foucault, la force des normes*, Paris, La fabrique éditions, 2009, p. 33-70.

2. C. Debru, « Introduction », dans *Philosophie et médecine*, *op. cit.*, p. 9.

3. *Ibid.*

4. J.-F. Braunstein, « Présentation », dans J.-F. Braunstein (éd.), *Canguilhem. Histoire des sciences et politique du vivant*, Paris, P.U.F., 2007, p. 9-16, p. 12.

5. *Ibid.*

Et Jean-François Braunstein de citer un propos de Canguilhem, tiré de l'enquête sur l'enseignement de la philosophie dans le monde qu'il dirigea en 1953 pour l'Unesco: «Le philosophe n'a pas à exhorter, à convertir, pas même à moraliser» [1]. Nous touchons là au cœur de la *philosophie* de Georges Canguilhem. Car cette œuvre, de prime abord historique et spécialisée à l'extrême, est pourtant de part en part une *philosophie* au sens le plus populaire du terme – *cosmique* dirait Kant.

Que l'on ait affaire chez Canguilhem à un concept de philosophie non pas *scholastique*, mais *cosmique*, n'est pas chose évidente; comme si celui-ci faisait toujours scrupule d'afficher l'ambition authentiquement philosophique de ses textes. Expliquons-nous. 1) Ce que l'on peut considérer *rétrospectivement* comme son premier travail d'historien des sciences, «La théorie cellulaire» de 1946, avait à l'origine pour sous-titre «Du sens et de la valeur des théories scientifiques». Or, ce sous-titre révélant la motivation expressément philosophique à l'origine de cette recherche historique n'a étrangement pas été repris dans le recueil de 1952, *La connaissance de la vie* [2]. 2) *Le Normal et le pathologique* est aujourd'hui unanimement considéré comme un chef d'œuvre de littérature philosophique; pourtant il ne fut bien longtemps pour son auteur qu'un «modeste» *Essai concernant quelques problèmes sur le normal et le pathologique*. 3) La thèse de philosophie soutenue en 1955, au titre incontestablement bachelardien, se présente clairement comme une étude d'histoire des sciences. Pourtant, à la fin de l'introduction, Canguilhem confie de manière extrêmement fugitive que s'il s'est employé à retracer «l'histoire du réflexe et l'histoire de la contraction du muscle», c'est qu'il se joue dans cette liaison un problème qui «a trait non seulement à la spécificité essentielle mais à la dignité éminente qu'à tort ou à raison l'homme attribue à la vie humaine» [3].

1. *Ibid.* Pour la citation originale, voir G. Canguilhem, «La signification de l'enseignement de la philosophie», dans Collectif, *L'enseignement de la philosophie. Une enquête internationale de l'Unesco*, Paris, Unesco, 1953, p. 22.

2. G. Canguilhem, «La théorie cellulaire en biologie. Du sens et de la valeur des théories scientifiques», *Mélanges 1945, IV. Études philosophiques*. Publications de la Faculté des Lettres de Strasbourg, Fascicule 107, Paris, Les Belles Lettres, 1946, p. 143-175; repris *sans* le sous-titre, et révisé *La connaissance de la vie* (1952), 2e éd. revue et augmentée, Paris, Vrin, 1965, p. 43-80.

3. G. Canguilhem, *La formation du concept de réflexe* aux XVIIe et XVIIIe siècles, *op. cit.*, p. 7.

Dans les trois cas relevés ci-dessus, tout se passe donc comme si Canguilhem opacifiait curieusement ses incursions dans le champ traditionnel de la philosophie. Sur ce point, nous croyons qu'il n'est pas inutile de rappeler que celui-ci entretint toute sa vie durant une relation privilégiée avec l'œuvre de Descartes. Il lui a ainsi consacré en 1927 une de ses toutes premières publications[1], mais aussi, dix ans plus tard, sa première grande communication scientifique[2]. Or, Descartes a comme on le sait déclaré dans ses écrits de jeunesse qu'avant de monter sur la scène du théâtre philosophique, il a pris soin de porter un masque :

> Les comédiens appelés sur la scène, pour ne pas laisser voir la rougeur de leur front, mettent un masque. Comme eux, au moment de monter sur ce théâtre du monde, où, jusqu'ici, je n'ai été que spectateur, je m'avance masqué[3].

A l'instar de Descartes, nous pensons que Canguilhem est lui aussi un philosophe qui s'avance masqué; et les masques qu'il porte ne sont autres que ses nombreux détours par l'histoire du concept de cellule, de milieu, de réflexe, de régulation … Mais il s'agit de « détours stratégiques »[4] comme le remarquait déjà Jacques Piquemal, au sens où ils ne sont jamais gratuits, mais toujours effectués pour *appuyer* d'authentiques positions philosophiques. Car ce qui frappe chez Canguilhem, c'est bien le souci constant d'*adosser* l'argumentation philosophique à un matériau extra-philosophique, en l'occurrence la médecine et l'histoire des sciences de la vie. Comme s'il craignait que le discours philosophique ne se mue en simple jeu avec les mots dès lors qu'il est livré à lui-même, c'est-à-dire sans contact aucun avec un objet bien délimité dans le temps et dans l'espace. C'est du moins en ce sens que nous comprenons l'appel qui ouvre l'*Essai*

1. E. Boutroux, *Des vérités éternelles chez Descartes*, thèse latine traduite par M. Georges Canguilhem, élève de l'École normale supérieure. Préface de M. Léon Brunschvicg, Paris, Alcan, 1927; repris dans G. Canguilhem, *Œuvres Complètes*, tome 1, Paris, Vrin, 2011, p. 935-978.

2. G. Canguilhem, « Descartes et la technique », dans *Travaux du IXe Congrès international de philosophie (Congrès Descartes)*, publiés par les soins de Raymond Bayer, tome 2, Études Cartésiennes IIe Partie, Paris, Hermann, 1937, p. 77-85; repris dans G. Canguilhem, *Œuvres Complètes*, tome 1, *op. cit.*, p. 490-498.

3. Descartes, *Préambules* (1619). Nous citons les œuvres de Descartes à partir de l'édition Alquié, 3 tomes, Paris, Garnier, 1963-1973, en indiquant autant que possible la correspondance avec l'édition Adam et Tannery (notée AT). Pour la présente citation, *cf.* Alquié I, p. 45; AT X, 213.

4. J. Piquemal, dans « Georges Canguilhem, professeur de Terminale (1937-1938) », *Revue de Métaphysique et de Morale*, *90*, n°spécial Canguilhem, janvier-mars 1985, p. 63-83, p. 82.

de 1943 en faveur des « matières étrangères ». Si Canguilhem déclare que « la philosophie est une réflexion pour qui toute matière étrangère est bonne, et [...] pour qui toute bonne matière doit être étrangère » [1], c'est que ces matières sont pour le philosophe comme des ancres qui, parce qu'elles sont jetées dans un matériau non-philosophique, l'empêchent ainsi de dériver au gré de son propre discours. Or, Canguilhem nous semble pousser si loin le souci d'*arrimer* ses thèses philosophiques à un matériau extra-philosophique, qu'il finit par ensevelir l'enjeu philosophique de ses textes sous l'érudition de l'information historique. En d'autres termes, les moyens (histoire des concepts) masqueraient la fin (la philosophie). La présentation de Canguilhem rédigée par Gary Gutting à destination du public américain est une bonne illustration de ce dernier point ; Canguilhem serait *grosso modo* l'équivalent français d'un Alistair Crombie :

> Alors que Bachelard était principalement un philosophe des sciences qui appuyait ses conclusions sur des études historiques, Canguilhem est essentiellement un historien des sciences, bien qu'extrêmement sensible aux présuppositions et aux implications philosophiques de son travail [2].

Pour le dire ici encore, nous soutenons au contraire que Canguilhem est essentiellement un philosophe, préoccupé par des problèmes traditionnels de philosophie, dont l'originalité réside toutefois dans l'utilisation subtile de « matières étrangères » afin d'*appuyer* des positions authentiquement philosophiques.

L'ÉPISTÉMOLOGIE MILITANTE DE G. CANGUILHEM

La formulation de cette thèse trouve son origine dans un passage fameux des *Nouvelles Réflexions concernant le normal et le pathologique (1963-1966)*. En 1963, à l'occasion d'un cours sur « Les normes et le normal » donné à la Sorbonne, Canguilhem a rouvert le problème qu'il avait examiné vingt ans plus tôt dans un cours professé à Clermont sur le même sujet, au moment donc où il rédigeait l'*Essai*. Estimant qu'il n'avait pas « mal posé le problème » à l'époque, il conclut en 1966 :

> Aujourd'hui donc, comme il y a quelque vingt ans, je prends le risque de chercher à fonder la signification fondamentale du normal par une analyse

1. G. Canguilhem, *Essai*, *op. cit.*, p. 7.
2. G. Gutting, *Michel Foucault's Archeology of Scientific Reason*, Cambridge, Cambridge University Press, 1989, p. 32.

> philosophique de la vie, entendue comme activité d'opposition à l'inertie et à l'indifférence [1].

La vie « entendue comme activité d'opposition à l'inertie et à l'indifférence ». Cette phrase, nous l'avons toujours interprétée prioritairement comme une proposition de philosophie générale, « vie » nous semblant ici déborder très largement sa seule acception biologique. N'a-t-on pas effectivement affaire ici à un philosophe qui s'appuie sur plus de vingt ans de fréquentation de la médecine et des sciences de la vie pour proposer, *in fine*, une définition générique de la vie ? Il faut prêter la plus grande attention aux termes qui composent cette définition. On remarquera pour commencer l'équivalence établie par Canguilhem entre « activité » et « vie » ; cela tient sans doute à ce qu'elles partagent toutes deux un même flou sémantique, lequel prévient toute tentative d'enfermement notionnel. Mais surtout, cette équivalence renvoie à l'idée que la vie est fondamentalement capacité ou pouvoir ; et pour être plus précis, qu'elle est capacité *polarisée*, celle-ci étant « activité d'opposition ». Vivre c'est donc dire *non*. Non à quoi ? Tout d'abord à l'inertie, cette « propriété qu'ont les corps de ne pouvoir modifier d'eux-mêmes l'état de mouvement ou de repos dans lequel ils sont » (Littré). S'opposer à l'inertie, c'est autrement dit revendiquer la capacité de présider à ses propres mouvements. Or, comment ne pas voir dans un tel refus, un axiome de philosophie morale polémiquant avec le fatalisme et autres déterminismes ? Dans le même temps, dit Canguilhem, la vie se caractérise aussi par son opposition à l'indifférence, au sens où elle ne peut pas ne pas poser des valeurs. La vie ne connaît pas la neutralité : elle préfère, elle sélectionne, elle exclut, elle rejette, bref, elle fait son milieu. Or, n'y a-t-il pas là un second axiome philosophique qui pose tacitement que l'humanité, parce qu'elle se compose de vivants en quête de santé, est toujours déjà engagée dans le choix de ses conditions d'existence ? La tonalité sartrienne de cette dernière question ne doit cependant pas tromper. Choisir n'est pas pour Canguilhem une nécessité : c'est une obligation, ou, pour mieux dire, un devoir. Toute sa pensée témoigne en effet d'une forme de générosité cartésienne qui refuse l'indétermination.

Certes, on pourrait nous objecter qu'il s'agit là d'une outrageuse extrapolation philosophique de conclusions qui sont celles d'une thèse de médecine. Affirmer que Canguilhem s'appuie sur la matière médicale et les sciences de la vie pour défendre des positions authentiquement philo-

1. G. Canguilhem, « Vingt ans après… », dans *Nouvelles réflexions concernant le normal et le pathologique* (1963-1966), inséré dans *Le normal et le pathologique*, *op. cit.*, p. 173.

sophiques, n'est-ce pas en effet reconduire son entreprise à une « idéologie scientifique »[1] ? Ou du moins à une « biologie de philosophe, projet monstrueux »[2] s'il en est ? Comme nous sommes partis de la définition de la vie telle que formulée dans les *Nouvelles Réflexions* de 1966, on pourrait effectivement nous reprocher d'adosser notre thèse non pas à l'*Essai* de 1943, mais à ce qui en constituerait déjà une extrapolation, Canguilhem reprenant « vingt ans après » le problème des normes et du normal pour l'étendre à la sphère du social. En d'autres termes, nous extrapolerions à partir d'une extrapolation de la thèse de médecine. Pour notre défense, nous avancerons deux arguments. Le premier tient à ce que Canguilhem ne considérait absolument pas la deuxième partie du *Normal et le pathologique* comme une extrapolation des conclusions de l'*Essai*. Si les *Nouvelles réflexions concernant le normal et le pathologique* s'autorisent des « incursions » dans la société, « c'est uniquement pour éclairer, par la confrontation des normes sociales aux normes vitales, la signification spécifique de ces dernières »[3] – l'examen allant ici « du social au vital » comme l'indique le titre du premier chapitre. Quant à notre second argument, il consiste à faire remarquer que Canguilhem n'a pas attendu les années 1960 pour proposer des définitions de la vie particulièrement audacieuses et philosophiquement suggestives. L'*Essai* de 1943 regorge en effet de formules où l'auteur joue manifestement sur la polysémie du mot « vie », celui-ci pouvant s'entendre aussi bien dans son acception technique que dans son acception populaire – c'est-à-dire lorsqu'il désigne l'*expérience* de ce vivant particulier qu'est le vivant humain. On y apprend ainsi que « la vie est polarité et par là même position inconsciente de valeur » (p. 77), que « la vie est en fait une activité normative » (*ibid.*), qu'elle est une « activité d'information et d'assimilation » (p. 80), une « activité polarisée de débat avec le milieu » (p. 153) en ce sens qu'« elle n'est pas indifférente aux conditions dans lesquelles elle est possible » (p. 77).

Si à la lecture de telles formules, le lecteur demeure sceptique vis-à-vis d'un Canguilhem qui s'appuierait sur la matière médicale pour défendre d'authentiques thèses philosophiques, qu'il nous permette de rappeler le

1. G. Canguilhem, « Qu'est-ce qu'une idéologie scientifique ? » dans *Idéologie et rationalité dans les sciences de la vie*, Paris, Vrin, 1977, p. 39.

2. G. Canguilhem, *La formation du concept de réflexe* aux XVIIe et XVIIIe siècles, *op. cit.*, p. 1.

3. G. Canguilhem, « Vingt ans après ... », *op. cit.*, p. 173.

contexte dans lequel les définitions ci-dessus ont été avancées. En effet, et nous emprunterons ici les mots de Claude Debru,

> Il n'est pas indifférent à la compréhension de la force de cette œuvre que de remarquer qu'elle fut rédigée au cours du drame mondial et national que l'on sait. La violence du drame médico-philosophique fait écho à celle de l'engagement physique dans le désastre politique, comme si les deux s'entretenaient, se renforçaient l'une l'autre. L'hymne canguilhémien au pouvoir normatif de la vie que la maladie continue d'exprimer peut difficilement être séparé du combat pour l'instauration d'une norme politique qui ne consacre pas le règne absolu du massacre et de la mort [1].

Tant par son argumentation que par les circonstances exceptionnelles dans lesquelles il fut composé, l'*Essai sur quelques problèmes concernant le normal et le pathologique* est une œuvre d'une absolue singularité. Sous l'Occupation allemande, à la Faculté de Strasbourg *repliée* à Clermont-Ferrand, un professeur de philosophie soutient donc une thèse de médecine qui affirme que « la maladie est un mode de vie rétréci »[2], et qu'à l'inverse,

> ce qui caractérise la santé c'est la possibilité de dépasser la norme qui définit le normal momentané, la possibilité de tolérer des infractions à la norme habituelle et d'instituer des normes nouvelles dans des situations nouvelles [3].

Démêler ce qui relève ici de l'épistémologie et ce qui relève de l'éthique au sens large est chose impossible. Car c'est assurément le lien opéré par Canguilhem entre médecine, philosophie et Résistance qui constitue la substance de l'*Essai.* « La maladie [écrit notre *philosophe-médecin-résistant*] est encore une norme de vie, mais c'est une norme inférieure en ce sens qu'elle ne tolère aucun écart des conditions dans lesquelles elle vaut, incapable qu'elle est de se changer en une autre norme »[4]. Or, « l'homme ne se sent en bonne santé – qui est la santé – que lorsqu'il se sent plus que normal – c'est-à-dire adapté au milieu et à ses exigences – mais normatif, capable de suivre de nouvelles normes de vie »[5]. Par conséquent, « si l'on peut parler d'homme normal, déterminé par le physiologiste, c'est parce qu'il existe des hommes normatifs, des hommes pour qui il est

1. C. Debru, « Georges Canguilhem et la rationalité du pathologique », dans *Georges Canguilhem, Science et non-science*, Paris, Éditions Rue d'Ulm-Presses de l'École normale supérieure, 2004, p. 25-48, p. 26.
2. G. Canguilhem, *Essai*, *op. cit.*, p. 124.
3. *Ibid.*, p. 130.
4. *Ibid.*, p. 119-120.
5. *Ibid.*, p. 132-133.

normal de faire craquer les normes et d'en instituer de nouvelles»[1]. Et Canguilhem de conclure: la vie est «non pas seulement soumission au milieu mais institution de son milieu propre»[2].

Replacées dans leur contexte d'écriture, durant les années les plus sombres qu'a connues l'Europe au XXe siècle, ces formules révèlent ce trait ô combien significatif de l'épistémologie canguilhemienne de ne pouvoir être coupée d'une philosophie au sens plein du terme. L'épistémologie canguilhemienne est une épistémologie engagée, militante: elle lutte, elle combat. Et cela tient à ce qu'elle débat toujours à quelque degré avec une actualité jugée inadmissible. Que ce soit l'*Essai* composé dans les circonstances que l'on sait, le texte fameux «Qu'est-ce que la psychologie?» rédigé alors que l'armée française se livrait à de violentes expérimentations psychologiques en Algérie[3], ou encore «Le Cerveau et la pensée» écrit en réaction à la montée en puissance du paradigme cognitif à la fin des années 1970, bien des textes de Canguilhem – y compris les plus pointus – sont fondamentalement des textes *polémiques*. L'épistémologie canguilhemienne n'est jamais gratuite; et comment pourrait-il en être autrement puisque son objet, le savoir, est considéré comme étant lui-même toujours pris dans une histoire dont il ne peut s'extraire totalement. La «purification élaborée de *normes de vérification*»[4], trait caractéristique selon Canguilhem d'«une science dans son histoire», ne peut être qu'asymptotique. Ou, pour mieux dire, cette «purification» est une idée régulatrice de l'activité scientifique, son horizon logique dirait Kant. Car le savoir est embarqué; il est pris dans un univers historique où les valeurs épistémiques se mêlent à d'autres valeurs, telles que les valeurs religieuses, économiques, politiques, voire même vitales comme tâchera de le montrer Canguilhem à travers ses textes sur la technique. C'est pourquoi, transposant dans la réflexion épistémologique un concept de la sociologie juridique de Jean Carbonnier, nous dirions que l'histoire canguilhemienne des sciences a pour objet des «phénomènes d'internormativité»[5]. Son examen porte non pas sur les objets des différentes sciences, mais sur «l'ensemble des phénomènes constitués par les rapports qui se nouent et se

1. G. Canguilhem, *Essai*, *op. cit.*, p. 106.
2. *Ibid.*, p. 155.
3. Information communiquée par Camille Limoges.
4. G. Canguilhem, «Qu'est-ce qu'une idéologie scientifique?», *op. cit.*, p. 44-45.
5. J. Carbonnier, «Internormativité», dans A. J. Arnaud (dir.), *Dictionnaire encyclopédique de théorie et de sociologie du droit*, Paris-Bruxelles, LGDJ-Story Scientia, 1988, p. 313.

dénouent entre deux catégories, ordres ou systèmes de normes »[1], à savoir les normes épistémiques d'un côté, et les normes sociales de l'autre. Sur ce point, il n'est pas inutile de rappeler l'affirmation particulièrement forte qui ouvre *La connaissance de la vie* : « c'est un des traits de toute philosophie préoccupée du problème de la connaissance que l'attention qu'on y donne aux opérations du connaître entraîne la distraction à l'égard du sens du connaître »[2]. Notons le caractère exceptionnel d'une telle déclaration. En 1952, celui qui sera considéré comme une figure tutélaire de l'épistémologie française, reconnaît pourtant l'inanité d'une entreprise épistémologique qui serait menée pour elle-même : « savoir pour savoir [écrit-il] ce n'est guère plus sensé que manger pour manger ou tuer pour tuer ou rire pour rire »[3]. La raison d'être du savoir – son sens – n'est pas à chercher du côté du savoir lui-même, mais dans une *altérité* qui a suscité, après-coup, l'activité de connaissance. La connaissance est une activité différée, et c'est dans cette perspective que doit être comprise l'*ambivalence* de l'idéologie scientifique, « à la fois obstacle et condition de possibilité, aussi parfois, pour la constitution de la science »[4].

Avec Canguilhem, l'épistémologie *polémique* de Bachelard gagne donc en extension : la *philosophie du non*[5], le « rationalisme du *contre* »[6], englobent désormais le politique au sens large. C'est en un sens ce que disait déjà J.-J. Salomon en 1985 : « comme il y a chez Bachelard une philosophie du non, il y a chez Georges Canguilhem une anthropologie de la résistance »[7]. Chez Canguilhem, le conflit ne se situe plus seulement entre l'esprit scientifique et l'expérience commune, mais « entre l'homme et le monde dans la conscience humaine de la vie »[8]. Modifiant une formule de *La formation de l'esprit scientifique*, nous dirions en effet que pour Canguilhem, « il est plus difficile qu'on ne croit de séparer la raison architectonique de la raison polémique, car la critique (politique) de l'expérience fait vraiment corps avec l'organisation théorique de l'expérience »[9]. On estime aujourd'hui que cette liaison entre histoire des sciences et

1. *Ibid.*

2. G. Canguilhem, « La pensée et le vivant », dans *La connaissance de la vie* (1952), 2e édition revue et augmentée, Paris, Vrin, 1965, p. 9.

3. *Ibid.*

4. G. Canguilhem, « Qu'est-ce qu'une idéologie scientifique ? », *op. cit.*, p. 38.

5. G. Bachelard, *La philosophie du non* (1940), 4e éd., Paris, P.U.F., 1994.

6. G. Bachelard, *Le rationalisme appliqué* (1949), 3e éd., Paris, P.U.F., 1966, p. 15.

7. J.-J. Salomon, « Georges Canguilhem ou la modernité », *Revue de métaphysique et de morale*, n° spécial consacré à Canguilhem, *op. cit.*, p. 52-62, p. 62.

8. G. Canguilhem, « La pensée et le vivant », *op. cit.*, p. 10.

9. G. Bachelard, *La formation de l'esprit scientifique* (1938), Paris, Vrin, 1975, p. 10.

politique permet d'isoler un « style français » en épistémologie. Dans son panorama de l'actualité de l'histoire des sciences, J.-F. Braunstein note ainsi que les études d'épistémologie historique *à la française* se caractériseraient par

> leur lien à une histoire politique des sciences, au sens large. Qu'il s'agisse de Canguilhem ou de Hacking, de Foucault ou de Daston, les enjeux pour le présent de ces recherches historiques ne sont jamais bien loin : l'idée d'une histoire « normative » implique des objectifs qui ne sont pas seulement épistémologiques au sens traditionnel [1].

L'enjeu n'est pas ici de discuter la légitimité du regroupement de ces diverses personnalités sous l'étiquette « épistémologie historique ». Il consiste surtout à faire remarquer qu'on ne saurait parler d'« histoire "normative" » – parce qu'orientée par le présent – sans évoquer Gaston Bachelard. Dans *L'activité rationaliste de la physique contemporaine*, texte rédigé 25 ans après ses premiers travaux d'épistémologie, le philosophe revient sur « Les tâches de la philosophie des sciences » (introduction) et sur le lien entre « Epistémologie et histoire des sciences » (chapitre 1). Il énonce alors une injonction méthodologique qui peut paraître particulièrement monstrueuse aux yeux d'un historien traditionnel :

> En histoire des sciences, il faut nécessairement comprendre, mais juger. Là est vraie plus qu'ailleurs cette opinion nietzschéenne : « Ce n'est que par la plus grande force du présent que doit être interprété le passé » [2].

A la différence de l'histoire traditionnelle, celle des « empires et des peuples », l'histoire des sciences doit décrire un progrès démontré et démontrable : le progrès de l'esprit scientifique. C'est pourquoi « elle doit décrire en jugeant, en valorisant, en enlevant toute possibilité à un retour vers des notions erronées » [3]. Déjà dans *La formation de l'esprit scientifique* de 1938, Bachelard reconnaissait que « l'histoire, dans son principe, est en effet hostile à tout jugement normatif. Et cependant, il faut bien se placer à un point de vue normatif, si l'on veut juger de l'efficacité d'une pensée » [4]. D'où la nécessité d'instituer « *une histoire récurrente*,

1. J.-F. Braunstein, *L'histoire des sciences. Méthodes, styles et controverses*, Paris, Vrin, 2008, p. 240.
2. G. Bachelard, *L'activité rationaliste de la physique contemporaine* (1951), 2e éd., Paris, P.U.F, 1965, p. 24.
3. *Ibid.*, p. 25.
4. G. Bachelard, *La formation de l'esprit scientifique*, *op. cit.*, p. 17.

une histoire qu'on éclaire par la *finalité du présent*, une histoire qui part des certitudes du présent et découvre, dans le passé, les formations progressives de la vérité. »[1]

La question du présent comme *norme de l'enquête historique* n'est pas moins essentielle chez Canguilhem que chez Bachelard. Dans l'*Essai*, il explique en effet que

> le récit historique renverse toujours l'ordre vrai d'intérêt et d'interrogation. C'est dans le présent que les problèmes sollicitent la réflexion. Si la réflexion conduit à une régression, la régression lui est nécessairement relative. Ainsi l'origine historique importe moins en vérité que l'origine réflexive[2].

C'est pourquoi, dans le texte fameux sur « L'objet de l'histoire des sciences », Canguilhem affirme qu'au modèle du laboratoire proposé jadis par Pierre Laffitte,

> on peut opposer, pour comprendre la fonction et le sens d'une histoire des sciences, le modèle de l'école ou du tribunal, d'une institution et d'un lieu où l'on porte des jugements sur le passé du savoir, sur le savoir du passé [3].

Le modèle du tribunal correspond aussi bien à l'histoire des sciences pratiquée par Bachelard qu'à celle pratiquée par Canguilhem. Chez l'un comme chez l'autre, nous avons affaire à une histoire normative, où « c'est l'épistémologie qui est appelée à fournir à l'histoire le principe d'un jugement, en lui enseignant le dernier langage parlé par telle science »[4]. Est-ce alors à dire que les deux auteurs ne diffèrent que par leurs objets d'étude respectifs : les mathématiques, la physique et la chimie pour Bachelard, la médecine et les sciences de la vie pour Canguilhem ? Comme nous le mentionnions précédemment, nous pensons qu'avec Canguilhem, l'épistémologie polémique de Bachelard gagne en extension. A savoir que chez lui, et pour reprendre les termes du texte cité ci-dessus, les « jugements sur le passé du savoir » sont convoqués pour émettre de nouveaux jugements de valeurs, lesquels jugements n'ont plus le « savoir du passé » pour objet, mais l'*usage* actuel du savoir contemporain. S'inspirant du geste kantien, l'épistémologie canguilhemienne demande effectivement au savoir du présent ses titres, et juge de ses potentielles *usurpations* dans et par le

1. *Ibid.*, p. 26.
2. G. Canguilhem, *Essai*, *op. cit.*, p. 30.
3. G. Canguilhem, « L'objet de l'histoire des sciences », *Études d'histoire et de philosophie des sciences* (1968), 7e éd. aug., Paris, Vrin, 2002, p. 13.
4. *Ibid.*

champ du social. L'épistémologie historique de Canguilhem est peut-être avant tout une épistémologie critique. Si elle juge le passé du savoir à la lumière du présent, il lui arrive tout autant de juger le présent du savoir – son usage – à la lumière du savoir du passé. Il en va ainsi de la psychologie béhavioriste : le détour stratégique par l'histoire de la discipline fait apparaître que celle-ci, en fait, mélange « à une philosophie sans rigueur une éthique sans exigence et une médecine sans contrôle »[1]. Il en va de même des conceptions déterministes du milieu : là encore, le passage par l'histoire de la formation du concept de milieu révèle au contraire que « le milieu propose sans jamais imposer une solution »[2].

Foucault saura mieux que quiconque exploiter ce versant polémique de l'histoire canguilhemienne des concepts : chez lui, le passé du savoir psychiatrique, médical ou encore pénitentiaire, est explicitement pensé comme un outil de « déprise de soi », le détour par l'histoire des concepts des sciences humaines ayant pour finalité de révéler la contingence des catégories à travers lesquelles nous réfléchissons notre actualité. De là l'idée que la philosophie consiste essentiellement « à entreprendre de savoir comment et jusqu'où il serait possible de penser autrement »[3] notre présent, la conscience de la contingence de nos modes de pensée ouvrant selon Foucault le champ des possibles.

VIE ET POLÉMIQUE

Critique du savoir du passé à la lumière de la « science fraîche », critique de la « science fraîche » à la lumière du savoir du passé, critique des *usages* que nous faisons au présent du savoir en général, l'épistémologie canguilhemienne est de *part en part* polémique. Et l'on insistera ici sur l'aspect *radicalement* polémique de celle-ci. Car il se joue dans cette question d'enracinement quelque chose qui, à notre sens, distingue vraiment Canguilhem de Bachelard dont il aurait été le disciple, et de Foucault dont il aurait été le maître.

Ce qu'il y a de foncièrement original chez Canguilhem, et qui le rend par-là même si étrange au regard de la tradition épistémologique anglo-saxonne, c'est qu'il justifie l'allure polémique de ses travaux d'historien

1. G. Canguilhem, « Qu'est-ce que la psychologie », repris dans *Études d'histoire et de philosophie des sciences*, *op. cit.*, p. 336.

2. G. Canguilhem, « Le Vivant et son milieu », dans *La connaissance de la vie*, *op. cit.*, p. 141.

3. M. Foucault, *L'usage des plaisirs*, Paris, Gallimard, 1984, p. 15.

par une philosophie du vivant. Si l'histoire des sciences canguilhemienne est polémique, c'est qu'elle s'enracine dans une philosophie médicale où la vie apparaît elle-même comme un pouvoir polémique. En l'occurrence un pouvoir de polémique avec le milieu : la vie est « réactivité polarisée aux variations du milieu dans lequel elle se déploie »[1], elle s'épanouit en « avidité de domination du milieu »[2]. De là, le raisonnement suivant : si la vie est une « activité d'opposition à l'inertie et à l'indifférence »[3], alors l'histoire des sciences, activité particulière de ce vivant particulier qu'est le vivant humain, se caractérise elle aussi comme une « activité d'opposition ». On voit alors comment Canguilhem retrouve, mais par un chemin tout à fait différent, la thèse de Bachelard selon laquelle la science s'édifie *contre* un savoir préalable : « on connaît *contre* une connaissance antérieure »[4], « *contre* la Nature »[5], « *contre* les images, *contre* les analogies, *contre* les métaphores »[6]. Si la vie est fondamentalement polémique, et que les sciences sont l'expression de cette forme de vie particulière qu'est la vie humaine, on interprète alors de manière inédite l'affirmation bachelardienne selon laquelle « la vérité n'a son plein sens qu'au terme d'une polémique. Il ne saurait y avoir de vérité *première*. Il n'y a que des erreurs *premières* »[7]. Le détour par la médecine conduit ainsi à revisiter la notion *d'obstacle épistémologique* depuis un « rationalisme vital »[8].

Guillaume Le Blanc, au terme d'un examen magistral des rapports entre *Anthropologie et biologie chez Georges Canguilhem*, conclut sur l'affirmation suivante : « la réforme de l'anthropologie (initiée par Canguilhem) a pour condition une philosophie biologique qui fait apparaître la vie comme puissance de singularisation et production de normes »[9].Ce qui est dit ici sur le plan anthropologique vaut *a fortiori* au plan épistémologique. L'épistémologie développée par Canguilhem à partir du milieu des années 1940 ne peut être en effet pleinement comprise que replacée dans la

1. G. Canguilhem, *Essai*, *op. cit.*, p. 80.
2. *Ibid.*, p. 133.
3. G. Canguilhem, « Vingt ans après... », *op. cit.*, p. 173.
4. G. Bachelard, *La formation de l'esprit scientifique*, *op. cit.*, p. 14.
5. *Ibid.*, p. 23.
6. *Ibid.*, p. 38.
7. G. Bachelard, « Idéalisme discursif », repris dans *Études*, Paris, Vrin, 1970, p. 87-97, p. 89.
8. Nous empruntons cette expression au titre de l'ouvrage dirigé par François Delaporte, *A Vital Rationalist. Selected Writings from Georges Canguilhem*, New York, Zone Books, 1994.
9. G. Le Blanc, *La vie humaine. Anthropologie et biologie chez Georges Canguilhem*, Paris, P.U.F., 2002, p. 287.

perspective vitale exposée dans la thèse de médecine. Cette perspective nouvelle tient toute entière dans un concept inédit. Il s'agit du concept de « normativité biologique » [1], que Canguilhem introduit dans un texte d'une extraordinaire concision :

> Nous pensons au contraire que le fait pour un vivant de réagir par une maladie à une lésion, à une infestation, à une anarchie fonctionnelle traduit le fait fondamental que la vie n'est pas indifférente aux conditions dans lesquelles elle est possible, que la vie est polarité et par là même position inconsciente de valeur, bref que la vie est en fait une activité normative. Par *normatif*, on entend en philosophie tout jugement qui apprécie ou qualifie un fait relativement à une norme, mais ce mode de jugement est au fond subordonné à celui qui institue des normes. Au sens plein du mot, normatif est ce qui institue des normes. Et c'est en ce sens que nous proposons de parler d'une normativité biologique. Nous pensons être aussi vigilant que quiconque concernant le penchant à tomber dans l'anthropomorphisme. Nous ne prêtons pas aux normes vitales un contenu humain, mais nous nous demandons comment la normativité essentielle à la conscience humaine s'expliquerait si elle n'était pas de quelque façon en germe dans la vie [2].

En avançant l'idée qu'il puisse y avoir quelque chose comme une « normativité biologique », Canguilhem tire les implications de ses réflexions médicales concernant la santé et la maladie sur le plan d'une philosophie générale des valeurs. Ou, pour mieux dire, il coordonne médecine et philosophie autour d'un fait : le *fait vital de la valeur*. C'est d'ailleurs, dit-il, « le seul fait dont nous demandons qu'il nous soit accordé. Il n'y a pas d'indifférence biologique» [3]. Le concept de « normativité biologique » traduit effectivement le fait qu'à ses différents niveaux, qu'à ses allures diverses, la vie est une activité de différenciation et d'institution de normes. Depuis le niveau physiologique de l'organisme jusqu'au niveau symbolique de la conscience humaine, en passant par le niveau biologique du vivant en général, la vie est création de valeurs, « activité normative ». Être vivant, c'est être en proie aux valeurs, au sens où le vivant est ainsi fait qu'il ne peut pas ne pas préférer et exclure. Telle est ce que Canguilhem nomme la polarité axiologique de la vie, et sur laquelle il s'appuie pour combattre les conceptions déterministes du milieu. Cette critique culminera dans la conférence fameuse sur le « Le vivant et son milieu »,

1. De manière équivalente, Canguilhem parle aussi de « normativité vitale », de « normativité de la vie » ou encore de « normativité du vivant ».

2. G. Canguilhem, *Essai*, *op. cit.*, p. 77.

3. *Ibid.*, p. 79.

prononcée quelques années après la parution de l'*Essai*. Canguilhem y réaffirme que le propre du vivant n'est pas de subir le milieu, mais « de se faire son milieu, de se composer son milieu »[1]. Il s'appuie en particulier sur la distinction proposée par Uexküll entre *Umgebung* et *Umwelt*, pour montrer que chaque vivant découpe, dans l'environnement général *(Umgebung)*, un milieu qui lui est propre *(Umwelt)* en fonction d'un besoin pris pour norme : « Vivre c'est rayonner, c'est organiser le milieu à partir d'un centre de référence qui ne peut lui-même être référé sans perdre sa signification originale. »

LA FORMATION DU CONCEPT DE « NORMATIVITÉ BIOLOGIQUE »

Résumons le cheminement suivi jusqu'à présent. Nous sommes partis de l'aspect de l'œuvre de Canguilhem qui reste sans doute aujourd'hui le plus connu au niveau mondial, à savoir son travail d'historien des sciences. Rappelons en effet qu'en 1983, Canguilhem reçut la médaille George Sarton de la prestigieuse Société internationale d'histoire des sciences. Nous avons ensuite examiné la spécificité d'une telle histoire, en insistant sur son caractère foncièrement polémique. Nous faisions alors remarquer que cette histoire polémique des sciences reposait sur un autre aspect de l'œuvre de Canguilhem : sa philosophie de la médecine. Si l'histoire canguilhemienne des sciences est normative, c'est qu'elle s'enracine dans une philosophie médicale qui conçoit la vie comme une « activité normative ». Nous avons alors affirmé que toute l'œuvre de Canguilhem pouvait être ressaisie à partir du concept de « normativité biologique », avancé dès la thèse de 1943.

Une fois ces éléments en tête, nous pouvons poser la question qui sera au cœur de ce livre : si l'ensemble des édifices canguilhemiens (philosophie de la médecine, histoire des sciences de la vie et épistémologie) repose sur l'idée de « normativité biologique », sur quoi repose à son tour un tel concept ? Quelles en sont les sources ? Quelle est sa généalogie ? Bref : d'où vient le concept canguilhemien de normativité ?

Pour un lecteur habitué à parcourir les pages de l'*Essai*, l'origine du concept de « normativité biologique » ne fait *a priori* guère de doute : c'est au neuropsychologue Kurt Goldstein que Canguilhem aurait emprunté l'idée que la vie est position de valeur ; et ce y compris dans la maladie

1. G. Canguilhem, « Le vivant et son milieu », *op. cit.*, p. 143.

qui est « un comportement de valeur négative »[1]. Ce point de vue est notamment défendu par Jean Gayon :

> Les thèses de l'*Essai* sont en grande partie inspirées du livre de Kurt Goldstein, *La Structure de l'organisme*, publié en 1934 en langue allemande. Il n'y a selon nous aucun doute quant au fait que Kurt Goldstein (1878-1965) a été le maître authentique, le maître choisi par Georges Canguilhem, lorsqu'il s'est décidé à écrire sur la médecine[2].

Dans la forme comme dans le fond, Goldstein occupe une position centrale dans la thèse de médecine. Canguilhem se réfère explicitement à ses travaux pour montrer que la vie est une activité normative qui se déploie sur fond de polémique avec le milieu : la vie, dit-il, « est débat ou explication (ce que Goldstein appelle *Auseinandersetzung*) avec un milieu où il y a des fuites, des trous, des dérobades et des résistances inattendues »[3]. Dans *La Structure de l'organisme*, Goldstein s'attache effectivement à révéler « la loi biologique fondamentale »[4] selon laquelle l'organisme tire son unité de la relation qu'il entretient avec le milieu : « la possibilité de s'affirmer dans le monde, tout en conservant sa singularité, est liée à un certain débat (*Auseinandersetzung*) entre l'organisme et le monde environnant »[5]. L'organisme se définit dans et par le rapport qu'il entretient avec le milieu. Mieux : il est ce rapport au milieu. Mais il ne s'agit aucunement d'un rapport de neutralité : Goldstein qualifie celui-ci d'*Auseinandersetzung*, expression que l'on a traduit ici par débat, mais qui est en fait plus proche du mot *Streit*, qui signifie dispute, controverse, différend. Dès lors, si Goldstein apparaît comme celui qui a conceptualisé le rapport du vivant à son milieu en terme de polémique, on comprend qu'on ait aisément pu voir en lui « le maître authentique » de Canguilhem. Dans une telle perspective, l'idée maîtresse de l'*Essai* selon laquelle la vie est une « activité d'opposition à l'inertie et à l'indifférence » passerait presque pour un décalque des passages de *La Structure de l'organisme* où la vie est

1. G. Canguilhem, *Essai*, *op. cit.*, p. 150.

2. J. Gayon, « Le concept d'individualité dans la philosophie biologique de Georges Canguilhem », dans M. Bitbol, J. Gayon (dir.), *L'Epistémologie française, 1830-1970*, Paris, P.U.F., p. 431-463, p. 435.

3. G. Canguilhem, *Essai*, *op. cit.*, p. 131.

4. K. Goldstein, *La Structure de l'organisme* (1934), trad. fr. par E. Burckhardt et J. Kuntz, Paris, Gallimard, 1951, p. 96.

5. *Ibid.*, p. 95.

entendue comme «*Auseinandersetzung mit der Welt*»[1], dispute avec le monde.

Les choses ne sont bien sûr pas si simples. Un témoignage vient en effet considérablement nuancer la thèse que défendait déjà D. Lagache en 1946 dans la première étude critique de l'*Essai*, selon laquelle «Goldstein est le principal inspirateur de Canguilhem»[2]. Il émane de Canguilhem lui-même, qui interroge alors la légitimité de la transposition, sur le plan physiologique, de résultats obtenus par Goldstein dans le domaine de la pathologie psychique. Sa réponse est la suivante :

> Nous pourrions répondre que nous avons abordé non seulement l'exposé mais même la lecture de Goldstein en dernier lieu, et que tous les exemples de faits pathologiques que nous avons apportés à l'appui de nos hypothèses et propositions – pour lesquelles les idées de Goldstein sont un encouragement et non une inspiration – sont empruntés à la physiopathologie[3].

Que Canguilhem ait « abordé non seulement l'exposé mais même la lecture de Goldstein en dernier lieu », c'est ce dont pourrait témoigner le chapitre « Maladie, guérison, santé » : ses dix-sept pages regroupent effectivement la majorité des références à Goldstein. D'où l'idée qu'il puisse bel et bien s'agir d'une insertion de dernière minute dans l'architecture générale de la thèse. Quoiqu'il en soit, nous prendrons ce témoignage au sérieux. Lorsque Canguilhem dit que les idées de Goldstein furent pour lui « un encouragement et non une inspiration », cela signifie que le philosophe était pour ainsi dire *déjà chez lui* lorsqu'il lut, chez le neuropsychologue, des thèses que l'*Essai* allait regrouper sous le concept de « normativité biologique ». Nous pensons en effet que Canguilhem a vu, dans les travaux de psychopathologie de Goldstein, quelque chose comme une confirmation, sur le plan médical, d'un ensemble de positions philosophiques auxquelles il tenait. Nous évoquions précédemment Jean Gayon, pour qui il ne fait aucun doute que Goldstein «a été le maître authentique, le maître choisi par Georges Canguilhem, lorsqu'il s'est décidé à écrire sur la médecine»[4]. On insistera ici sur la deuxième moitié du propos : si Canguilhem a choisi

1. K. Goldstein, *Der Aufbau des Organismus*, Den Haag, M. Nijhoff, 1934, p. 300, 325, 350.

2. D. Lagache, «Le normal et le pathologique d'après M. Georges Canguilhem», *Revue de métaphysique et de morale*, n°51, 1946, p. 355-370, p. 369.

3. G. Canguilhem, *Essai*, *op. cit.*, p. 126.

4. J. Gayon, «Le concept d'individualité dans la philosophie biologique de Georges Canguilhem», *op. cit.*, p. 435.

Goldstein, il s'agit d'un choix motivé; et la raison d'un tel choix tient selon nous dans le fait que le neuropsychologue retrouve, mais par un autre chemin, des thèses défendues par Canguilhem au plan philosophique. Goldstein ne fut donc pas pour lui un point de départ, mais une étape – certes capitale – dans un parcours déjà bien avancé.

Aussi est-ce du côté de la philosophie qu'on amorcera notre entreprise visant à retracer les sources du concept canguilhemien de normativité. Ce qui ne veut pas dire, insistons sur ce point, que ce concept s'enracinerait dans la seule philosophie. Loin s'en faut. Comme son nom l'indique, la « normativité biologique » est conceptuellement au carrefour de la philosophie et des sciences de la vie : il résulte en effet de la *coordination*, opérée par Canguilhem, entre philosophie et médecine. C'est pourquoi, pour retracer la généalogie complète et exhaustive du concept de « normativité vitale », il faudrait travailler, en plus des sources philosophiques que nous allons discuter, les sources médicales de Canguilhem. Nous pensons ici aux maîtres des facultés de médecine fréquentées par Canguilhem de 1936 à 1943 : Camille Soula, le flamboyant professeur de physiologie de Toulouse à qui l'on doit l'introduction de Sherrington en France, mais surtout Charles Kayser, Marc Klein, et Alfred Schwartz de la faculté de Strasbourg repliée à Clermont-Ferrand. Selon toute vraisemblance, c'est à leur contact que Canguilhem s'est initiéaux « discours allemands » [1] qui parsèment l'*Essai* : Goldstein certes, mais aussi Jaspers, Virchow, Ricker, Herxheimer, Sigerist ou encore Weizsaeker. Or, comme le montre Henning Schmidgen dans l'examen de la critique adressée par Herxheimer à Ricker, ces « discours allemands » se caractérisent par leur caractère hybride : médecine et philosophie y sont en effet inextricablement liées. Chez Herxheimer, la pathologie est ainsi explicitement adossée à la *Wertphilosophie* néo-kantiennne de l'école de Bade [2]. De là donc à voir dans ces « discours allemands », la source du concept canguilhemien de « normativité biologique », il n'y a qu'un pas.

Ce pas, nous refusons toutefois de le faire. Car ce qui a été dit du rapport à Goldstein en particulier nous semble valoir tout autant du rapport aux « discours allemands » en général. Nous pensons en effet que Canguilhem n'aurait jamais extrait de ces « discours » ce qu'il en a tiré, s'il n'avait reçu, préalablement à leur rencontre, une solide formation de philosophe. Dans l'article que l'on vient de citer, H. Schmidgen écrit :

1. H. Schmidgen, « Canguilhem et les "les discours allemands" », dans *Philosophie et médecine. En hommage à Georges Canguilhem*, *op. cit.*, p. 49-62.

2. *Ibid.*, p. 53-54.

> Ainsi, à travers le débat entre Ricker et Herxheimer, Canguilhem, dans l'*Essai* de 1943, rencontrait la philosophie de la valeur, la "philosophie axiologique". Il semble que cette rencontre n'était ni accidentelle ni singulière[1].

Rien d'accidentel dans cette rencontre effectivement. Si Canguilhem fut sensible à la « philosophie axiologique » néo-kantienne, c'est qu'il y avait été préparé de longue date. Qu'il ait rencontré la *Wertphilosophie* de Windelband, Münsterberg et Rickert, à l'occasion du débat Ricker/ Herxheimer, nous voulons bien le croire; mais affirmer qu'il a attendu la rédaction de sa thèse de médecine pour découvrir « la philosophie de la valeur » en général, nous ne pouvons l'admettre. C'est oublier en effet que Canguilhem, normalien et agrégé de philosophie, a été formé pendant l'entre-deux-guerres dans une institution universitaire française foncièrement kantienne, qui, à l'image de l'institution philosophique allemande, mais dans un style différent, était loin d'ignorer le problème des valeurs. Il y eut autrement dit, et pour reprendre l'expression judicieuse de Jean-François Braunstein, un « Canguilhem avant Canguilhem »[2]. Cette dernière remarque nous permet d'avancer le cadre général dans lequel nous souhaitons inscrire notre recherche.

Pendant très longtemps, on a tenu pour une évidence que la bibliographie de Canguilhem débutait en 1943, avec la publication de sa thèse de médecine. Un cercle très restreint d'initiés connaissait certes l'existence d'une conférence sur « Descartes et la technique », prononcée en 1937 à l'occasion du IXe Congrès internationale de philosophie; mais la tendance générale était de considérer l'*Essai* comme le point de départ de l'itinéraire philosophique de Canguilhem. La publication en 1994 de la bibliographie critique établie par Camille Limoges[3] vint toutefois considérablement bouleverser l'image qu'on se faisait jusque-là du philosophe, celle d'un Canguilhem ayant « relativement peu publié »[4]. C. Limoges révéla en effet à bon nombre de lecteurs qu'en 1943, Canguilhem n'en était manifestement pas à son premier coup d'essai philosophique lorsque parut son illustre thèse de médecine. À 39 ans, il avait effectivement publié plus d'une centaine d'articles dans diverses revues

1. *Ibid.*, p. 54.

2. J.-F. Braunstein, « Canguilhem avant Canguilhem », *Revue d'histoire des sciences*, vol. 53, no. 1, janvier-mars 2000, p. 9-26.

3. C. Limoges, « Critical Bibliography », dans F. Delaporte, *A Vital Rationalist. Selected Writings from Georges Canguilhem*, *op. cit.*, p. 385-454.

4. P. Macherey, « Georges Canguilhem : un style pensée » (1996), repris dans *De Canguilhem à Foucault*, *op. cit.*, p. 98-109, p. 98.

(dont une grande majorité pour les *Libres Propos*, le *Journal d'Alain*), avait rédigé une étude socio-politique sur *Le fascisme et les paysans*, et co-écrit un *Traité de logique et de morale* à l'attention des classes de Terminale. Chose tout à fait étonnante de la part d'un homme à qui on a cru pouvoir imputer une faible propension à l'écriture. Ces écrits sont aujourd'hui réunis au sein du premier volume des *Œuvres complètes* de G. Canguilhem, lequel regroupe tous les textes publiés par le philosophe entre 1926 et 1939[1]. Dans la présentation de ce volume, Yves Schwartz note la chose suivante :

> Pour tous les esprits marqués par les écrits, la personne, et la vie de Georges Canguilhem, ce premier volume des *Œuvres complètes* peut constituer quelque chose comme un événement. Moins peut-être une découverte, même si ce peut être le cas, que le sentiment d'une rencontre avec ce qu'on avait trop facilement accepté de laisser en pénombre : la genèse, l'ourdissage d'une grande pensée philosophique[2].

Pendant très longtemps, on a considéré l'*Essai* comme un *donné*. Il aura effectivement fallu attendre la deuxième moitié des années 1990 pour que des entreprises visant à retracer les conditions d'émergence d'un tel chef d'œuvre voient le jour. Certes, comme le note Yves Schwartz, on se doutait bien qu'avec Canguilhem, on avait affaire à une œuvre dont la genèse était d'une grande complexité. Dans son ouvrage consacré au maître, Claude Debru affirmait ainsi que « Canguilhem émerge surtout… comme celui dont la pensée, qui venait de plus loin, allait le plus loin »[3], sans toutefois préciser ce qu'il fallait entendre par cette lointaine provenance. La publication des textes de jeunesse de Canguilhem invite aujourd'hui à relever un tel défi, et à questionner ce qui a pu passer pendant longtemps comme un impensé de l'épistémologie historique : « la genèse, l'ourdissage » de la pensée de Georges Canguilhem. Des pionniers comme Camille Limoges, Jean-François Braunstein et Dominique Lecourt nous ont montré le chemin à suivre. S'il est aujourd'hui avéré qu'il y eut un « Canguilhem avant Canguilhem », alors notre entreprise concernant le concept de « normativité biologique » consistera moins à retracer une naissance, qui est sans précurseur, qu'une formation progressive à partir d'un terreau

1. G. Canguilhem, *Œuvres complètes*, tome 1, *Écrits philosophiques et politiques* (1926-1939), Paris, Vrin, 2011.

2. Y. Schwartz, « Jeunesse d'un philosophe », dans *Œuvres complètes*, tome 1, *op. cit.*, p. 71.

3. C. Debru, « In memoriam », dans *Georges Canguilhem, science et non-science*, *op. cit.*, p. 24.

massivement philosophique. Car le jeune Canguilhem que l'on va rencontrer ici n'est ni vraiment épistémologue, ni encore historien des sciences. C'est un philosophe, au sens le plus traditionnel du terme, qui, de 1926 à 1939, se débat avec un des grands problèmes de la philosophie : le problème de *l'unité de l'expérience*. Comment coordonner ces deux systèmes normatifs hétérogènes que sont celui du jugement d'un côté, et celui de l'action de l'autre ? Faut-il affirmer le primat du jugement sur l'agir, ou bien reconnaître, à l'inverse, une forme d'irréductibilité de l'action à la connaissance objective ? Tel est le choix auquel se confronte le jeune Canguilhem, lui qui n'oubliera jamais que l'unité de l'expérience n'est pas un *fait*, mais une *valeur* philosophique.

PREMIÈRE PARTIE

JUGER ET AGIR (1926-1934)

CANGUILHEM ET LE « STYLE DE PENSÉE » RÉFLEXIF

CHAPITRE PREMIER

ALAIN

CRITIQUE DE LA NOTION DE FAIT BRUT

Les travaux de Jean-François Braunstein et de Dominique Lecourt ont considérablement contribué à réévaluer la place tenue par Alain (Emile Chartier) dans la formation du jeune Canguilhem.

> D'Alain, écrit Dominique Lecourt, Canguilhem dès *Henri IV* fut donc l'élève enthousiaste et devint le disciple favori. Lorsqu'il entra rue d'Ulm en 1924, il passa aux yeux de ses camarades pour le dépositaire de la pensée du maître; il fut en tout cas l'âme du groupe turbulent des jeunes « chartiéristes »[1].

Toute leur vie durant, les deux hommes sont restés extrêmement proches; et la prise de distance à la fin des années 1930 au sujet du pacifisme intégral que Canguilhem considère désormais comme intenable (« on ne peut traiter avec Hitler »[2] dira-t-il), n'empêchera pas celui-ci de fermer les yeux d'Alain à sa mort en 1951, ainsi que de publier l'année suivante, alors qu'il était Inspecteur général de philosophie, et dans un contexte où l'image d'Alain était considérablement ternie par la

1. D. Lecourt, *Georges Canguilhem*, Paris, Paris, P.U.F., 2008, p. 11. Du même auteur, voir aussi « Georges Canguilhem, le philosophe », dans J.-F. Braunstein (dir.), *Canguilhem. Histoire des sciences et politique du vivant*, *op. cit.*, p. 27-43.

2. J.-F. Sirinelli, *Génération intellectuelle. Khâgneux et Normaliens de l'entre-deux-guerres*, Paris, P.U.F, 1994, p. 597-598.

compromission de certains de ses plus fidèles disciples avec Vichy, un très bel hommage au maître disparu [1].

Selon Jean-François Braunstein, ce que le « Canguilhem avant Canguilhem » a retenu de l'enseignement d'Alain se situe d'abord du côté de la politique au sens large : à savoir que la réalité sociale n'est en aucune manière un « fait brut », un produit de la nature ou de la fatalité que les hommes seraient condamnés à accepter passivement. « Plus largement, écrit Jean-François Braunstein, Canguilhem interprète l'enseignement d'Alain comme un refus de ce qu'il appelle l'"adoration du fait" » [2]. Cette expression, omniprésente dans les écrits de jeunesse, Canguilhem l'emprunte au Alain de *Mars ou la guerre jugée* [3], ouvrage qui dénonce l'idée selon laquelle la guerre serait un fait inéluctable. Au chapitre LVII intitulé « Lâches penseurs », Alain qualifie ainsi d'« adorateurs du fait » « ces penseurs sans jugement » que sont selon lui les psychologues. Canguilhem saura se souvenir de ces pages brillantes lorsqu'il prononcera, en 1956, sa célèbre conférence « Qu'est-ce que la psychologie ? ».

Il n'y a dans cette hostilité envers la notion de « fait brut » rien de surprenant pour un disciple d'Alain. Si l'on se reporte par exemple à l'œuvre maîtresse d'un autre grand alaniste, l'*Allure du transcendental (sic.)* de Georges Bénézé, on constatera que celle-ci s'ouvre sur une analyse du « problème du donné » à propos de « L'impossible empirisme » [4], afin de faire apparaître que ce qui est « donné, c'est la conscience transcendentale *(sic.)*, le Tout » [5]. Là où Canguilhem tranche en revanche singulièrement avec la plupart des disciples d'Alain, c'est qu'il est un des rares alanistes à avoir poussé jusque dans ses derniers retranchements cette critique de la notion de « fait brut », et surtout, à l'avoir tenue à un moment de l'histoire où la résistance à l'ordre établi ne pouvait en rester au stade verbal. Aussi Jean-François Braunstein fait-il remarquer que cette hostilité à la notion de « fait brut » débouche chez le jeune Canguilhem sur « une philosophie de la révolte » [6], philosophie qu'on aurait bien du mal à trouver chez un Georges

1. G. Canguilhem, « Réflexions sur la création artistique selon Alain », *Revue de Métaphysique et de Morale*, vol. 57, avril-juin 1952, p. 171-186

2. J.-F. Braunstein, « Canguilhem avant Canguilhem », *op. cit.*, p. 12.

3. Alain, *Mars ou la guerre jugée* (1921), repris dans *Les Passions et la Sagesse*, Paris, Gallimard, 1960, p. 547-705.

4. G. Bénézé, *Allure du Transcendental*, Paris, Vrin, 1936, *Introduction*, p. III-XIV notamment, le chapitre VII p. 79-109, ainsi que le chapitre XII – « qui forme (selon Bénézé) comme le sommet dialectique de l'ouvrage entier ».

5. *Ibid.*, Conclusion, p. 269.

6. J.-F. Braunstein, « Canguilhem avant Canguilhem », *op. cit.*, p. 9.

Bénézé ou un René Château, qui ont, quant à eux, bien su s'accommoder du fait accompli en juin 1940 (à la Libération, tous deux furent privés de leurs droits civiques).

Poursuivant son analyse, Jean-François Braunstein note qu'à cette adoration du fait, Canguilhem oppose « les exigences de la "valeur" »[1]. C'est là un point tout à fait fondamental. Nous pensons en effet que le Canguilhem de la maturité saura se souvenir de la dichotomie fait/valeur lorsqu'il trouvera, dans la matière médicale, de quoi appuyer ses positions philosophiques de jeunesse. La thèse de médecine s'emploiera en effet à montrer que la santé et la maladie ne sont pas des faits objectifs – c'est là le fond de la critique du « principe de Broussais » – mais des valeurs inscrites dans l'expérience subjective d'un individu. On rappellera aussi que sur les cinq chapitres qui constituent la deuxième partie de l'*Essai*, trois d'entre eux se terminent explicitement par une réflexion sur la valeur. Sans compter la phrase conclusive de l'*Essai*, particulièrement significative, où Canguilhem avance, contre l'hypothèse d'une « pathologie objective », qu'« on peut pratiquer objectivement, c'est-à-dire impartialement, une recherche dont l'objet ne peut être conçu et construit sans rapport à une qualification positive ou négative, dont l'objet n'est pas tant un fait qu'une valeur »[2].

Si l'on examine les tout premiers textes pour les *Libres Propos*, il n'est pas rare de voir le jeune Canguilhem défendre avec fougue l'idée que

> le fait n'a point lui-même de valeur. Et même, du moment qu'il existe comme fait, c'est qu'il porte avec lui ses conditions. Les conditions, qui les connaît les change. Aussi le fait traduit-il non pas ce qu'on fait mais ce qu'on ne fait pas[3].

En plus d'un sens aiguisé de la formule, on notera ici que Canguilhem partage avec Alain l'idée que tout fait social, à partir du moment où celui-ci est humain, repose en dernière instance sur un ensemble de valeurs *instituées*. Le réel – que les « adorateurs du fait » se plaisent à imaginer indépendant de l'action humaine – n'est pas par conséquent un « donné », mais un résultat : à savoir la sédimentation des choix innombrables que l'humanité a dû faire au cours de son histoire. Ce qui implique que la réalité sociale, telle que nous la connaissons, aurait très bien pu être autre

1. *Ibid.*, p. 13.
2. G. Canguilhem, *Essai*, *op. cit.*, Conclusion, p. 157.
3. G. Canguilhem, Texte sans titre qui fait suite à l'article sur « La Mobilisation des intellectuels – Protestation d'étudiants », *Libres Propos* (20 avril 1927) ; repris dans *Œuvres complètes*, tome 1, *op. cit.*, p. 166-167, p. 167.

si les valeurs qui ont présidé aux choix dont elle est le fruit avaient été différentes. Si le réel concrétise un ensemble de valeurs, il comprend par là même la possibilité de choix autres, en ce qu'il est toujours possible de préférer des valeurs dynamiquement opposées aux valeurs actualisées. C'est là un thème central de la philosophie de Canguilhem, que *Le normal et le pathologique* reprendra avec brio, notamment l'article « du social au vital » des *Nouvelles Réflexions* de 1966.

Il y a effectivement pour Canguilhem un seuil insondable entre l'homme et l'animal, en ce sens que, dans le champ proprement humain, les valeurs ont rapport à des choix de normes de vie qui ont perdu de leur naturalité. C'est à ce niveau que les notions de normal et de pathologique diffèrent selon que l'on se place dans une perspective vitale ou sociale. Rien dans l'organisation biologique de l'homme ne saurait justifier telles ou telles formes de vie collectives. La preuve en est qu'il existe une pluralité de normes de vie sociale. Entre le vital et le social, il y a autrement dit une coupure. Foucault sera particulièrement sensible à cette leçon : nous pensons ici à la problématisation du partage raison/déraison tel que l'expose l'*Histoire de la folie*[1]. Si l'on suit les analyses de Foucault, ce partage serait effectivement le résultat de choix sous-tendus par des valeurs, cristallisées dans des pratiques sociales, qui n'ont rien de naturel.

Dans les textes de jeunesse, Canguilhem renvoie fréquemment à Valéry pour dénoncer le mensonge d'un réel axiologiquement neutre, auquel nous serions nécessairement soumis. On le voit ainsi ponctuer ses attaques contre les « adorateurs du fait » de maximes valéryennes telles que « l'homme est incessamment et nécessairement opposé à ce qui est par le souci de ce qui n'est pas »[2], qu'il paraphrase en « celui qui n'admet d'autre valeur que le réel sacrifie allègrement tous les possibles »[3]. Tirant quelques années plus tard les implications de cette résignation à l'ordre établi sur le plan éthique, il écrira dans son *Traité de logique et de morale* qu'« une action purement conservatrice d'un état de choses donné est moralement

1. M. Foucault, *Histoire de la folie à l'Age classique* (1961), Paris, Gallimard, 2e éd., 1972.

2. P. Valéry cité par Canguilhem dans son compte rendu de « *La Fin de l'éternel*, par Julien Benda, NRF, 1929 », *Libres Propos (Journal d'Alain)* (20 janvier 1930) ; repris dans *Œuvres complètes*, tome 1, *op. cit.*, p. 272-273, p. 273

3. G. Canguilhem, « Activité technique et création », dans *Communications et discussions*, Toulouse, Société toulousaine de philosophie, 1938, 2e série ; repris dans *Œuvres complètes*, tome 1, *op. cit.*, p. 499-509, p. 502.

nulle »[1]. Toutefois, il ne fait aucun doute que c'est bien davantage du côté d'Alain que l'on doit chercher la source de l'engagement du jeune Canguilhem contre les « adorateurs du fait ». Jean-François Braunstein a mis en évidence que la critique de la notion de « fait brut » est prioritairement convoquée par Alain dans ses écrits pacifistes, où l'auteur s'attache à combattre un vision fataliste de l'histoire qui présente la guerre comme un fait inéluctable. Dans *Mars* il écrit :

> Le sage m'arrête et me dit : « Il n'est pas d'un esprit juste de nier les faits, mais bien de les constater et de s'en accommoder. La guerre est un fait ; j'estime vain de demander si elle est bonne ou mauvaise ».
> Oui, mon cher sage. Tu es fils de ces deux ou trois siècles où l'on s'est enivré de science ; et certes il faut connaître la nécessité extérieure ; il n'est pas possible de ruser avec elle sans d'abord lui obéir ; mais cette vue purement industrielle a engourdi l'esprit, à ce que je crois, lui prescrivant de tout prendre comme fait, et d'être enregistreur, non jugeur. [...] Juger, et non pas subir, c'est le moment du souverain[2].

LE GLISSEMENT ANTHROPOLOGIQUE DE L'ÉPISTÉMOLOGIE KANTIENNE

Le jeune Canguilhem a donc très largement relayé l'entreprise d'Alain visant à dénoncer l'idée que la guerre serait un « fait inéluctable ». On notera toutefois que l'engagement pacifiste est loin d'épuiser ce que le disciple a retenu de l'hostilité de son maître envers le fait établi. Dans bien des textes de jeunesse, on voit effectivement Canguilhem exporter cette critique de la notion de « fait brut » sur un terrain plus exclusivement philosophique. Il recourt ainsi fréquemment à la distinction « fait/valeur » pour contredire ceux qui, à la suite d'Hyppolite Taine (1828-1893), voient dans la pensée un simple fait au carrefour de « la race, du milieu, et du moment »[3]. Dans son *Discours de remise des prix* prononcé en 1930 au lycée de Charleville, dont Taine était justement originaire, le jeune professeur Canguilhem âgé de 26 ans met en garde ses élèves contre cet adorateur local du fait, « votre Taine » leur dit-il, en expliquant ceci :

1. G. Canguilhem, C. Planet, *Traité de logique et de morale*, G. Canguilhem, C. Planet, *Traité de logique et de morale*, Marseille, Imprimerie Robert et Fils, 1939 ; repris dans *Œuvres complètes*, tome 1, *op. cit.*, p. 633-924, p. 906.

2. Alain, *Mars ou la guerre jugée*, « Du souverain », *op. cit.*, p. 675.

3. H. Taine, *Histoire de la littérature anglaise*, 2e éd., tome 1, Paris, Hachette, 1866. Voir *Introduction*, p. XXIII-XXXIII, où Taine expose « les trois sources différentes (qui) contribuent à produire cet état moral élémentaire, *la race, le milieu* et *le moment.* »

> C'est qu'en effet, il y a, mes amis, deux manières de concevoir une âme. Une âme, c'est, selon les auteurs, un héritage ou une conquête. Une âme c'est [...] un fait qu'expliquent le sol natal, la tradition nationale, le sang familial. Vous connaissez ces descriptions communes à tous les panégyriques officiels, où l'esprit et le génie d'un homme sont comparés à la vigueur d'un arbre séculaire, chêne des Ardennes, pin en Provence, dont la racine a tiré de l'humus local les sucs généreux. C'est votre Taine qui lui-même donna la règle et, qui sait ? peut-être aussi l'exemple. Différemment, une âme c'est l'effort toujours dû, quelquefois tragique, par lequel un homme fait le départ de ce qu'il apporte en naissant d'instinctif, d'aveugle, de périssable et de borné, d'avec ce qu'il veut établir et ordonner en lui de raisonnable, de conscient, d'indestructible et d'universel. Ainsi, ou bien une âme traduit la façon dont l'univers possède l'homme, ou bien une âme traduit la façon dont un homme possède l'univers [1].

Ainsi que le rappelle J.-F. Braunstein, « l'affaire Dreyfus est bien sûr présente en arrière-plan »[2] de la démonstration à laquelle se livre ici le jeune professeur de philosophie. C'est pourquoi, au-delà de Taine, c'est Maurice Barrès (1862-1923) qui est visé dans le *Discours de Charleville*. Canguilhem rappelle effectivement que Barrès, « l'ancien ennemi des lois devenu ami de la loi »[3], voyait dans « les réclamations de la justice lors d'une affaire à la fois tristement et noblement célèbre, une orgie de métaphysiciens ». On ne s'étonnera donc pas que Canguilhem fasse ici valoir, contre le nationaliste Barrès, le socialiste Lucien Herr (1864-1926), bibliothécaire à l'École normale supérieure, dreyfusard de la première heure et adversaire public de Barrès. S'inspirant de l'universalisme de Herr, Canguilhem réplique au racisme et à l'antisémitisme de Barrès que l'important, « ce n'est pas ce qu'un homme a dans le sang, c'est ce qu'il a dans l'esprit et ce qu'il veut faire »[4]. Rappelons en effet que Barrès, auteur de nombreux articles antisémites dans diverses revues nationalistes, avait déclaré lors du second procès Dreyfus : « Je n'ai pas besoin qu'on me dise

1. G. Canguilhem, « Discours prononcé par G. Canguilhem, agrégé de l'Université, professeur de philosophie, à la distribution des prix du lycée de Charleville, le 12 juillet 1930 » ; repris dans *Œuvres complètes*, tome 1, *op. cit.*, p. 306-312, p. 307.

2. J.-F. Braunstein, « Canguilhem avant Canguilhem », *op. cit.*, p. 14.

3. G. Canguilhem, « Discours... », *op. cit.*, p. 309. Elu député boulangiste en 1889 à l'âge de 27 ans, Barrès se voulait aussi socialiste et siégea un temps à l'extrême gauche de l'hémicycle.

4. G. Canguilhem, « Discours... », *op. cit.*, p. 310.

pourquoi Dreyfus a trahi… Que Dreyfus est capable de trahir, je le conclus de sa race »[1].

Pour qui cherche à retracer les sources philosophiques du concept canguilhemien de normativité, s'arrêter sur les adversaires que le jeune Canguilhem a combattus avec fougue n'est pas inutile. Nous croyons en effet qu'il se joue dans cette opposition de jeunesse aux idées de Barrès, une grande partie de la trajectoire philosophique de Canguilhem. Si Alain, et son maître Jules Lagneau (1851-1894), ont assurément été pour Canguilhem des modèles de réflexion philosophique, il n'en est pas moins vrai que Barrès – et à travers lui, Taine – n'ont jamais véritablement quitté l'arrière-plan de sa philosophie. Tous deux sont effectivement évoqués aussi bien dans les tout premiers écrits du jeune normalien – nous pensons notamment à la chanson satirique de 1927 « Sur l'utilisation des intellectuels en temps de guerre »[2] où Taine est raillé – que dans les tout derniers textes du professeur honoraire à la Sorbonne – « Qu'est-ce qu'un philosophe en France aujourd'hui » de 1991, où c'est Barrès qui est explicitement visé. Aussi, à la différence de Jean-François Braunstein, nous pensons qu'il y a dans ce rapport à Taine et Barrès beaucoup plus que des « indignations de jeunesse »[3]. Bien des textes du Canguilhem de la maturité peuvent effectivement être lus comme de sévères objections aux thèses de Barrès – « Le vivant et son milieu » en tête, mais aussi « Le cerveau et la pensée » de 1980. Bien évidemment, ce sont les conclusions racistes et antisémites auxquelles conduit l'argumentation de Barrès qui sont attaquées prioritairement par Canguilhem. Cela va de soi. Cependant, cette critique comporte un autre niveau, qui peut d'autant plus passer inaperçu qu'il engage une dimension plus technique de la philosophie. Nous croyons en effet qu'entre Barrès et Canguilhem, la polémique se situe fondamentalement autour des conséquences politiques que les deux attribuent à la révolution copernicienne de Kant.

Aujourd'hui encore, on mesure assez mal la dette de Canguilhem envers le philosophe allemand. Pourtant, l'admiration que celui-ci pouvait porter à Kant, et la connaissance qu'il avait de son système, étaient bien connues de ceux qui l'ont côtoyé. Dans son *Journal* encore inédit, Alain écrivait à la date du 21 décembre 1937 :

1. Cité par Z. Sternhell dans *Maurice Barrès et le nationalisme français*, Bruxelles, Complexe, 1985, p. 264.

2. Voir la note de J.-F. Braunstein, dans *Œuvres complètes*, tome 1, *op. cit.*, p. 181-182.

3. J.-F. Braunstein, « Canguilhem avant Canguilhem », *op. cit.*, p. 14.

> Les temps qui viennent sont remarquables par des passions dans tous les coins. Exemple : le poulain Canguilhem qui a juré d'inventer une philosophie et qui n'a qu'à ouvrir son Kant pour surpasser tous ses rivaux. On n'a pas encore vu à l'œuvre ces passionnés solitaires dont Lagneau fut le plus grand[1].

Plus récemment, Camille Limoges nous rapportait combien Canguilhem maîtrisait l'ensemble de l'œuvre kantienne, et ce jusque dans ses détails les plus techniques[2]. Pour l'anecdote, il évoqua notamment un incident auquel il avait assisté en 1964, lors du séminaire hebdomadaire de Canguilhem à l'Institut d'Histoire des Sciences et des Techniques (IHST). Kant était au cœur de l'affaire. Lors d'une séance, une des étudiantes du séminaire eut le malheur d'apporter avec elle un livre de Bataille, très en vogue à l'époque. Bien mal lui en pris. Lorsque Canguilhem s'en aperçut, il stoppa net son exposé, et piqua une colère vive : « comment peut-on perdre son temps avec ce genre de littérature quand on ne connaît pas les trois *Critiques* sur le bout de doigts ! ». Nous pourrions multiplier ce genre d'anecdotes, notamment à propos de Péguy, contre lequel Canguilhem pestait régulièrement pour avoir osé critiquer Kant. Même chose pour Fouillée (1838-1912), qui, pour des raisons identiques, en prit également pour son grade[3].

Si Barrès était loin de maîtriser la philosophie kantienne dans toute sa technicité, il en avait toutefois bien saisi l'esprit et les implications pratiques. C'est ce dont témoigne largement *Les Déracinés*[4]. Dans ce roman polémique paru en 1897, Barrès met en scène les conséquences catastrophiques auxquelles conduit selon lui l'universalisme kantien de la Raison, pilier de l'enseignement philosophique sous la IIIe République. Comme le rappelle Canguilhem dans sa conférence sur « Qu'est-ce qu'un philosophe en France aujourd'hui ? », c'est en effet le philosophe allemand qui servit de modèle intellectuel pour l'Université française d'après 1870 : « Deux écrivains qui n'aimaient pas Kant, Barrès et Péguy, savaient pourtant que c'est Kant, traduit alors par Barni, Tissot ou Picavet, qui inspirait de près ou

1. Alain, *Journal*. Encore non publié, cet extrait du journal intime d'Alain est cité par A. Sernin dans *Alain, Un sage dans la cité*, Paris, Robert Laffont, 1985, p. 374. Référence communiquée par Camille Limoges.

2. Entretien réalisé à Montréal en mai 2008.

3. *Cf.* G. Canguilhem, « La Logique des jugements de valeur », dans *Libres Propos* (20 août 1927) ; repris dans *Œuvres complètes*, tome 1, *op. cit.*, p. 177-180, p. 178.

4. M. Barrès, *Les Déracinés* (1897). *Le roman de l'énergie nationale*, tome 1, Paris, Plon, 1922.

de loin les philosophes professeurs »[1]. A travers le personnage de Bouteiller, professeur de philosophie et homme politique largement inspiré d'Auguste Burdeau (1851-1894) dont Barrès suivit les cours au lycée de Nancy en 1879-1880, l'écrivain rend indirectement Kant responsable du destin tragique de sept jeunes lorrains ayant quitté Nancy pour tenter leur chance à Paris. Déracinés, tous connurent à la capitale de cuisants échecs ; et le plus modeste d'entre eux périt sous la guillotine pour avoir commis un crime crapuleux. C'est que, pour Barrès, de « Déraciné » à « Décapité », il n'y a qu'un pas comme le suggère le titre de l'avant-dernier chapitre du roman. Selon l'auteur, rien de tout cela ne serait effectivement arrivé si ces jeunes lorrains avaient suivi les carrières locales et modestes auxquelles les prédisposaient leurs origines familiales et sociales. Mais il fallut que Bouteiller, « qui a pris sur Kant son point d'appui et qui, désormais, ne le vérifie pas plus que ne fait un croyant pour la vérité révélée »[2], fasse « de ses élèves des citoyens de l'humanité, des affranchis, des initiés de la raison pure »[3] coupés de leurs racines lorraines. « Déraciner ces enfants, les détacher du sol et du groupe social où tout les relie, pour les placer hors de leurs préjugés dans la raison abstraite », tel est pour Barrès le but que s'est fixé leur professeur de philosophie – Bouteillé étant lui-même un déraciné. Il faut bien voir qu'à travers ce personnage semi fictif, Barrès dénonce l'impératif catégorique kantien, qu'il réduit à un « consultatif catégorique »[4]. Rigoriste pouvant aller jusqu'à la délation sans problème de conscience, Bouteiller s'identifie dans le roman à l'impératif catégorique, il en est la personnification. C'est ainsi qu'

> avec quiétude, il faisait reposer toute sa conduite comme son enseignement sur le principe kantien qu'il formulait ainsi : « Je dois toujours agir de telle sorte que je puisse vouloir que mon action serve de règle universelle »[5].

En disciple de Taine, Barrès n'a pas de mots assez durs envers une pensée qui fait fi selon lui de la spécificité des individus et des circonstances historiques dans lesquelles ils se trouvent, des groupes sociaux et raciaux auxquels ils appartiennent, bref du milieu auquel ils sont soumis. Contre l'universalisme vide et abstrait de la maxime kantienne, Barrès fait valoir,

1. G. Canguilhem, « Qu'est-ce qu'un philosophe en France aujourd'hui ? », dans *Commentaire*, vol. 14, no. 53 (printemps 1991), p. 107-112, p. 108.

2. M. Barrès, *Les Déracinés*, *op. cit.*, p. 23.

3. *Ibid.*, p. 37-38.

4. *Ibid.*, p. 217.

5. *Ibid.*, p. 25.

via Taine dont le personnage fait une brève apparition au chapitre VII du roman, la formule relativiste suivante :

> que chacun agisse selon ce qui convient dans son ordre. Respectons chez les autres la dignité humaine et comprenons qu'elle varie pour une part importante selon les milieux, les professions, les circonstances. Voilà ce que [...] nous enseigne l'observation de la nature [1].

Nous retrouvons ici, de manière polémique, l'opposition évoquée précédemment à propos d'Alain entre *fait* et *valeur*. A travers le personnage de Taine, qui joue dans *Les Déracinés* le rôle de contre-modèle à Kant, Barrès défend une morale positiviste, voire scientiste : il faut selon lui s'appuyer sur « l'observation de la nature », autrement dit sur l'analyse des faits, pour établir nos règles de conduite. De là un certain relativisme, car, à milieux, moments ou groupes sociaux différents, doivent correspondre des préceptes moraux différents. Il n'y donc pas de valeur absolue, qui vaudrait de tout temps et en tout lieu, comme *doit* l'être la personne humaine dans la perspective kantienne en raison de son caractère législateur. Ceci éclaire pourquoi Canguilhem tient Barrès et Taine pour des « adorateurs du fait » : puisque pour eux « la dignité humaine [...] varie pour une part importante selon les milieux, les professions, les circonstances », ce qui *doit être* est fonction de *ce qui est*. Il n'y a ainsi qu'une seule valeur, c'est le réel, autrement dit les faits. C'est pourquoi Barrès fait dire à Taine qu'en morale, il n'a connu qu'un seul maître, à savoir un platane de l'esplanade des Invalides :

> Cet arbre est l'image expressive d'une belle existence. Il ignore l'immobilité. Sa jeune force créatrice dès le début lui fixait sa destinée, et sans cesse elle se meut en lui. [...] En éthique surtout je le tiens pour mon maître. Regardez-le bien. Il a eu ses empêchements, lui aussi ; voyez comme il était gêné par l'ombre des bâtiments : il a fui vers la droite, s'est orienté vers la liberté, a développé fortement ses branches en éventail sur l'avenue. Cette masse puissante de verdure obéit à une raison secrète, à la plus sublime philosophie, qui est l'acceptation des nécessités de la vie. Sans se renier, sans s'abandonner, il a tiré des conditions fournies par la réalité le meilleur parti, le plus utile [2].

Nous sommes ici aux antipodes de la morale kantienne. Il n'y a selon Barrès aucun précepte universel auquel nous devrions intégralement nous soumettre. L'inconditionné est un mythe néfaste à l'épanouissement de

1. M. Barrès, *Les Déracinés*, *op. cit.*, p. 219.
2. *Ibid.*, p. 222-223.

l'individu. Si le platane avait suivi une règle unique de développement, il n'aurait pas atteint sa hauteur actuelle; mais, opportuniste, acceptant les « nécessités de la vie », il a su dévier au bon moment vers la droite pour suivre la lumière qu'allait filtrer l'ombre des bâtiments. Et en cela il est un modèle : au lieu de s'accrocher tel un kantien à une maxime unique de conduite, le platane a « tiré des conditions fournies par la réalité le meilleur parti, le plus utile », favorisant ainsi son propre développement. Plus fondamentalement, on peut dire qu'à travers cette métaphore, Barrès dénonce toute morale qui prétendrait réformer ce qui est au nom de ce qui doit être. Car il n'y a selon lui qu'une seule valeur : c'est le réel. Aussi, la vraie morale est celle qui obéit à la nature des choses. C'est pourquoi le platane est ici considéré comme un modèle, lui dont le devoir s'épuise au bout du compte dans la soumission aux « nécessités de la vie ».

Il va de soi que c'est ce type de naturalisme moral que critique Canguilhem lorsqu'il évoque la figure de Barrès. Pour lui, et comme l'a défendu Kant, ce qui doit être – la valeur – est par essence toujours opposé à ce qui est, le fait. C'est ainsi qu'à Charleville, le jeune professeur oppose à la justice de fait de Barrès, la valeur d'une justice universelle, pour laquelle « il n'y a ni race privilégiée ou maudite, ni milieu favorable ou hostile, ni moment opportun ou importun » [1]. Soixante et un ans plus tard, c'est la même critique qu'il adressera à Barrès dans « Qu'est-ce qu'un philosophe en France aujourd'hui ? », en citant un passage de *Leurs figures* dans lequel l'écrivain ironise sur l'impératif catégorique :

> Te rappelles-tu, en 1897, au Lycée de Nancy, notre classe de philosophie si fiévreuse? Bouteiller nous promenait de système en système qui tous avaient leur séduction, et il ne nous marquait point dans quelles conditions, pour quels hommes ils furent légitimes et vrais. Nous chancelions. Alors il nous proposa comme un terrain solide certaine doctrine mi-parisienne, mi-allemande, élaborée dans les bureaux de l'Instruction publique pour le service d'une politique. Je dois toujours agir de telle sorte que je puisse vouloir que mon action serve de règle [2].

Cependant, comme nous l'annoncions précédemment, il se joue dans la polémique avec Barrès un aspect beaucoup plus technique de la philosophie kantienne, qui n'engage pas seulement la morale de Kant, mais également sa théorie de la connaissance. Selon Barrès, morale et épistémologie kantiennes sont en effet les deux faces d'une même pièce,

1. G. Canguilhem, « Discours... », *op. cit.*, p. 310.

2. M. Barrès, cité dans G. Canguilhem, « Qu'est-ce qu'un philosophe en France aujourd'hui ? », *op. cit.*, p. 110.

l'une servant pour ainsi dire de support à l'autre. Aussi, lorsque Kant expose les principes de l'idéalisme transcendantal dans la première *Critique*, il se situe déjà pour Barrès sur un plan moral; l'écrivain donne effectivement à la révolution copernicienne opérée par Kant sur le terrain de la connaissance, une porté socio-anthropologique. Expliquons-nous. Barrès est un conservateur, dont l'idéal est à l'opposé de celui de Kant et des lumières. Selon lui, penser par soi-même est chose impossible : « Il n'y a pas de liberté de penser. Je ne puis vivre que selon mes morts. Eux et ma terre me commandent une certaine activité » [1]. Et l'individualité, thème ô combien central de l'œuvre de Canguilhem dans son ensemble[2], n'est par conséquent pour Barrès qu'une pure fiction :

> L'individu ! son intelligence, sa faculté de saisir les lois de l'univers ! Il faut en rabattre. Nous ne sommes pas les maîtres des pensées qui naissent en nous. Elles ne viennent pas de notre intelligence; elles sont des façons de réagir où se traduisent de très anciennes dispositions psychologiques. Selon le milieu où nous sommes plongés, nous élaborons des jugements et des raisonnements. La raison humaine est enchaînée de telle sorte que nous repassons tous dans les pas de nos prédécesseurs. Il n'y a pas d'idées personnelles... [3].

Pour Barrès, ce sont les conditions extérieures, « la race, le milieu et le moment » qui font l'homme. C'est pourquoi celui-ci voit d'un très mauvais œil une doctrine philosophique pour qui

> le monde n'est qu'une cire à laquelle notre esprit impose son empreinte ... Notre esprit perçoit le monde sous les catégories d'espace, de temps, de causalité... Notre esprit dit : « Il y a de l'espace, du temps, des causes » ; c'est le cachet qui se décrit lui-même [4].

1. M. Barrès, *Scènes et doctrines du nationalisme*, tome 1, Paris, Plon-Nourrit, 1925, p. 12.

2. Voir sur ce point l'article déjà cité de J. Gayon, « Le concept d'individualité dans la philosophie biologique de Georges Canguilhem ». On signalera aussi les travaux de Dominique Lecourt, « La question de l'individu d'après G. Canguilhem », dans *Georges Canguilhem. Philosophe, historien des sciences*, *op. cit.*, p. 262-270, et plus récemment l'article « Georges Canguilhem, le philosophe », dans *Canguilhem. Histoire des sciences et politiques du vivant*, *op. cit.*, p. 27-43. Commentant un passage où le jeune Canguilhem affirme que la tâche de la philosophie consiste en « la compréhension et la libération de l'individu », D. Lecourt écrit : « Telle est l'inspiration centrale de ce que nous pouvons continuer à appeler son œuvre [...]. C'est à cette inspiration que l'on doit ses études sur le vivant, où il ne s'intéresse jamais à la biologie pour elle-même » (p. 39).

3. M. Barrès, *Mes Cahiers*, tome II, Paris, Plon, 1929, p. 109.

4. M. Barrès, *Les Déracinés*, *op. cit.*, p. 16.

Au delà de l'aspect caricatural, ce passage des *Déracinés* opère un glissement de l'épistémologie à l'anthropologie qui a selon nous très profondément marqué Canguilhem. Et pas seulement le « Canguilhem avant Canguilhem ». Toute l'œuvre épistémologique de la maturité témoigne en effet de l'impossibilité de couper la réflexion sur les conditions de production de connaissances d'une philosophie au sens plein du terme.

Pour Kant, sur le plan de la connaissance, c'est l'homme qui ordonne le monde selon ses propres normes – les formes *a priori* de l'entendement et de la sensibilité – et non l'inverse. C'est là le sens de sa révolution copernicienne. Or, telle que Barrès la comprend, cette révolution sur le plan de la connaissance a des répercutions immédiates sur le plan anthropologique : il voit en effet dans l'idéalisme transcendantal, où le sujet connaissant ordonne le monde des phénomènes à partir d'un divers d'impressions qu'il synthétise, une antithèse au courant déterministe dont il se réclame. C'est à ce niveau que Barrès nous semble glisser d'une perspective purement épistémologique à une perspective anthropologique. L'écrivain interprète effectivement la philosophie de Kant comme une doctrine où l'homme cesse de subir le monde pour en devenir le démiurge. Perspective proprement inacceptable pour un disciple de Taine, où c'est au contraire le monde (milieu, race, moment) qui fait l'homme. C'est pourquoi l'écrivain rejette aussi violemment les principes épistémologiques défendus dans la première *Critique* : ceux-ci ne peuvent mener selon Barrès qu'à un déracinement de l'individu, compte de tenu de la suprématie accordée par Kant à l'universelle Raison au détriment du sol natal ou de la race.

La portée socio-anthropologique donnée par Barrès à la révolution copernicienne de Kant a comme nous le disions profondément marqué la philosophie de Canguilhem. Nous sommes en effet convaincus que les raisons qui ont fait que Canguilhem se soit tourné vers Kant, sont précisément celles pour lesquelles Barrès avait rejeté la philosophie kantienne. L'enjeu de la polémique entre les deux hommes se situe clairement sur le terrain de l'anthropologie philosophique : comment doit-on considérer l'être humain ? Comme un produit du milieu, un carrefour d'influences ? Ou bien à l'inverse comme un foyer d'organisation des conditions extérieures ? C'est sur ce point que le glissement de l'épistémologie à l'anthropologie s'amorce.

Kant a considérablement bouleversé la manière de concevoir la connaissance. Avec Kant, et nous reprendrons ici l'analyse de Luc Ferry, c'est en effet

> comme un travail ou comme une activité, et non plus comme une simple « vision » (idée) ou contemplation (*theoria*) de l'esprit, que la pensée

> elle-même va désormais se définir. Et c'est donc là aussi, dans l'ordre philosophique bien sûr, à une véritable révolution par rapport au monde ancien que Kant nous invite. C'est à la thématiser et à la mettre en place qu'est consacré, dans la *Critique de la raison pure*, le célèbre chapitre qui traite du « schématisme » [1].

La première *Critique* opère un renversement de perspective radical dans l'histoire de la pensée : de la connaissance considérée comme contemplation, nous passons à la connaissance considérée comme activité (de synthèse); de l'Idée, dont l'étymologie grecque renvoie à la vision, nous passons au concept *(Begriff)*, qui signifie rassembler, relier. Écoutons Kant :

> J'entends alors par *synthèse*, dans la signification la plus générale, l'action *(Handlung)* d'ajouter différentes représentations les unes aux autres et de rassembler leur diversité dans une connaissance [2].

Dans la phrase qui amène cette définition de la synthèse en général, Kant insiste sur l'aspect *opératoire* de la pensée :

> la spontanéité de notre pensée exige-t-elle que ce divers [de l'intuition pure] soit d'abord d'une certaine manière *repris*, *assimilé* et *lié* pour en faire une connaissance. Cette action, je l'appelle synthèse [3].

Après Kant, ce n'est donc plus le domaine du voir, mais celui de l'agir qui servira désormais de paradigme pour une théorie de la connaissance. Ce diagnostic est notamment partagé par Ian Hacking, pour qui « Kant a été le grand pionnier de la construction » et, par conséquent, « un vrai radical en son temps » [4] :

> L'impulsion constructionniste appartient au XXe siècle, même si l'on peut admettre que c'est Kant qui en a forgé le moule. L'attitude associé à l'acte de construire est sceptique. Elle est aussi humaniste. Elle dit que les exigences de moralité ne viennent pas du Père idéalisé et non humain ni même du Fils idéalisé posthumain. Elles viennent des investissements sur la rationalité que des agents humains libres portent sur eux-mêmes. L'attitude de construction suppose que les objets mathématiques n'existent pas dans un

1. L. Ferry, *Kant. Une lecture des trois « Critiques »* (2006), Paris, Librairie générale française, 2008, p. 60.

2. E. Kant, *Critique de la Raison pure*, A77/B103, traduction française d'A. Renaut, Paris, GF-Flammarion, 2001, p. 161.

3. *Ibid.* Nous soulignons.

4. I. Hacking, *Entre Science et réalité : la construction sociale de quoi ?*, trad. fr. de B. Jurdant, Paris, La Découverte, 2001, p. 65.

> au-delà situé dans le ciel non humain de Platon; c'est nous qui les faisons venir à l'existence... Elle dit enfin qu'en psychologie expérimentale nous ne nous servons pas de catégories trouvées dans la nature, mais de *construits* dont la validité s'établit à travers nos pratiques [1].

Nous assistons avec Kant à l'inversion de la relation de subordination que les Grecs avaient instituée entre l'homme et le monde. C'est la leçon philosophique majeure que le penseur de Königsberg tire de la physique newtonienne. Si Corpernic et Galilée ont tué le monde antique, Newton en fut le fossoyeur. Désormais, l'univers ne doit plus être pensé comme un ordre harmonieux, bon et clos sur lui-même (le *Cosmos* des stoïciens), mais comme un champ de forces tumultueux, infini et axiologiquement neutre. D'ou l'engagement fondamentalement humaniste de la philosophie kantienne évoqué ci-dessus par Hacking. Dès lors que l'ordre n'est plus inhérent au monde lui-même, il ne peut provenir que de l'homme – Dieu étant relégué comme on le sait par Kant au rang de simple *Idée*. C'est à l'homme, et à lui seul, que revient dorénavant la tâche – le *devoir* dira Canguilhem à la suite d'Alain et de Lagneau – d'introduire ordre et valeur dans le tumulte extérieur. Paraphrasant Bachelard, nous dirions qu'après Newton et Kant, le monde n'est plus donné, mais *à construire*. On comprend alors pourquoi Kant ouvre la première *Critique* par la question apparemment abstruse: «Comment des jugements synthétiques *a priori* sont-ils possibles?»[2]. «Penser, c'est juger» dit Kant, et juger, c'est assimiler et lier des impressions chaotiques en une unité significative (synthèse). Si penser c'est juger, et que juger c'est ordonner, alors penser c'est faire œuvre de valorisation puisqu'il n'y a d'ordre que sous-tendu par un complexe de valeurs. L'humanisme de Kant consiste finalement à considérer l'homme comme l'être qui pose des valeurs dans le monde.

Nous pensons que Canguilhem fut particulièrement sensible à ce renversement de perspective dans l'histoire de la philosophie. Pour lui, il y a effectivement un lien très fort entre d'une part, une épistémologie qui conçoit la connaissance comme un *travail* d'organisation et de synthèse, et d'autre part, une perspective anthropologique selon laquelle « une âme traduit la façon dont un homme possède l'univers »[3]. La philosophie de Kant est un anti-fatalisme, où l'homme cesse de subir le monde pour le constituer en partie, c'est-à-dire le polariser en valeur. En reprenant à son compte le glissement opéré par Barrès de l'épistémologie à

1. *Ibid.*, p. 72.
2. E. Kant, *Critique de la Raison pure*, *op. cit.*, *Introduction*, B19, p. 106.
3. G. Canguilhem, *Discours*, *op. cit.*, p. 308.

l'anthropologie, mais dans un sens diamétralement opposé, le jeune Canguilhem reconduit en fait fidèlement la philosophie de son maître Alain, qui, comme nous allons le voir à présent, a tiré de la philosophie de l'esprit de Kant une morale de l'insoumission au fait établi.

« UN VRAI PHILOSOPHE »

Lorsqu'on tente aujourd'hui de déterminer l'influence *philosophique* qu'Alain a pu exercer sur une figure de l'institution comme Canguilhem, nous nous heurtons à un problème de taille. A savoir que le désaveu cuisant du pacifisme intégral après la guerre, couplé à la sympathie de certains chartiéristes pour « l'ordre moral » de Vichy, ont considérablement voilé la philosophie d'Alain. Des centaines de *Propos* aidant, celui-ci est en effet fréquemment renvoyé au rang de simple moraliste, peu enclin à la rigueur du concept. On se reportera par exemple aux souvenirs que Sartre garde de « ses maîtres », pour avoir un aperçu de l'estime que la philosophie dominante d'après-guerre pouvait avoir pour le courant philosophique qui l'avait chronologiquement précédé :

> Futiles et sérieux, nos maîtres ignoraient l'histoire : ils répondaient que ces questions ne se posaient pas, qu'elles étaient mal posées, ou – c'était un tic de plume à l'époque – que « les réponses étaient dans les questions ». Penser c'est mesurer, disait l'un d'eux qui ne faisait ni l'un ni l'autre [1].

Ainsi que le note ironiquement Gérard Granel, « on aura reconnu Alain dans ce mesureur qui ne mesurait pas et ce penseur qui ne pensait pas »[2]. Précisons ici que Canguilhem ne semble jamais avoir partagé l'opinion de son condisciple à l'égard des maîtres qui les avaient formés. Si l'on se réfère par exemple au premier compte rendu qu'il fit d'un ouvrage du maître en 1929, les *Onze chapitres sur Platon*[3], on le voit ainsi reprendre à son compte la thèse de la « pensée comme mesure », qu'Alain aurait lui-même empruntée à Platon :

> « l'idée même du changement fixé par son contraire, la mesure » nous élève à un sommet. En Platon, la pensée a eu la révélation de son essence. La pensée en Platon est, avant tout, mesure. Ainsi le mot de raison prend

1. J.-P. Sartre, « Merleau-Ponty vivant », *Les Temps modernes*, 17e année, n° 184-185, octobre 1961, p. 304-376, p. 305-306.

2. G. Granel, « Michel Alexandre et l'école française de la perception », *Critique* n°183-184, août-septembre 1962, p. 758-788, p. 759.

3. Alain, *Onze chapitres sur Platon*, Paris, Hartmann, 1928.

> tout son sens… La science est mesure. Et quant à la justice, toute la République est pour dire qu'elle est mesure [1].

Cette divergence d'appréciation quant à l'héritage que leur auraient légué leurs maîtres témoigne que le débat feutré[2] entre Sartre et Canguilhem ne s'est pas amorcé après la guerre, avec la polémique sur la résistance des futurs philosophes de l'engagement durant l'occupation. Rappelons en effet qu'en 1969, à l'occasion d'une émission radiophonique de l'ORTF dédiée à Jean Cavaillès, Canguilhem confiait aux auditeurs que parler de Cavaillès aujourd'hui, cela

> ne va pas sans quelque sentiment de honte, puisque si on lui survit, c'est qu'on a fait moins que lui. Mais si on ne parle pas de lui, qui saura faire la différence entre cet engagement sans retenu, entre cette action sans ménagement d'arrières, et la résistance de ces intellectuels résistants qui ne parlent tant d'eux-mêmes que parce qu'eux seuls peuvent parler de leur résistance, tellement elle fut discrète ? [3].

Vingt ans plus tard, lorsque Canguilhem sera à nouveau convié sur les ondes de France-Culture pour évoquer la mémoire de son camarade fusillé pour faits de résistance, il n'hésitera pas, cette fois-ci, à préciser davantage ceux à qui il faut opposer la figure de Cavaillès, authentique « philosophe et résistant ». Sans verser dans l'argument *ad hominem*, la déclaration ironique de Canguilhem ne laisse effectivement guère place au doute quant à ses destinataires :

> Après la libération, de grands esprits ont inventé l'engagement et l'ont prêché. Il n'était pas interdit à ceux qui, par l'exemple de Cavaillès et de ses

1. G. Canguilhem, « Le Sourire de Platon », *Europe* vol. 20, no. 77 (août 1929) ; repris dans *Œuvres complètes*, tome 1, *op. cit.*, p. 228-238, p. 231-232 pour la citation. Le titre de cet article est emprunté à Alain, qui l'aurait lui-même emprunté à son propre maître, Jules Lagneau. Voir *Souvenirs concernant Jules Lagneau* (1925), repris dans *Les Passions et la Sagesse*, *op. cit.*, p. 709-786, p. 765 pour la formule.

2. Dans le compte rendu de 1947 des *Problèmes humains du machinisme industriels* de G. Friedmann, Canguilhem écrit : « Les derniers mots de l'ouvrage distinguent les "démarches" et les "espoirs" de l'humanisme et soulignent son souci de transformer effectivement la condition humaine (p. 373). Condition et non pas situation. Cela suffit à distinguer, par delà la même intention d'anthropologie synthétique Friedmann et les existentialistes ». *Cf.* « Milieu et normes de l'homme au travail », *Cahiers Internationaux de Sociologie*, vol. 3, 1947, p. 120-136, p. 122.

3. G. Canguilhem, « Commémoration à l'ORTF, France-Culture, 28 octobre 1969 », texte de l'intervention repris dans J. Cavaillès, *Œuvres complètes de philosophie des sciences*, Paris, Hermann, 1994, p. 678.

semblables, connaissaient déjà la chose sans le nom, de trouver l'invention quelque peu gratuite [1].

Fermons cette parenthèse concernant la polémique avec les existentialistes pour en revenir à Alain. On se souviendra que le jeune Canguilhem n'a pas ménagé ses efforts pour promouvoir les idées de son maître, et ce aussi bien sur le plan politique que sur le plan philosophique. En plus de parsemer ses premiers textes de références à Alain, il écrira, entre 1929 et 1935, trois comptes rendus très élogieux et très profonds des ouvrages suivants : les *Onze chapitres sur Platon* donc, les *Propos sur l'éducation*, et *les Dieux*. Sans compter sa participation active aux *Libres Propos (Journal d'Alain)*, qui atteindra son paroxysme en 1931, lorsqu'il remplacera Michel Alexandre à la direction du journal. Ces efforts du cercle alaniste dans son ensemble ont-il porté leurs fruits ? Aujourd'hui, l'image d'un Alain moraliste et non philosophe a fait son chemin. Dans une étude sur les origines de l'intérêt canguilhemien pour le concept de milieu, Jean-François Braunstein écrit :

> si elle en restait à une dénonciation de l'asservissement au milieu pour des motifs purement éthiques, l'œuvre de Canguilhem ne se distinguerait en rien de celle de n'importe quel moraliste, à la manière de son maître Alain [2].

Difficile de présenter de nos jours l'auteur des *Propos* comme un philosophe dont la pensée pourrait tenir la comparaison avec celle d'un Nietzsche ou d'un Russell. La preuve en est d'ailleurs que l'Institution – qu'Alain n'aimait pas – ne l'a jamais inscrit comme auteur au programme de l'agrégation. Pourtant, alors qu'il était Inspecteur général de philosophie, et dans un contexte peu favorable (moins de dix ans après Vichy), Canguilhem publia en 1952 un vibrant hommage au maître dans lequel il affirme :

> On a trop souvent répété qu'Alain est un moraliste. De la part de certains, c'était une forme déguisée de malveillance. On l'égalait à La Rochefoucauld pour lui refuser la grandeur d'un philosophe… Nous pensons qu'Alain est un vrai philosophe [3].

1. G. Canguilhem, « Une vie, une œuvre 1903-1944, Jean Cavaillès, philosophe et résistant », France-Culture 27 avril 1989, repris dans J. Cavaillès, *Œuvres complètes de philosophie des sciences*, *op. cit.*, p. 684.

2. J.-F. Braunstein, « Psychologie et Milieu », dans *Canguilhem, Histoires des sciences et politique du vivant*, *op. cit.*, p. 63-89 ; p. 80.

3. G. Canguilhem, « Réflexions sur la création artistique selon Alain », *op. cit.*, p. 186.

« Alain est un vrai philosophe » : tâchons de prendre au sérieux cette affirmation du Canguilhem de la maturité. Non pas que nous cherchions à redresser des torts, et redorer le blason d'un personnage au « purgatoire » pour reprendre une expression de Canguilhem lui-même. Lors d'une conversation à propos d'Alain à l'automne 1965, il confiait en effet à Camille Limoges :

> Alain? Il est maintenant au purgatoire et probablement pour un bon moment. C'est surtout le résultat de son aveuglement à la veille de la guerre. On veut l'oublier maintenant, et c'est bien compréhensible, mais on y reviendra [1].

Au-delà de toute polémique, nous croyons qu'une réelle prise en compte d'un « Alain philosophe », et non simplement essayiste, n'est pas sans incidence sur la manière dont on retrace aujourd'hui la formation de la philosophie canguilhemienne. Bien avant Kurt Goldstein et Nietzsche, c'est en effet d'Alain – et à travers lui, de Jules Lagneau – que Canguilhem reçut les premiers matériaux philosophiques à partir desquels il construira progressivement, et non sans ruptures avec ses maîtres d'alors, sa propre pensée. Aussi, contre une majeure partie des opinions philosophiques d'après-guerre, nous pensons que la critique de la notion de « fait brut », fondamentale pour le jeune Canguilhem, ne repose pas chez Alain sur des prises de positions plus ou moins argumentées, voire des opinions. Cette critique est fondée sur une *analyse réflexive* de la perception, qui laisse apparaître, à titre de condition de possibilité de toute saisie intuitive, l'*activité* par laquelle l'esprit valorise et donne forme à un divers d'impressions. Cette activité, c'est le jugement.

1. Entretien réalisé à Montréal en mai 2008.

CHAPITRE II

L'ANALYSE RÉFLEXIVE : UN « STYLE DE PENSÉE » PHILOSOPHIQUE

Ce chapitre a pour ambition de mettre en évidence l'héritage du jeune Canguilhem envers un « style de pensée » développé par une lignée de philosophes que Gérard Granel identifie à une « école française de la perception »[1]. Dans un texte de 1962, Granel fustige la manière dont Sartre met en scène la rencontre outre-Rhin de la philosophie française avec les travaux de Husserl et de Heidegger dans les années 1930. Selon lui, l'approche phénoménologique n'avait rien d'une découverte absolument radicale pour la génération de Sartre. Celle-ci y aurait été effectivement préparée par les générations qui l'ont précédée. Elle y aurait été préparée par Michel Alexandre, Alain, et Jules Lagneau, tous trois promoteurs d'une « analyse réflexive » qui partagerait selon Granel de nombreux points avec l'analyse phénoménologique amorcée par Husserl.

Notre propos ne vise aucunement à replacer cette « école française de la perception » dans une perspective phénoménologique; pas plus qu'il ne vise à faire de la philosophie canguilhemienne une composante à part entière de cette supposée « école ». L'enjeu est comme nous le disions à l'instant de montrer que Canguilhem hérite d'Alain un certain *style de pensée philosophique*, au sens où des historiens des sciences contemporains comme A. Crombie et I. Hacking parlent de « styles de pensée »[2] ou

1. G. Granel, « Michel Alexandre et l'école française de la perception », *op. cit.*

2. A. Crombie, *Styles of scientific thinking in the european tradition*, London, Gerald Duckworth & Company, 1994.

de « styles de raisonnement »[1] scientifiques. Ludwik Fleck, qui fut le premier à parler de « style de pensée » *(Denkstil)*, en a fourni les principaux ingrédients :

> Le style de pensée est caractérisé par les points communs des problèmes qui intéressent un collectif de pensée, par le jugement que ce dernier considère comme allant de soi, par les méthodes qu'il applique pour élaborer des connaissances. Il est éventuellement accompagné par le style technique et littéraire du système de savoir concerné. Comme il appartient à une communauté, le style de pensée collectif subit le renforcement social caractéristique de toutes les structures sociales et est sujet à un développement indépendant à travers les générations. Il devient une contrainte pour les individus, il détermine « ce qui ne peut pas être pensé autrement »[2].

Si l'on rapporte à présent ces quelques indications au « style de pensée » qui caractérise selon nous « l'école française de la perception », on obtient les sept points suivants :

– Le « collectif de pensée ». On remarquera tout d'abord qu'avec cette « école », nous avons affaire à une lignée de professeurs de philosophie de Lycée qui s'enseignèrent les uns aux autres : Lagneau fut le maître d'Alain ; Alain fut le maître de Michel Alexandre et de Canguilhem. Si nous nous autorisons à parler ici de « collectif de pensée », c'est qu'Alain, Michel Alexandre et Canguilhem ont étroitement collaboré ensemble au sein de la rédaction des *Libres Propos*, journal créé par Alexandre afin d'assurer la diffusion des *Propos* d'Alain d'une part, et de fournir un commentaire critique de l'actualité d'autre part. Canguilhem fut un temps à sa direction.

– Les « points communs des problèmes qui intéressent (le) collectif de pensée ». A travers l'examen de la perception, c'est le problème de la nature de la pensée qui est au centre des préoccupations.

– Le jugement considéré comme « allant de soi » pour le « collectif de pensée ». La perception, loin d'être un faculté passive, manifeste au contraire l'*activité* par laquelle l'esprit impose son ordre à un divers d'impressions indifférent. L'esprit, via le jugement, est position de valeurs.

– Les « méthodes ». Il s'agit principalement de « l'analyse réflexive ». Opérant une synthèse entre Descartes et Kant sur la question du *Je pense*, l'approche réflexive est une philosophie du jugement et des valeurs dont l'objectif est de révéler, à la

1. I. Hacking, « Styles for historians and philosophers » (1992), repris dans *Historical Ontology*, Cambridge-London, Harvard UP, 2002, p. 178-199.

2. L. Fleck, *Genèse et développement d'un fait scientifique* (1934), trad. fr. de N. Jas, Paris, Les Belles Lettres, 2005, p. 173.

base de l'expérience, l'activité par laquelle l'esprit ordonne librement le monde. Épistémologie et morale sont ici étroitement liées.

– Le « style technique et littéraire ». Comme nous avons affaire ici à une lignée de professeurs, on mentionnera d'abord et avant tout le *cours*. On n'oubliera pas cependant « le propos », texte court et polémique auquel Alain a donné sa forme canonique, et qu'ont abondamment pratiqué Michel Alexandre et le jeune Canguilhem du temps de leur participation aux *Libres propos*.

– Le « développement indépendant à travers les générations » du « style de pensée ». Comme on tâchera de le montrer, c'est justement ce qu'illustre à merveille la philosophie de la maturité de Canguilhem.

– « Ce qui ne peut pas être pensé autrement ». Il s'agit du primat du jugement sur l'entendement, ou, pour mieux dire, de la surdétermination de l'être par la valeur. Signalons que nous nous permettons ici un infléchissement substantiel dans l'usage de la catégorie de « style », Fleck considérant que « l'individu n'a jamais ou presque jamais la conscience du style de pensée collectif qui, presque toujours, exerce une contrainte absolue sur sa pensée »[1]. Au contraire, pour les promoteurs du « style de pensée » réflexif, la primat du jugement sur l'entendement n'est pas une « contrainte à laquelle il est tout simplement impossible de résister »[2], mais un combat à mener dans le champ épistémologique. Le « style » réflexif est donc un choix conscient, assumé et militant.

Canguilhem n'a selon nous jamais rompu complètement avec le « style » de ce « collectif de pensée » que G. Granel identifie à une « école française de la perception ». Nous pensons ici tout spécialement à cette manière si singulière de mêler, au sein d'une même argumentation philosophique, considérations épistémologiques et considérations morales. Certes, Canguilhem s'appropriera de manière remarquable ce « style de pensée » hérité de ses maîtres. Cette appropriation est particulièrement nette lorsqu'il *exporte*, sur le plan vital, les principes de cette philosophie de l'esprit et du jugement. Il y a effectivement un indéniable « air de famille » entre d'une part, une philosophie (réflexive) qui considère l'esprit comme une activité de mise en ordre et de valorisation, et d'autre part, une philosophie biomédicale qui définit explicitement la vie comme « une activité d'information et d'assimilation de la matière »[3]. Comme nous allons le voir maintenant, le « style » réflexif dont hérite le jeune Canguilhem est le fruit de la réception de Kant dans la France de la seconde moitié du XIXe siècle,

1. *Ibid.*, p. 76.
2. *Ibid.*
3. G. Canguilhem, *Essai*, *op. cit.*, p. 80.

réception qui s'articule autour des notions « d'unité originairement synthétique de l'aperception » et de « synthèse » notamment.

PERCEVOIR, C'EST JUGER

Si l'on se reporte aux tout premiers textes d'Emile Chartier publiés dans la *Revue de Métaphysique et de Morale*, on peut voir celui qui n'est pas encore Alain, mais Criton, se livrer à une sévère critique de l'empirisme. Par le truchement de *Six dialogues philosophiques entre Eudoxe et Ariste* (1893-1903), Criton attaque en effet l'idée selon laquelle le monde serait donné, et connaissable par la simple observation. Aussi, le premier de ces *dialogues* publié dans le premier numéro de la *Revue* en 1893 (Chartier n'a que 25 ans) va-t-il s'attacher à montrer que la perception de l'étendue n'est possible que par un « mouvement » de reconduction d'une multitude à l'unité, « mouvement » qui ne peut évidemment pas provenir de la sensibilité, qui est pure réceptivité. Or, comme le fait remarquer Eudoxe (le Socrate du *dialogue*),

> ce pouvoir de faire un ce qui est multiple et fini ce qui est infini n'est-il pas ce que l'on appelle la pensée? ... Nous devons donc dire que c'est la pensée, qui, faisant un ce qui est multiple et fini ce qui est infini, peut réduire un nombre infini d'intermédiaires à un nombre fini? ... C'est donc la pensée qui rend possible le mouvement? ... Et par suite toute la perception?[1].

Son interlocuteur Ariste ne peut qu'acquiescer: c'est bien l'esprit qui impose son ordre au chaos sensible, et non l'inverse. Si le concept de « synthèse » et le nom de Kant ne sont pas évoqués explicitement dans ce dialogue, ils sous-tendent toutefois l'ensemble de l'argumentation du jeune Chartier. Ce que confirme d'ailleurs les *Dialogues* suivants, et plus particulièrement le dialogue IV, où Criton reconduit fidèlement l'argumentation déployée par Kant contre l'empirisme dans la deuxième section de la *Déduction des concepts purs de l'entendement* (deuxième édition de la *Critique de la Raison pure*). Et ce n'est pas un hasard si c'est plus particulièrement la critique du donné, telle que la déploie Kant au § 15 intitulé *De la possibilité d'une synthèse en général*[2], qui est reprise par Criton :

1. Criton (E. Chartier), « Dialogue philosophique entre Eudoxe et Ariste », *Revue de Métaphysique et de Morale*, tome 1, 1893, p. 521-533, p. 530.
2. E. Kant, *Critique de la Raison pure*, *op. cit.*, B 129, p. 197.

> Ne disent-ils pas que l'ordre de contiguïté des choses nous est donné ? ... Et que la pensée de la simple association, reproduit cet ordre tel qu'il est donné ? N'est-ce donc pas alors la pensée qui, appliquant le fini à l'infini, et imposant une limite à la division des choses en choses, y met un ordre et une succession déterminés qui n'y sont point ? De sorte que l'action de la pensée ne rendrait pas seulement les choses contiguës, mais aussi constituerait les choses elles-mêmes telles que nous les percevons ? [1]

C'est là du kantisme de stricte obédience. Selon Kant, le « donné » des empiristes ne peut à lui seul être pensé. La seule chose que l'expérience puisse fournir à l'esprit, c'est la matière de l'intuition, à savoir un divers de sensations. Or, ce donné est spatio-temporel : il est effectivement présenté à l'esprit de façon continue, dans la mesure où les formes de l'intuition que sont l'espace et le temps, sont elles aussi données de façon continue. De là le problème suivant : si tout ce qui se présente à l'esprit est continu, les sensations passent alors les unes dans les autres de manière continue, ce qui interdit de penser comme telles ces sensations. Aussi, pour que ce divers puisse constituer un objet de pensée, il faut faire intervenir un principe de *liaison* qui ne peut en aucune manière découler de l'expérience spatio-temporelle. Partant, si la sensibilité se définit essentiellement selon Kant comme réceptivité, un tel principe doit par conséquent relever de la spontanéité de l'esprit, autrement dit d'un acte de l'entendement[2]. Cet acte, dit Kant,

> nous voudrions (le) désigner par la dénomination générale de *synthèse*, afin de faire remarquer en même temps par là que nous ne pouvons rien nous représenter comme lié dans l'objet sans auparavant y avoir nous-mêmes produit cette liaison, et que, de toutes les représentations, la *liaison* est la seule qui ne peut être donnée par des objets, mais ne peut être accomplie que par le sujet lui-même, parce qu'elle est un acte de sa spontanéité[3].

Sans s'étendre pour le moment sur la conception kantienne de l'esprit comme activité de synthèse (« l'unité originairement synthétique de l'aperception » de la deuxième édition de la *Critique de la Raison pure*),

1. Criton (E. Chartier). « Quatrième dialogue philosophique entre Eudoxe et Ariste », *Revue de Métaphysique et de Morale*, tome IV, 1896, p. 615-628, p. 623.

2. « Si nous voulons appeler *sensibilité* la *réceptivité* de notre esprit, telle qu'elle consiste à accueillir des représentations en tant qu'il est affecté de quelque manière, en revanche le pouvoir de produire soi-même des représentations, autrement dit la *spontanéité* de notre connaissance, est l'entendement. » *cf.* E. Kant, *Critique de la Raison pure*, *op. cit.*, A 51/B 57, p. 144.

3. E. Kant, *Critique de la Raison pure*, *op. cit.*, B 130, p. 197.

nous pensons que ce détour, même bref, par *l'Analytique transcendantale*, éclaire considérablement les positions du jeune Chartier concernant la perception. Aussi, si l'on reprend le fil argumentatif du « Quatrième dialogue philosophique entre Eudoxe et Ariste » au point où nous l'avions laissé, on ne sera pas étonné d'y voir Criton défendre, contre le « donné » des empiristes, la thèse suivante :

> les choses en elles-mêmes n'ont pas de quoi être perçues, puisque se confondant toutes en un point et en même temps s'écartant les unes des autres à une distance indéterminée, elles n'ont plus de places distinctes et fixes, et que, leurs parties elles-mêmes étant ainsi à la fois confondues absolument et séparées absolument, aucune partie n'est plus ici ou là, mais, ainsi que disait Anaxagore, « tout est ensemble » [1].

Quatre ans plus tard (1900), lorsque Chartier dresse pour la *Revue de Métaphysique et de Morale* un état des lieux du problème de la perception, il fait une fois de plus appelle à Kant pour répondre à la difficile question de savoir si les sensations constituent une matière primitivement donnée. En écho aux premières phrases de l'*Introduction* à la deuxième édition de la *Critique* (« que toute notre connaissance s'amorce avec l'expérience, il n'en résulte pas pour autant qu'elle dérive dans sa totalité de l'expérience » [2]) il écrit :

> Sans doute il faut bien que quelque chose soit donné, à la suite de quoi la connaissance se produise. Mais il faut aussi convenir que ce donné primitif n'est nullement constitué par ce que nous appelons des sensations, attendu que ces prétendues sensations sont déjà en réalité des perceptions, et portent la marque de l'esprit [3].

Et à la différence des *dialogues philosophiques*, Chartier, qui parle là en son nom, n'hésite pas cette fois-ci à se réclamer explicitement de Kant lorsqu'il affirme :

> ni l'espace [...] ni les figures [...] ni la ligne droite [...] ni les parallèles [...] ne sont des objets donnés dans l'expérience, mais au contraire, par nature, et même dans la perception, des constructions de l'esprit ; de sorte que le monde extérieur est vu par nous à travers un système de distances défini par nous... C'est à quoi pensait certainement l'illustre Kant lorsqu'il

1. Criton (E. Chartier). « Quatrième dialogue philosophique entre Eudoxe et Ariste », *op. cit.*, p. 623.
2. E. Kant, *Critique de la Raison pure*, *op. cit.*, B 1, p. 93.
3. E. Chartier, « Le problème de la perception » *Revue de métaphysique et de morale*, Paris, tome VIII, p. 745-754, p. 752.

> disait, trop brièvement, que l'espace est la forme nécessaire de la connaissance sensible [1].

Il va de soi que Chartier invoque ici « l'illustre Kant » pour rejeter aussi bien la thèse empiriste selon laquelle tout proviendrait de l'expérience, que la thèse idéaliste d'un monisme de la pensée à la Berkeley. Concilier empirisme et idéalisme, c'est là l'objectif de l'idéalisme transcendantal, que le jeune Chartier partage alors sans aucune réserve. Néanmoins, ce serait une grave erreur de ne voir dans cette lecture qu'une simple redite. Si Kant avait concentré tous ses efforts pour venir à bout de ce « scandale de la philosophie et de la raison humaine universelle que de devoir admettre simplement sous la forme d'une croyance l'existence des choses en dehors de nous » [2], nous pensons en effet que ce n'est pas prioritairement dans cette direction que Chartier interprète le sens de la démarche kantienne. C'est à une autre bataille qu'il se livre, dont l'issue est plus directement morale. Prenant appui sur la définition kantienne de l'esprit comme « unité originairement synthétique de l'aperception », qu'il reformule en terme d'activité d'opposition incessante à une matière que l'esprit se *doit* d'informer, Chartier donne effectivement à l'*Analytique transcendantale* un tour immédiatement moral. Le sujet transcendantal, qui n'est pour Kant que l'unité purement logique et synthétique de formes *a priori*, devient chez Alain un *sujet moral*, dont la dignité repose sur la capacité d'ordonner – autrement dit valoriser – une matière en soi chaotique et indifférente.

ALAIN ET BERGSON : UNE « RIVALITÉ D'ATELIER »

Nous reviendrons sur la portée morale donnée par Alain à l'épistémologie kantienne lorsqu'il sera question de la place de la valeur dans le style réflexif. Pour le moment, nous souhaiterions circonscrire la position d'Alain par référence à la grande figure de la philosophie française du début du siècle dernier : Bergson. Certes, on ne peut pas dire que le bergsonisme s'intègre parfaitement à la tradition philosophique que nous cherchons à retracer : l'approche réflexive penche sans complexe vers une philosophie d'entendement, le bergsonisme milite pour une philosophie de l'intuition. Mais d'un autre côté, on ne peut pas dire non plus que Bergson lui soit complètement étranger. Pendant près de trois décennies, Bergson servit effectivement à Alain d'épouvantail philosophique, qu'il agitait

1. *Ibid.* p. 750, note.

2. E. Kant, *Critique de la Raison pure*, *op. cit.*, B XXXIX, p. 89, note.

régulièrement en classe pour effrayer ses élèves, au premier rang desquels le jeune Canguilhem. C'est que, comme le reconnaît explicitement Alain, « il y a rivalité d'atelier entre les Bergsoniens et nous » [1]. Précisons d'emblée qu'il y a dans cette « rivalité d'atelier » entre alanistes et bergsoniens bien plus qu'une question de positionnement philosophique. Alain n'a effectivement jamais pardonné à Bergson sa nomination au poste de maître de conférences à l'École normale, en lieu et place de Lagneau. Cette promotion aurait, aux yeux du disciple, précipité la maladie du maître. A la date du 15 janvier 1938, Alain écrit dans son *Journal* :

> Bergson, dans le temps qu'il fut nommé conférencier à l'École normale, se trouva en rivalité avec Lagneau (que ce poste pouvait sauver) et s'employa si bien qu'il eut la préférence. Voilà Alain hérissé à jamais [2].

Ensuite, l'engagé volontaire Alain s'est toujours montré extrêmement sévère envers ceux qui avaient mené la guerre depuis les estrades, et non dans la tranchées. Nous faisons ici référence aux discours prononcés par Bergson à l'Académie des Sciences morales et politiques pendant la première guerre mondiale. Replaçant le conflit dans la perspective de sa philosophie, Bergson tenait la guerre de 1914-1918 pour une « suite naturelle » [3] du précédent conflit, dans la mesure où le « grand travail de spiritualisation » mené par la « dynamique » France depuis 1870, devait nécessairement se heurter à la « statique » Allemagne, vouée depuis Bismarck « au culte de la matière et de la force ». Dans son *Discours* à l'Académie du 12 décembre 1914, Bergson établit le constat suivant :

> D'un côté c'était la force étalée en surface, de l'autre la force en profondeur. D'un côté le mécanisme, la chose toute faite qui ne se répare pas elle-même, de l'autre la vie, puissance de création qui se fait et se refait à chaque instant. D'un côté ce qui s'use, de l'autre ce qui ne s'use pas [4].

1. Alain, *Souvenirs de guerre*, Paris, Hartmann, 1937, repris dans *Les Passions et la Sagesse*, *op. cit.*, p. 429-546, p. 455.

2. Alain, *Journal*, cité dans T. Letterre, *Alain, Le premier intellectuel*, Paris, Stock, 2006, p. 549.

3. Toutes les citations de Bergson dans ce paragraphe sont tirées de ses différents discours prononcés à l'Académie de 1914 à 1918, tels que les cite Politzer dans son pamphlet. *cf.* note suivante.

4. H. Bergson, « Discours à l'Académie des Sciences morales et politique », 12 décembre 1914, cité dans G. Politzer, *La fin d'une parade philosophique, le bergsonisme*, Paris, J-J. Pauvert, 1967, p. 174-175.

En guise de commentaire, nous ne pouvons nous empêcher de citer l'inaltérable caricature que Politzer dresse en 1929 de l'argumentation nationaliste développée par Bergson dans ses discours de l'Académie :

> D'un côté il y avait le statique, de l'autre le dynamique ; d'un côté il y avait le mécanique, de l'autre il y avait la vie ; d'un côté il y avait la matière, de l'autre il y avait l'esprit. Et comme le dynamique, la vie, l'esprit sont supérieurs au statique, au mécanique et à la matière, et comme la France est supérieure à l'Allemagne, la France devait apparaître comme le dynamique, la vie et l'esprit, et l'Allemagne, comme le statique, le mécanique et la matière.
>
> La France avait déjà toutes les qualités et l'Allemagne avait déjà tous les défauts, mais il fallait donner à la France ces vertus nouvelles et à l'Allemagne ces défauts inédits.
>
> Et le devoir de M. Bergson était de raconter en termes de concret et de vie, cette conception de l'histoire au moyen de laquelle on préparait en France la guerre depuis 1870 [1].

Au delà de son aspect exagérément caricatural et polémique, ce résumé incisif nous permet de bien saisir ce qui pouvait irriter Alain dans le bergsonisme. Toute sa vie durant, Alain n'a cessé de combattre les philosophies dont les conclusions débouchaient de près ou de loin sur une forme de fatalisme. Or, le bergsonisme était précisément à ses yeux une philosophie de ce genre. Si la première guerre mondiale et ses horreurs avaient pour Bergson quelque chose d'inéluctable, c'est qu'« une loi implacable veut que l'esprit se heurte à la résistance de la matière, que la vie n'avance jamais sans broyer du vivant, et que les grands résultats moraux s'achètent au prix de beaucoup de sang et de beaucoup de larmes » [2]. A bien regarder, il s'agit là d'une transposition, sur le plan politique, des conclusions métaphysiques auxquelles conduit l'*Evolution créatrice* : le mouvement descendant de la « matière » (l'Allemagne) rencontre nécessairement dans sa chute le mouvement inverse, la vie (la France), qui lui fait obstacle et lui résiste. De là l'idée, inacceptable pour Alain, que le conflit était par essence inscrit dans la nature des choses.

D'un point de vue plus philosophique, Alain reproche essentiellement deux choses au bergsonisme. La première tient à son caractère empiriste, incompatible avec cet horizon indépassable pour Alain qu'est le kantisme. La seconde concerne l'intérêt de Bergson pour la psychologie, une discipline sans rigueur qui considère l'esprit – source du jugement –

1. *Ibid.*, p. 169.
2. H. Bergson, « Discours à l'Académie du 25 janvier 1918 », *op. cit.*, p. 175-176.

comme une chose parmi les choses, et donc soumis au déterminisme causal. De manière plus précise, l'enjeu de la discorde repose selon nous sur le statut accordé par Bergson à l'immédiat, et sur les moyens que nous devons mettre en œuvre pour y accéder. Selon lui, la réalité (durée, élan vital, absolu) nous serait effectivement donnée d'emblée, mais obscurcie par l'intelligence pour les besoins de la pratique; c'est pourquoi « l'immédiat est loin d'être ce qu'il y a de plus facile à apercevoir »[1]. Aussi, tout l'enjeu de la philosophie consiste-t-il pour Bergson à « aller chercher l'expérience à sa source, ou plutôt au-dessus de ce *tournant* décisif où, s'infléchissant dans le sens de notre utilité, elle devient proprement l'expérience *humaine* »[2]. Nous sommes ici au cœur de la polémique avec Alain et le jeune Canguilhem à sa suite. Pour Bergson, la source de l'expérience – autrement dit l'absolu – nous est donnée d'emblée; mais nous ne nous en apercevons pas. La raison de cet aveuglement tient à ce que, dans notre expérience ordinaire, c'est la pratique et les besoins de la vie qui occupent l'ensemble du champ de conscience. Aussi notre incapacité à voir les choses telle qu'elles sont ne réside pas, comme le soutient Kant, dans les structures *a priori* de notre esprit, mais dans les habitudes qu'il a contractées à des fins exclusivement utilitaires. Autrement dit, la relativité de notre connaissance n'aurait pour Bergson rien de définitif; elle serait simplement due au primat que nous accordons à l'action dans la vie de tous les jours, et ce au détriment de la durée. Or, en renonçant à certaines habitudes de penser, nous pourrions selon lui retrouver la plénitude que masquent les besoins pratiques de l'expérience ordinaire. « En défaisant ce que ces besoins ont fait (écrit Bergson), nous rétablirions l'intuition dans sa pureté première et nous reprendrions contact avec le réel »[3].

Il n'est pas nécessaire d'entrer plus en avant dans le détail de la philosophie bergsonienne pour comprendre ce qui motive l'hostilité d'Alain vis-à-vis d'une telle démarche. Lorsque Bergson demande que nous nous placions « au dessus de ce tournant de l'expérience » où *l'immédiateté* se change en *utilité*, il cherche à mettre hors-jeu tout ce qui relève du champ de l'activité. Et par activité, entendons quelque chose de très général, dont le spectre couvre aussi bien les actions pratiques que l'opération synthétique de l'entendement. C'est seulement en se détournant de l'activité pour faire place à la réceptivité, que l'esprit retrouverait pour

1. H. Bergson, « Lettre à Harald Höffding (1915) », dans *Mélanges*, Paris, P.U.F., 1972, p. 1148.

2. H. Bergson, *Matière et Mémoire*, Paris, P.U.F., 1939, p. 205.

3. *Ibid.*

Bergson un point de contact avec la réalité qui est essentiellement durée. Or, voilà une position qu'Alain ne saurait accepter. En mettant hors-jeu tout ce qui relève de l'activité, une telle position ne penche-t-elle pas dangereusement vers le fatalisme ? L'attention portée sur le mouvement qualitatif de la durée du « moi profond » n'a-t-elle pas pour contrepartie une neutralisation du « moi superficiel », sujet de l'action dans l'expérience ordinaire ? C'est bien là ce que redoute Alain. La pensée de M. Bergson disait-il à ses élèves d'Henri VI, se contracte toute entière dans la maxime suivante : « penser, vous pensez mal, ne pensez pas, vous pensez bien »[1]. Tel qu'Alain l'interprète, la méthode de Bergson consiste en effet à se détourner de l'entendement et de ses concepts, pour se laisser porter par le flux de la durée, réalité qualitative à laquelle nous accèderions via l'intuition. Il n'en fallait donc guère plus au professeur d'Henri IV pour voir dans la pensée de Bergson, une invitation à l'adoration du fait accompli à peine voilée – ce que confirma à ses yeux la course à la guerre encouragée par ce dernier durant le premier conflit mondial.

D'autre part, pour employer un terme du vocabulaire philosophique contemporain, nous dirions volontiers qu'Alain est un constructiviste, pour qui le réel n'a rien d'un donné. Celui-ci relève au contraire d'une cosmogonie permanente, où l'esprit ordonne à chaque instant par le jugement le chaos sensible. Loin d'être un obstacle à la connaissance des choses, l'activité de l'esprit – l'activité synthétique de l'entendement – en est la condition de possibilité. Il est très rare qu'Alain fasse explicitement référence à Bergson dans ses écrits. Il y est toutefois brièvement évoqué dans les *Souvenirs concernant Jules Lagneau*, à propos du problème de Molyneux que Lagneau proposa jadis à ses élèves comme sujet de dissertation. Formulé en 1688 par William Molyneux (1656-1698) dans une lettre à John Locke qui venait de faire paraître, en français, un extrait de l'*Essai philosophique concernant l'entendement humain*, le problème de Molyneux est une expérience de pensée abondamment discutée aux XVIIe et XVIIIe siècles, notamment par Diderot à la fin de sa *Lettre sur les aveugles à l'usage de ceux qui voient* (1748). Alain rapporte la formulation qu'en a donné Lagneau en ces termes : « Quelles seraient, demandait le Maître, les impressions d'un aveugle-né à qui une double opération rendrait successivement, à quelque jours d'intervalle, l'usage des deux yeux ? »[2]. Après avoir répondu que du point de vue de l'activité perceptive, il n'y aurait en fait que peu de différence entre cet aveugle et un voyant ordinaire – tous

1. Cité par T. Leterre, *Alain, Le premier intellectuel*, *op. cit.*, p. 286-287.
2. Alain, *Souvenirs concernant Jules Lagneau*, *op. cit.*, p. 727.

deux se livrant dans la perception à une synthèse sans cesse reconduite à chaque instant[1] – Alain note la difficulté suivante :

> Je me souviens que j'eus seulement peine à décrire, au moins par approche, ce que voit un homme qui ne sait pas encore ce qu'il voit ; car il faut qu'il y ait quelque affection d'abord, sans lieu ni forme, qui serait mieux nommée sentiment que sensation ; encore eus-je bien soin de dire que cette première affection ne peut jamais être sentie que par souvenir et retour, enfin par comparaison avec un premier essai de représentation. Ce travail est Bergsonien ; j'indique ici en même temps, comme l'apercevra le lecteur attentif, comment le moment Bergsonien est nécessairement dépassé de toutes les façons[2].

L'« homme qui ne sait pas encore ce qu'il voit », c'est l'homme que Bergson appelle de ses vœux, celui qui serait parvenu, par une torsion de l'intelligence, à se déprendre de ses habitudes pratiques pour regagner la multiplicité qualitative de la durée. Alain, nourri de Kant, ne saurait accepter une telle position. Pour lui, toute sensation est toujours un résultat, un produit de l'activité synthétique de l'entendement. Comme on le verra avec la critique orchestrée par Lagneau de la notion de « sensation pure », il ne saurait y avoir de *présentation* qui ne soit pas déjà *représentation*. Cela sous-entendrait en effet que le monde puisse agir directement en nous, mais sans nous. Hypothèse inacceptable pour Alain ; et ce d'un point de vue tant épistémologique que moral. Tout ce qui se présente à la conscience est toujours déjà un résultat, une synthèse de formes et de matière conduite par l'entendement. C'est là, pour reprendre les termes de Fleck mentionnés plus haut, « ce qui ne peut pas être pensé autrement » pour le style réflexif. C'est pourquoi, s'agissant du problème de Molyneux, il ne peut pas y avoir selon Alain de cas où le sujet ne sait pas encore ce qu'il est en train de voir ; c'est-là une pure vue de l'esprit, uniquement envisageable de manière rétrospective. A titre de condition de possibilité de la perception, nous sommes certes contraints d'admettre une première impression qui ne soit pas encore conceptuelle – sans quoi nous tomberions dans un idéalisme subjectif à la Berkeley. Or, une telle impression pure ne peut être envisagée que de manière rétrospective, après que l'esprit ait réalisé la synthèse perceptive au complet. Il y a un primat du jugement sur tous les autres actes cognitifs. C'est pourquoi Alain considère que « le moment Bergsonien »

1. « Mais quel besoin d'entendre l'aveugle ? N'apprenons-nous pas à voir à chaque instant ? *Pour mieux dire*, [...] voir n'est-il pas à chaque moment explorer comme fait l'aveugle ? », *ibid.*, p. 728.

2. *Ibid.*

d'une intuition dépourvue de contenu conceptuel « est nécessairement dépassé de toutes les façons »; la philosophie bergsonienne est par conséquent une philosophie de l'après-coup.

Pour clore de façon provisoire ce point sur Alain et Bergson, on notera qu'ici encore, il se joue quelque chose autour de la réception de Kant. Dans l'*Introduction* à *La logique transcendantale*, Kant fait état des deux « pouvoirs ou capacités »[1] que l'esprit doit mettre en œuvre pour produire une connaissance : la réceptivité des sens (intuition), et la spontanéité de l'entendement (concept). A cela, il ajoute d'emblée qu'

> aucune de ces deux propriétés n'est à privilégier par rapport à l'autre. Sans la sensibilité, nul objet ne nous serait donné, et sans l'entendement, aucun ne serait pensé. [...] C'est seulement dans la mesure où ils se combinent que peut se produire une connaissance »[2].

Or, Alain et Bergson vont l'un comme l'autre faire fi de cette prescription kantienne, mais dans des directions opposées. A savoir que Bergson va pour sa part favoriser notre capacité d'être affectés, et Alain va quant à lui mettre toute l'emphase sur notre pouvoir de synthèse.

S'agissant de Bergson, toute son entreprise philosophique peut être considérée comme une réhabilitation de la sensibilité, capacité malmenée par près d'un demi siècle de spiritualisme cousinien. Aussi, Bergson va-t-il se montrer particulièrement attentif à *l'Esthétique transcendantale*, dans laquelle Kant se livre non pas à une « déduction », mais à une « exposition » des formes *a priori* de notre sensibilité. Si *l'Esthétique transcendantale* consiste en effet pour Kant en une « exposition » des formes *a priori* de la sensibilité, cela tient à ce que l'espace et le temps – contrairement aux catégories qui relèvent quant à elles d'une « déduction » – ne sont aucunement constitués par l'entendement. Mêmes si nous pouvons nous en forger les concepts après coups, l'espace et le temps ne sont pas des représentations que l'on construit à partir de règles. Ils nous sont en quelque sorte « donnés » d'emblée, avant que l'entendement ne procède à son travail de liaison. Malgré toutes les réserves concernant le fait que Kant place sur un même plan le temps et l'espace, Bergson reconnaît toutefois avec le philosophe de Königsberg une certaine communauté de pensée. Dans une lettre à Dauriac du 26 mai 1912 où il remercie ce dernier de l'étude qu'il vient de consacrer au bergsonisme dans *L'Année philosophique*, Bergson confie :

1. E. Kant, *Critique de la Raison pure*, *op. cit.*, A51/B75, p. 144.
2. *Ibid.*

> Quant au rapprochement avec Kant, il s'accorde avec un vague sentiment que j'ai toujours eu moi-même d'une parenté entre le second chapitre des *Données immédiates* et l'*Esthétique transcendantale* [1].

Pour faire simple, l'enjeu du bergsonisme est de réunir les meilleures conditions possibles afin de nous rendre sensibles à l'intuition de la durée; c'est pourquoi, replacée dans une perspective kantienne, cette approche tend à effacer l'*Analytique transcendantale* au profit d'une *Esthétique transcendantale* révisée – primauté de la forme *a priori* de la sensibilité du temps sur celle de l'espace. Pour Bergson, c'est la réceptivité qui doit primer sur la réflexivité. Or, le travail de synthèse effectué par l'entendement conduit selon lui à un « écrasement de la conscience immédiate »[2], dans la mesure où celui-ci leste l'ensemble du champ de conscience de préoccupations exclusivement pratiques. Aussi, pour retrouver l'immédiateté obscurcie par nos besoins, nous devons purger l'intuition de tout ce qui relève du conceptuel.

Cette position est inacceptable pour Alain. Résoudre la réflexivité dans la réceptivité, cela reviendrait selon lui à court-circuiter l'entendement, et nous priver par conséquent de la seule arme dont nous disposons pour lutter contre le chaos d'un univers en lui-même sans ordre ni mesure. Selon Alain, une telle démarche conduirait de proche en proche à la résignation devant le fait accompli. Encore une fois, ce sont les implications éthiques et politiques d'une philosophie entièrement tournée vers la réceptivité qu'Alain dénonce dans le bergsonisme, voyant dans l'apologie d'un absolu qui nous serait immédiatement « donné », les racines métaphysiques du fatalisme.

Ce qui vient d'être dit met au jour les fondements philosophiques sur lesquels Alain appuie sa pensée : certes, la célèbre maxime « penser, c'est dire non » repose sur des considérations politiques et morales; mais nous venons de voir que celles-ci trouvent leur source dans une philosophie de la perception, qu'une analyse réflexive laisse apparaître non pas comme une faculté essentiellement réceptive, et donc passive, mais d'abord comme une activité de synthèse. Aussi, lorsque Alain écrit ce manifeste de politique radicale qu'est *Le citoyen contre les pouvoirs*[3], il faut bien comprendre qu'à sa base, on trouve une thèse épistémologique concernant la nature de la perception, qui consiste d'emblée à refuser l'idée selon laquelle le monde

1. H. Bergson, « Lettre à Dauriac », dans *Mélanges*, *op. cit.*, p. 968.
2. H. Bergson, *Essai sur les données immédiates de la conscience* (1889), Paris, P.U.F., 1948, p. 98.
3. Alain, *Le citoyen contre les pouvoirs*, Paris, Édition du Sagittaire, 1926.

serait donné, et connaissable par simple observation. Mais, nous dit Alain, « ouvrez les yeux, c'est un monde d'erreurs qui entre »[1] ; c'est pourquoi un gros travail de la part de l'entendement est selon lui nécessaire pour dégager de ce chaos un ordre et une valeur dont il est seul porteur. Alain aimait citer « "le fameux mot" d'Anaxagore : "Tout était ensemble ; mais vint l'entendement qui mit tout en ordre" »[2]. C'est qu'il voyait, dans cette activité, l'éveil de ce qu'il entend par « esprit », à savoir une activité permanente d'opposition et d'insoumission à un « donné » de fait. Comme il le confie à ses élèves dans son Discours de distribution des prix au lycée Condorcet en 1904, *Les marchands de sommeil*, si « dormir, c'est accepter », s'éveiller, c'est au contraire refuser d'accepter passivement :

> Se réveiller, c'est refuser à croire sans comprendre ; c'est examiner, c'est chercher autre chose que ce qui se montre ; c'est mettre en doute ce qui se présente…c'est se mettre à la recherche du monde[3].

Autrement dit, se réveiller c'est là encore refuser le fait tel qu'il se présente pour lui opposer ce qu'il *doit* être. Une telle opération suppose cependant une réalité qui ne soit pas entièrement prise dans le flot des relations de cause à effet, sans quoi quelque chose comme la valeur – ce qui *doit* être – ne pourrait pas se faire jour. Cette autre réalité, qui échappe à la loi du déterminisme causal, c'est ce qu'Alain nomme *la pensée*. Vingt-six ans plus tard, lorsque Canguilhem aura lui aussi à se présenter en tant que professeur devant ce qu'il appelle ironiquement « l'assemblée athénienne des parents d'élèves », c'est presque mot pour mot qu'il reprendra l'argumentation du discours prononcé jadis par son maître. S'élevant à Charleville contre les « adorateurs du fait » tels que Taine ou Barrès, le jeune professeur opposera en effet à leur pseudo justice, la valeur universelle d'une « justice jamais faite, mais toujours à faire »[4], indépendante des circonstances historiques.

Résumons. Partis d'une analyse philosophique de la perception qui fait apparaître celle-ci comme le produit de l'activité synthétique de l'esprit, nous sommes arrivés de proche en proche à des considérations à la fois

1. Alain, *Eléments de philosophie* (1916), édition électronique disponible sur le site de l'Université du Québec à Chicoutimi (http : //classiques.uqac.ca) ; Livre IV, chap. 1, « Du jugement », p. 200.

2. *Ibid.*, p. 26.

3. Alain, *Les marchands de sommeil*, Discours de distribution des prix du lycée Condorcet en 1904, édition disponible sur le site de l'Université du Québec à Chicoutimi (http : //classiques.uqac.ca) ; p. 4.

4. G. Canguilhem, « Discours… », *op. cit.*, p. 310.

métaphysiques sur la nature de la valeur, et à la fois politiques, avec la critique du conservatisme des « adorateurs du fait ». Au cœur de cette intrication métaphysique/politique : un certain « style de pensée » philosophique, le style réflexif, qui considère la pensée comme une réalité non factuelle, indépendante du déterminisme causal, et par conséquent source de toute valeur. Cette conception de l'homme comme « doublet empirico-transcendantal » pour employer l'expression de Foucault, couplée à l'insistance d'Alain concernant l'aspect essentiellement *synthétique* de l'esprit ne laissent guère de place au doute : c'est bien Kant qui est l'inspirateur du style réflexif qui caractérise la philosophie d'Alain. Mais comme nous allons le voir à présent, il s'agit-là d'une source indirecte : pour qu'Alain trouve effectivement dans la *Critique* les outils indispensables à la constitution d'une philosophie de la perception entendue comme activité, il a d'abord dû passer par l'enseignement de son maître Jules Lagneau, « le seul Grand Homme qu'(il ait) rencontré » [1].

LAGNEAU ET LA « DISCIPLINE KANTIENNE »

Figure paradigmatique du « boursier » devenu professeur sous la IIIe République [2], Jules Lagneau est un philosophe sans œuvre. Une courte charte pour l'action morale [3] et deux compte rendus de lecture [4] mis à part, il n'a de son vivant rien publié. C'est donc la dévotion de ses anciens élèves, Alain et ses *Souvenirs* [5] en tête, qui sauva de l'oubli la pensée du maître. Celle-ci peut ainsi être reconstruite sur la base des quatre cours et de la

1. Alain, *Souvenirs concernant Jules Lagneau*, *op. cit.*, p. 709.

2. Voir A. Thibaudet, *La République des professeurs*, dans *Albert Thibaudet. Réflexions sur la politique*, édition établie par A. Compagnon, Paris, Robert Laffont, 2007, p. 81-156 ; chap. X, « Héritiers et Boursiers ».

3. J. Lagneau, « Simples notes pour une programme d'union et d'action », *Revue Bleue*, 13.08.1892, repris dans *Célèbres leçons et fragments*, 2e édition, Paris, P.U.F., 1964, p. 29-35.

4. J. Lagneau, « Sur le court Traité de Spinoza », compte rendu de *Spinoza : Dieu, l'homme et la béatitude*, traduit pour la première fois en français par Paul Janet, *Revue philosophique*, janvier 1879, repris dans *Célèbres leçons et fragments*, *op. cit.*, p. 36-49 ; « De la Métaphysique », compte rendu d'un livre de Barthélemy Saint-Hilaire : *De la Métaphysique, sa nature et ses droits dans ses rapports avec la religion et avec la science, pour servir d'introduction à la Métaphysique d'Aristote*, *Revue Philosophique*, février 1880. La dernière moitié du compte rendu de Lagneau est reprise dans *Célèbres leçons et fragments*, *op. cit.*, p. 87-103.

5. Alain, *Souvenirs concernant Jules Lagneau*, *op. cit.*

centaine de fragments réunis en 1950 par M. Alexandre[1], et, plus récemment, à travers les 5 volumes du *cours intégral 1886-87* édités par E. Blondel[2]. Du point de vue philosophique, Lagneau est fréquemment associé à l'œuvre de Spinoza. On sait par André Canivez qu'entre 1877 et 1884, Lagneau préparait « une thèse sur Spinoza que Lachelier l'a encouragé à entreprendre. Il n'y a aucun doute sur ce point »[3]. Par ailleurs, en plus de l'article et de nombreuses notes qu'il consacra au philosophe hollandais, nous savons que Lagneau discutait régulièrement les positions de celui-ci dans ses cours, et qu'il alla même jusqu'à apprendre l'hébreu « pour éviter dans l'interprétation de l'*Ethique* deux ou trois erreurs peut-être, que personne n'auraient relevées »[4].

Voilà en quelques lignes le portrait qu'on dresse habituellement de Jules Lagneau. Cependant, nous croyons que ce n'est pas du côté d'un « Lagneau lecteur de Spinoza » qu'il faut chercher la source du « style de pensée » dont aurait hérité le jeune Canguilhem. Et ce pour une raison simple : le panthéisme de Spinoza s'accorde mal avec une philosophie polémique qui conçoit l'activité de l'esprit comme un « débat de normes »[5] entre deux entités de natures hétérogènes – souvenons-nous de la dualité esprit/monde qu'Alain reprit à Kant. Défendant la thèse d'une unique substance, Spinoza ne pouvait pas thématiser la notion d'activité comme telle, sans réintroduire une scission ontologique au sein même de l'être qu'il cherchait à unifier. C'est pourquoi nous ne croyons pas que la notion de *conatus*, aussi proche qu'elle puisse être de la notion d'activité, ait joué un rôle majeur dans la constitution progressive du style réflexif que nous cherchons ici à restituer. C'est à une autre source que les promoteurs de ce style se sont abreuvés. Aussi, lorsqu'en décembre 1992, Canguilhem fut invité à ouvrir le colloque « Alain-Lagneau » au lycée de Vanves où avait jadis enseigné Lagneau, ce n'est pas le spinozisme de celui-ci, mais son kantisme, qu'il souligna d'emblée. Prenant ainsi le contre-pied de l'image

1. J. Lagneau, *Célèbres leçons et fragments*, *op. cit.*

2. J. Lagneau, *Cours intégral 1886-87* (notes de cours de M. Lejoindre), édition d'E. Blondel, Dijon, 5 volumes, CRDP de Bourgogne, 1996.

3. A. Canivez, *Jules Lagneau, professeur de philosophie. Essai sur la condition de professeur de philosophie à la fin du XIXe siècle*, 2 tomes, Paris, Les Belles Lettres, 1965, tome 2, p. 325. Voir aussi R. Bourgne, « Présentation », dans Alain, *Spinoza* suivi de *Souvenirs concernant Jules Lagneau*, Paris, Tel-Gallimard, 1996, p. 9-15.

4. J. Pacaut, « J. Lagneau », Annuaire des Anciens Elèves de l'École Normale Supérieur, 1895, citation reprise dans J. Lagneau, *Célèbres leçons et fragments*, *op. cit.*, p. 3.

5. Nous empruntons cette expression à Yves Schwartz. *Cf.* « Raison Pratique et débats de normes », dans M. Bienenstock, & A. Tosel (dir.), *La Raison pratique au XXe siècle*, Paris, L'Harmattan, p. 261-294.

qu'on se fait habituellement du maître de son maître, Canguilhem fixa en ces termes le cadre du colloque qui allait suivre :

> Quant à Jules Lagneau, il a tenu l'ouverture de la philosophie française aux œuvres de Kant pour un événement radical irréversible. Dans le compte rendu qu'il a donné en 1880 à la *Revue philosophique* d'un ouvrage de Barthélemy Saint-Hilaire, il a écrit qu'on étonnerait beaucoup cet aristotélicien attardé en lui disant que (je cite) : « jamais, du vivant même de Kant, sa pensée n'avait exercé sur les esprits l'influence souveraine qu'elle exerce depuis dix ans [...] et qu'en France l'héritage de la philosophie universitaire est aux mains d'une jeune génération formée à la discipline kantienne, qui compte bien ne pas s'en dessaisir » [1].

Canguilhem rapporte ici des propos tenus par Lagneau en 1880; soit neuf ans après la parution de la thèse de Jules Lachelier (1832-1918) sur *Le Fondement de l'induction* (1871)[2]. Aussi, lorsque Lagneau estime que l'influence de Kant n'a cessé de croître « *depuis dix ans* », il est fort plausible que c'est l'impact de la thèse de son maître sur la philosophie française qu'il souligne implicitement, estimant que celle-ci fut le détonateur du kantisme en France. Si tel est le cas, « *la jeune génération formée à la discipline kantienne* » à laquelle Lagneau fait ici référence n'est autre que sa propre génération, celle qui avait suivi les cours de Lachelier à l'École normale dans les années 1870[3]. Et comme nous allons le voir, Lagneau ne s'était effectivement pas trompé lorsqu'il affirmait, en 1880, que « l'héritage de la philosophie universitaire est aux mains d'une jeune génération formée à la discipline kantienne, qui compte bien ne pas s'en dessaisir » ; la preuve en est que cent douze ans plus tard, l'ancien Inspecteur général de philosophie Canguilhem rapporte en ces termes sa rencontre avec Kant :

> Pas plus que Lagneau Alain ne s'en est dessaisi [*i.e.* de la discipline kantienne], et c'est ainsi qu'entré en khâgne en 1921 j'ai été invité, comme

1. G. Canguilhem, « Un inédit de Georges Canguilhem : Ouverture du colloque Alain-Lagneau », *Revue de l'enseignement philosophique*, vol. 46, no. 1 (septembre-octobre 1995), p. 69-70. Pour la citation de Lagneau, voir J. Lagneau, « De la Métaphysique », dans *Célèbres leçons et fragments*, *op. cit.*, p. 94-95.

2. J. Lachelier, *Du Fondement de l'induction* (1871), présentation et notes de T. Leterre, Paris, Pocket, 1993.

3. Avant d'être nommé Inspecteur de l'académie de Paris en septembre 1875, puis Inspecteur général de l'Instruction publique en mars 1879, Lachelier enseigna de 1864 à 1875 à l'École normale.

> tous mes camarades, à me procurer la *Critique de la Raison pure*, dans la traduction de Barni revue par Archambault [1].

Ce témoignage de Canguilhem a ceci de précieux qu'il valide, pour ainsi dire « de l'intérieur », certaines de nos hypothèses de départ. Nous avons effectivement là un héritier (au moins dans sa jeunesse) du style réflexif qui, à l'occasion d'un hommage à Lagneau et à Alain, se fait un devoir de rappeler les rapports étroits que ses maîtres entretinrent avec le kantisme. Lagneau, Alain, Canguilhem avec, comme base philosophique commune, une certaine lecture de Kant : voilà très exactement ce que nous tentons de retracer. Nous avons précédemment esquissé ce qu'Alain avait retenu de la *Critique*, tout en soulignant qu'il n'avait pu lire chez Kant ce qu'il y trouva sans passer par l'enseignement de Lagneau. En quoi consistait cet enseignement, et comment Lagneau s'est-il approprié le projet kantien ? C'est là ce que nous allons à présent examiner, en essayant de reconstruire cette pensée difficile sur la base des quelques cours où elle s'esquisse.

LA RÉCEPTION FRANÇAISE DE KANT À LA FIN DU XIXe SIÈCLE

La littérature concernant la réception française de Kant dans le dernier quart du XIXe siècle est relativement peu fournie [2]. Le plus souvent, l'interrogation porte : 1) sur le rôle de la France dans la constitution de la philosophie kantienne [3] ; 2) sur l'influence de Kant sur la pensée française qui lui était contemporaine [4] ; 3) sur la réception de Kant chez Victor Cousin (1792-1867), soit la première moitié du siècle [5]. Mais peu de commentateurs se sont penchés sur la manière dont les philosophes français de la *fin* du XIXe siècle ont retravaillé l'héritage kantien. Doit-on en conclure que

1. G. Canguilhem, « Un inédit de Georges Canguilhem : Ouverture du colloque Alain-Lagneau », *op. cit.*

2. On signalera toutefois l'ouvrage de Michel Espagne, *En deçà du Rhin : l'Allemagne des philosophes français au XIXe siècle*, Paris, Édition du Cerf, 2004, qui consacre d'importants développements à la génération post-Ravaisson.

3. Voir notamment les travaux de Jean Ferrari, comme son ouvrage sur *Les source françaises de la philosophie de Kant*, Paris, Klincksieck, 1979 ; ou plus récemment A. Stanguennec, *La pensée de Kant et la France*, Nantes, Ed. Cécile Défaut, 2005.

4. F. Azouvi, D. Bourel, *De Königsberg à Paris. La réception de Kant en France (1788-1804)*, Paris, Vrin, 1991. On se reportera également à l'ouvrage collectif déjà cité, Kant et la France – Kant und Frankreich, *op. cit.*

5. M. Vallois, *La formation de l'influence kantienne en France*, Paris, Alcan, 1924. Cousin publie en 1842 les *Leçons sur la philosophie de Kant* qu'il avait prononcé à l'École normal en 1819-1820. Elles connaîtront quatre éditions de son vivant.

Kant n'était tout simplement pas lu à cette époque ? L'humiliante défaite de Sedan en septembre 1870, couplée à la perte de l'Alsace-Lorraine l'année suivante, auraient-elles découragé les philosophes français de se tourner vers leurs illustres collègues d'outre-Rhin ? Certainement pas. L'influence de Kant sur des philosophes comme Ravaisson, Lachelier ou Boutroux est une chose reconnue et avérée [1].

Selon l'historien de la philosophie Martial Gueroult, cette intensification de la philosophie de Kant en France, à mesure que le XIXe siècle touche à sa fin, s'est faite en deux étapes. On la doit d'abord à Cousin, dont la lecture plus ou moins fidèle a peu à peu laissé place à un kantisme plus authentique. Écoutons Gueroult :

> Dès le début du XIXe siècle, toute une série d'études introduisent peu à peu le public français à la connaissance de Kant et de ses successeurs. [...] Mais l'impulsion décisive est, là encore, donnée par V. Cousin. Cousin étudie *la Critique* dans la traduction de Born, recueille en Allemagne les avis de Tennenmann, Goethe, Schelling, Hegel, sur l'idéalisme kantien, consacre dans son enseignement de nombreux exposés de la doctrine telle qu'il la comprend. Sur sa proposition, l'Académie des Sciences morales et politiques met au concours, en 1839, l'examen critique de la philosophie allemande, et recommande de s'attacher surtout à la philosophie kantienne [2].

La place stratégique qu'occupait Cousin au sein de l'institution fut à ce titre décisive quant au devenir de la philosophie kantienne dans l'hexagone. L'introduction de Kant aux concours éveilla l'intérêt de toute une génération, laquelle s'empressa de multiplier les travaux autour de la doctrine kantienne. Ajoutons à cela les traductions mises en chantier par un groupe de professeurs plus ou moins piloté par Cousin : d'abord Claude-Joseph Tissot (1801-1876), qui effectua la première traduction française de la *Critique* en 1835, mais surtout Jules Barni (1818-1878), futur conseiller de Gambetta et premier traducteur de la troisième *Critique* en 1846, qui proposa une toute nouvelle traduction de la *Critique de la Raison pure* en 1869. De là Gueroult conclut :

> Le résultat de tous ces travaux d'histoire de la philosophie allemande est de faire naître en France des courants de philosophie d'inspiration kantienne, qui se détachent entièrement de l'éclectisme et du spiritualisme cousinien,

1. Voir D. Janicaud, *Ravaisson et la métaphysique : une généalogie du spiritualisme français* (1969), 2e éd. Paris, Vrin, 1997.

2. M. Gueroult, *Histoire de l'histoire de la philosophie*, tome 3, Paris, Aubier, 1988, p. 745.

qu'ils tentent soit de renouveler soit de dépasser. Ce courant se développe dans deux directions, l'une relativement orthodoxe à l'égard du kantisme avec Lachelier, l'autre délibérément novatrice avec Renouvier [1].

C'est la direction « relativement orthodoxe à l'égard du kantisme », dont Lachelier est le chef de file, que nous allons à présent étudier. Cependant, on prendra soin de mettre l'accent sur l'aspect « *relativement* orthodoxe » du kantisme de la philosophie réflexive. Car, contrairement à ce qu'affirme Gueroult, il n'est pas évident que le détachement de Lachelier vis-à-vis de ses prédécesseurs spiritualistes fut « entier ». C'est que, à travers la philosophie du « sens intime » de Maine de Biran, et surtout la « méthode psychologique » de Cousin, « l'unité originairement synthétique de l'aperception » a été assimilée dans la France philosophique du XIXe siècle au *Cogito* cartésien [2]. Partant, une lecture non pas épistémologique, mais *psychologique* de Kant, fondée sur l'introspection, dont la philosophie réflexive de Lachelier ne se dégage pas entièrement. Dans un de ses cours sur Kant, Cousin demande :

> Quelle est en effet la méthode de la métaphysique kantienne ? Il suffit, pour répondre à cette question, de se rappeler le titre de l'ouvrage que nous venons d'étudier, la *Critique de la raison pure*. Faire la critique de la raison, c'est examiner notre faculté de connaître et rechercher quelle est sa nature, sa portée, ses limites. Or, quelle est cette méthode qui veut qu'on débute par l'étude de notre intelligence ? Qui ne reconnaît ici la méthode d'observation appliquée à l'âme humaine, ou la méthode psychologique ? Cette méthode, proclamée pour la première fois dans l'antiquité par Socrate, et que Descartes a remise en honneur dans la philosophie moderne, Kant l'applique comme Locke l'avait appliquée dans ses *Essais sur l'entendement humain* ; et, pour ne point parler encore des erreurs dans lesquelles il est tombé (*i. e.* le scepticisme selon Cousin), il l'applique quelquefois avec une profondeur dont il n'y avait point avant lui d'exemple [3].

De son vivant, Kant dut se défendre contre cette interprétation psychologique de son œuvre maîtresse. Dans une des premières recensions de la *Critique de la Raison pure* en janvier 1782, Christian Garve (1712-

1. *Ibid.*, p. 746.

2. *Cf.* W. Schmaus, « Kant's Reception in France : Theories of the Categories in Academic Philosophy, Psychology and Social Science », dans *Perspectives on Science*, vol. 3, n° 1, 2003, p. 3-34. Référence communiquée par Vincent Guillin.

3. V. Cousin, *Cours de l'Histoire de la Philosophie Moderne. Histoire de la Philosophie au XVIIIe siècle. École de Kant*, (cours de 1819-1820), nouvelle édition revue et augmentée, Première série, tome V, Paris, Ladrange et Librairie de Didier, 1846, p. 313-314.

1798) et Johann Feder (1740-1821) lui reprochèrent d'avoir psychologisé le problème de la connaissance, dans la mesure où la *Déduction transcendantale* commençait par examiner les conditions de la constitution de l'objet dans l'esprit, pour ensuite démontrer la valeur objective des catégories de l'entendement[1]. Soucieux de prévenir cette lecture qui reconduisait selon lui la philosophie transcendantale à une forme d'empirisme, Kant inversa, dans la *Déduction transcendantale* de l'édition de 1787, l'ordre de l'édition de 1781, présentant ainsi la *Déduction objective* (§ 15-23) avant la *Déduction subjective* (§ 24-25). Ce remaniement n'écarta toutefois pas complètement la possibilité de lire la *Critique* comme une tentative de psychologisation de la connaissance. Au célèbre § 16 de l'édition de 1787, Kant semble en effet partir d'un premier principe, le *Je pense*, pour en déduire ensuite la possibilité de l'expérience. C'est l'interprétation que partageront les premiers post-kantiens, notamment Schelling. Or, une lecture serrée du texte révèle que c'est au contraire du concept d'« expérience possible » que Kant tire ce que *doit être* le sujet transcendantal, et non l'inverse. Par ailleurs, rappelons que le chapitre de la *Dialectique transcendantale* consacré aux *paralogismes* (A 341/B 339) a précisément pour objectif de montrer que le *Je* n'est jamais saisi par lui-même.

L'enjeu n'est pas ici d'examiner en détail les problèmes posés par une lecture psychologique de Kant. Il consiste surtout à indiquer que Lagneau et Alain, à la suite de Cousin, assimilent « l'unité originairement synthétique de l'aperception » au *Cogito* cartésien – on examinera plus loin la manière dont ils comprennent le *Je transcendantal* comme l'entendement soutenu par la volonté[2]. Ce point est fondamental pour nous. Il témoigne en effet d'une *stylisation* tout à fait originale de la perspective kantienne qui marquera profondément Canguilhem. Avec Lagneau et Alain, les deux premières *Critiques* se fusionnent; pour eux, le *Je pense* n'a pas seulement un rôle épistémique; il a également une portée éthique, ou, pour mieux dire, une dimension épistémologico-éthique. Car, comme l'a bien vu Yves Schwartz, « ne pas s'empêcher de penser, ce serait déjà ne pas pouvoir s'empêcher de se situer en valeur par rapport à ce qui nous est donné à penser »[3]. Dans le « style de pensée » réflexif, théorie de la connaissance et morale sont indissociables.

1. *Cf.* J. Ferrari, « La recension Garve-Feder de la *Critique de la Raison pure* », dans C. Pichet (dir.), *Années 1781-1801. Kant. Critique de la Raison pure : vingt ans de réception*, Paris, Vrin, 2002, p. 57-65.

2. *Cf. infra*, p. 172-174.

3. Y. Schwartz, « Jeunesse d'un philosophe », *op. cit.*, p. 81.

CHAPITRE III

LE JE PENSE

Comme on vient de le voir, la tradition réflexive dans laquelle baigna le jeune Canguilhem résulte en grande partie de la réception de Kant par les philosophes français de la seconde moitié du XIXe siècle. Or, un événement vint bousculer l'histoire du kantisme en France, telle que Cousin et ses disciples étaient en train de l'écrire. Il s'agit de la lecture directe de la *Critique de la Raison pure* par Lachelier, le chef de file de la tradition réflexive. Dans ses *Notes sur la philosophie en France au XIXe siècle*, Jean Beaufret écrit :

> La présence de Ravaisson demeura vivante à travers Lachelier, Boutroux, Bergson. Mais, un accident va se produire auquel Boutroux et Bergson ne seront pas exagérément sensibles mais qui, dans le cas de Lachelier, va comporter des conséquences incalculables : la lecture de Kant [1].

Léon Brunschvicg insiste lui aussi sur le caractère exceptionnel de cette rencontre de Lachelier avec la philosophie kantienne :

> Par un concours de circonstances assez singulier au milieu du XIXe siècle, la pensée de Lachelier s'est développée à l'écart de l'influence cousinienne. Son premier maître fut Valette, un représentant de l'école idéologique ; puis, sous la direction de Ravaisson, il étudie Platon et Maine de Biran jusqu'au jour où il médite directement la pensée kantienne [2].

1. J. Beaufret, *Notes sur la philosophie en France au XIXe siècle*, Paris, Vrin, 1984, p. 29.

2. L. Brunschvicg, *Le progrès de la conscience dans la philosophie occidentale*, tome 2, Paris, P.U.F., 2e éd., 1953, p. 594.

Emile Boutroux, le disciple de Lachelier dont le jeune Canguilhem traduira la thèse latine[1], fait remonter ce fameux « jour » à l'année 1864[2]. Selon lui, Lachelier se serait plongé *directement* dans la *Critique* car il y aurait vu de quoi mettre à mal à la fois le psychologisme de J.S. Mill, pour qui la nécessité se réduirait à une habitude contractée par l'esprit, et l'éclectisme de Cousin, pour qui la connaissance reposerait en dernière instance sur une intuition intellectuelle par laquelle l'esprit accèderait aux choses en soi. Kant contre Mill et Cousin : tel est le paysage *Du fondement de l'induction*, thèse de doctorat que Lachelier soutint en 1871.

LACHELIER ET LE FONDEMENT DE L'INDUCTION

En dépit de son titre apparemment modeste, l'objectif de cette thèse est immense : il consiste à trouver un principe définitif sur lequel asseoir l'ensemble de la connaissance. C'est que, fidèle à la méthode de son maître Ravaisson, Lachelier ne s'aventure sur le terrain de la généralisation qu'à la condition de garder un contact ferme avec un problème très précis. Aussi, comme le remarque à juste titre J. Beaufret, « Lachelier, là où Fichte aurait dit "Doctrine de la science", dit tout simplement : "Fondement de l'induction". Problème apparemment modeste »[3].

Or, depuis la révolution scientifique, l'ensemble des sciences expérimentales repose sur ce type d'inférence qu'est l'induction. Lachelier en donne la définition suivante à la première ligne de sa thèse : « L'induction est l'opération par laquelle nous passons de la connaissance des faits à celle des lois qui les régissent »[4]. Autrement dit, l'induction est une activité par laquelle l'esprit s'élève de l'observation d'un nombre fini de cas à une loi valant pour une infinité de cas semblables. Mais tout le problème est alors de savoir ce qui garantit la *valeur* de cette généralisation, de ce passage du particulier à l'universel, du fait à la loi. D'où la question du *fondement* de l'induction. On insistera ici sur la manière dont est posé le problème; car au delà de sa portée épistémologique, c'est bien la question de la *valeur* de l'induction qui au cœur des investigations de Lachelier.

1. E. Boutroux, *Des Vérités éternelles chez Descartes*, Thèse latine traduite par M. Georges Canguilhem, élève de l'École normale supérieure. Préface de M. Léon Brunschvicg, de l'Institut. Paris, Librairie Félix Alcan, 1927; repris dans G. Canguilhem, *Œuvres complètes*, tome I, *op. cit.*, p. 935-978.

2. E. Boutroux, *Nouvelles études d'histoire de la philosophie*, Paris, Alcan, 1927, p. 10.

3. J. Beaufret, *Notes sur la philosophie en France au XIXe siècle*, *op. cit.*, p. 33.

4. J. Lachelier, *Du fondement de l'induction*, *op. cit.*, p. 61.

C'est effectivement un trait caractéristique du style réflexif que de replacer les problèmes d'épistémologie dans une perspective axiologique.

Dans sa thèse, Lachelier rejette tout d'abord deux solutions : la solution psychologique de Mill au chapitre II, et celle, intuitionniste, de Cousin au chapitre III. Toutes les deux conduiraient en effet au scepticisme le plus complet, et donc à une incapacité d'asseoir assurément les connaissances scientifiques. Pour J. S. Mill, qui aurait raffiné selon Lachelier la doctrine de Hume, la clef du problème se trouverait dans l'habitude, à savoir dans un mécanisme psychologique acquis au fur et à mesure de l'expérience. Dans la nature, nous observons une certaine récurrence des phénomènes : depuis que je suis né, j'ai pu par exemple observer que le soleil s'est toujours levé le matin. J'induis alors de cette expérience que le futur ressemblera toujours au passé, et que le soleil se lèvera toujours le matin. Or, en dépit du fait que j'ai vu le soleil se lever le matin des dizaines de milliers de fois dans ma vie, je ne suis pas autorisé selon Mill à induire une loi générale de cette expérience factuelle. Deux raisons à cela. Si j'établis la fiabilité de l'induction sur le constat que toutes les inductions que j'ai pu faire jusqu'à présent ont toujours fonctionné, ma justification repose sur une pétition de principe : je fais effectivement intervenir le processus d'induction pour fonder l'induction. La seconde raison tient à ce qu'à moins de postuler une cause finale (Dieu), rien ne garantit que la régularité que j'ai constatée jusqu'à aujourd'hui ne sera pas brisée demain. Il n'y a dans la nature aucune nécessité qui puisse assurer que le futur ressemblera toujours au passé. En suivant Hume, Mill peut donc conclure que l'induction n'est rien de plus qu'une habitude contractée par l'esprit au contact de l'expérience. Solution inacceptable pour Lachelier dans la mesure où, reposant sur un mécanisme psychologique, elle est incapable de garantir l'universalité des lois tirées de l'induction – pas plus qu'elle n'est en mesure de garantir l'universalité de l'induction elle-même. Par conséquent, la solution de Mill débouche pour Lachelier sur le scepticisme. Or, la science formule des lois apodictiques dont il faut pouvoir rendre compte.

Si l'induction ne peut pas reposer sur un mécanisme psychologique acquis par expérience, elle ne peut pas non plus se fonder sur une « intuition des choses en soi »[1] comme le soutient Cousin. L'école éclectique considère en effet « le principe de l'induction comme primitif et irréductible »[2], comme une « intuition intellectuelle »[3] supérieure à la démonstration grâce

1. *Ibid.*, p. 70.

2. J. Lachelier, *Du fondement de l'induction*, *op. cit.*, p. 78.

3. *Ibid.*, p. 87.

à laquelle l'esprit accèderait aux choses en soi. Or, voilà une posture que Lachelier ne saurait accepter : si le principe sur lequel repose la connaissance est indémontrable, comment s'assurer qu'il n'est pas alors un simple préjugé, un *desideratum* de métaphysicien, bref, une simple croyance? Nous retombons ici encore sur une forme de scepticisme.

Afin de résoudre ce problème, Lachelier avance au chapitre IV « l'hypothèse » qui en finit selon lui avec les deux autres hypothèses :

> Mais il y a une troisième hypothèse, que Kant a introduite dans la philosophie, et qui mérite tout au moins d'être prise en considération : elle consiste à prétendre que, quelque puisse être le fondement mystérieux sur lequel reposent les phénomènes, l'ordre dans lequel ils se succèdent est déterminé exclusivement par les exigences de notre pensée. La plus élevée de nos connaissances n'est, dans cette hypothèse, ni une sensation ni une intuition intellectuelle, mais une réflexion, par laquelle la pensée saisit immédiatement sa propre nature et le rapport qu'elle soutient avec les phénomènes : c'est de ce rapport que nous pouvons déduire les lois qu'elle leur impose et qui ne sont autre chose que les principes [1].

En quelques lignes, Lachelier pose ici les fondements aux du style réflexif en philosophie. Kant a selon lui inauguré une nouvelle méthode philosophique. Cette méthode consiste pour la pensée à se diriger non pas sur les objets (phénomènes, choses en soi), mais sur elle-même. Non pas que l'objet soit ignoré; mais il n'intéresse la pensée qu'en tant que l'activité de celle-ci se réfléchit en lui. Telle est la tâche d'une « analyse réflexive » qui consiste à retrouver, dans l'objet perçu, l'activité de la pensée. Pourquoi un tel travail? Parce que c'est de cette activité que naît la valeur.

C'est sur ce point que Lachelier localise l'erreur commune à Mill et Cousin : tous deux conçoivent la connaissance comme quelque chose d'essentiellement passif, à savoir une *impression*, qui, dans un cas, est exercée par le monde sur l'esprit sous forme de sensations, et dans l'autre, par de mystérieuses choses en soi sous la forme de visions métaphysiques. Or, la *Critique* aurait montré que la connaissance tire sa *valeur* non pas des choses, mais de l'*activité* de l'esprit. L'esprit est la seule source possible de cette valeur épistémique qu'est la nécessité. Aussi, lorsque Lachelier écrit ci-dessus que « quelque puisse être le fondement mystérieux sur lequel reposent les phénomènes, l'ordre dans lequel ils se succèdent est déterminé exclusivement par les exigences de notre pensée », c'est en référence à la révolution copernicienne opérée par Kant sur le plan de la connaissance. En effet, le problème que se pose Lachelier dans le *Fondement de l'induction*,

1. *Ibid.*, p. 88.

n'est guère différent de celui que Kant formule dans la *préface* de la deuxième édition de la *Critique* :

> Jusqu'ici, on admettait que toute notre connaissance devait nécessairement se régler d'après les objets ; mais toutes les tentatives pour arrêter sur eux *a priori* par concepts quelque chose par quoi notre connaissance eût été élargie ne parvenaient à rien en partant de ce présupposé [1].

On pourra aisément reconnaître, dans les « tentatives » infructueuses évoquées ci-dessus par Kant, des entreprises similaires à celles de Mill et de Cousin : dans un cas comme dans l'autre, c'est en effet le monde qui agit sur l'esprit. Le sujet n'est en d'autres termes que le miroir de l'objet. D'où le problème cartésien du pont entre la représentation subjective et le monde objectif, avec ses solutions sceptiques (Hume) ou théologiques (Descartes). Refusant l'une et l'autre, Kant propose sa propre voie de sortie. Il faut selon lui opérer sur le plan de la connaissance une révolution comparable à celle de Copernic, dans laquelle ce n'est plus le monde qui informe l'esprit, et lui confère ainsi une valeur, mais au contraire l'esprit qui ordonne le monde en fonction de ses propres normes :

> Que l'on fasse donc une fois l'essai de voir si nous ne réussirions pas mieux, dans les problèmes de métaphysique, dès lors que nous admettrions que les objets doivent se régler d'après notre connaissance… Il en est ici comme avec les premières idées de Copernic, lequel, comme il ne se sortait pas bien de l'explication des mouvements célestes en admettant que toute l'armée des astres tournait autour du spectateur, tenta de voir s'il ne réussissait pas mieux en faisant tourner le spectateur et en laissant au contraire les astres immobiles [2].

Il y a là bien plus qu'une analogie superficielle. La révolution copernicienne correspond pour Kant à un profond changement dans la manière de concevoir la connaissance : d'un modèle fondé sur la contemplation, nous passons à un modèle fondé sur l'agir ; d'un monde vu, nous passons à un monde *à* construire. Et l'on remarquera ici la tonalité de cette dernière formule, qui sonne comme un devoir pour la pensée : Lagneau, Alain et le jeune Canguilhem y seront en effet particulièrement sensibles. Pour reprendre l'analogie que propose Kant entre l'entreprise de Copernic et sa propre entreprise, nous dirons que l'attitude critique fait passer le sujet connaissant du statut de spectateur, où ce sont les astres qui tournent autour de lui, à celui d'agent, où c'est le sujet connaissant qui tourne autour des

1. E. Kant, *Critique de la Raison pure*, *op. cit.*, B XVI, p. 77.
2. *Ibid.*, p. 77-78.

astres. Si la métaphysique n'a pu selon Kant « emprunter la voie sûre d'une science »[1], cela tient à ce que les philosophes ont jusqu'à présent posé le problème de l'objectivité en termes d'extériorité par rapport aux représentations du sujet, faisant ainsi de la connaissance une contemplation du monde. Dans une telle perspective, la représentation est subordonnée à l'objet en soi, ce que Lagneau et Alain interprèteront comme un primat du monde sur le sujet. La révolution copernicienne de Kant renverse diamétralement cette perspective : l'objectivité ne doit plus être pensée comme l'adéquation de la représentation avec un objet extérieur, mais comme une opération de liaisons universelles effectuée par le sujet au sein de ses représentations. La connaissance n'est pas une contemplation, mais une activité. Pour Kant, tel que Lachelier l'interprète, cette activité au fondement de la connaissance a un nom : « l'unité originairement synthétique de l'aperception ». Et la mise au jour de ce principe exerça sur Lachelier une puissante influence. Ainsi que le rapporte Boutroux :

> Lachelier médita longuement sur ce point de départ. Longtemps devant lui, sur sa table de travail, la *Critique de la Raison pure* resta ouverte à la page où l'on lit cette phrase : « das "ich denke" muß alle meine Vorstellungen begleiten können… ». Quelles sont les conditions de ce je pense, en tant que lui-même conditionne, et notre connaissance de nous-mêmes, et notre connaissance des choses : tel est le problème auquel Lachelier se donna tout entier[2].

Si Lachelier médita longuement les pages de *l'Analytique transcendantale*, c'est qu'il vit, dans le *Je pense* kantien, la clef du problème du fondement de l'induction. Le principe de l'induction, ce n'est ni une habitude (Mill), ni une contemplation (Cousin); il s'agit d'une réflexion, d'un retour sur soi de la pensée qui se découvre alors comme principe d'organisation *a priori* d'un divers en une nature. A travers l'analyse réflexive, c'est autrement dit le *Je* qui s'aperçoit comme la source de la valeur dans le monde. Nous sommes au cœur de l'argumentation du *Fondement de l'induction.* Aussi, après avoir placé au centre de la réflexion, la réflexion elle-même, Lachelier va s'attacher à montrer dans les trois chapitres restant la valeur de ce principe réflexif, en introduisant notamment la notion de cause finale.

Nous ne pouvons ici nous prononcer sur la valeur d'une telle solution au problème de l'induction. On se contentera pour l'instant de formuler l'hypothèse suivante : lorsque Lachelier emprunte à la philosophie

1. *Ibid.*, B XIV, p. 77.
2. E. Boutroux, *Nouvelles études d'histoire de la philosophie*, *op. cit.*, p. 11.

kantienne le concept du *Je pense*, en insistant sur son activité synthétique et par-là même créatrice d'ordre et de valeur, n'établit-il pas dans le même temps les normes du « style de pensée » dont va hériter le jeune Canguilhem via Alain et Lagneau ? Car que fait Kant, au § 16 de la première *Critique*, si ce n'est défendre l'idée que toute intuition sensible est le résultat d'une activité de l'esprit, par laquelle il ordonne et valorise un divers ? Sans une activité originairement synthétique au fondement de nos représentations, nous n'aurions en effet qu'un chaos d'impressions, indémêlables les unes des autres, et par conséquent impensables. C'est pourquoi Kant pose, à la base de toute représentation, un principe d'ordre qui n'est autre que le *Je pense* :

> Le *Je pense* doit nécessairement pouvoir accompagner toutes mes représentations ; car, si tel n'était pas le cas, quelque chose serait représenté en moi qui ne pourrait être aucunement pensé [...]. La représentation qui peut être donnée avant toute pensée s'appelle intuition. Donc, tout le divers de l'intuition entretient une relation au je pense, dans le même sujet où ce divers se rencontre. Mais cette représentation est un acte de la spontanéité, c'est-à-dire qu'elle ne peut pas être considérée comme appartenant à la sensibilité [1].

La *pensée* comme principe régulateur d'un divers qu'elle ne subit pas, mais qu'elle ordonne : voilà ce qu'ont retenu de Kant les disciples de Lachelier. Léon Brunschvicg, qui voit dans « l'œuvre de Lachelier (...) l'événement capital pour l'orientation de la pensée contemporaine » [2], affirme ainsi :

> Il n'existe de nature que pour l'esprit. Cela veut dire, sans doute, que le spectacle n'est donné que pour un spectateur. Mais cela veut dire encore autre chose, et tout autre chose. Cela veut dire que le spectacle s'étend davantage, s'organise mieux, à mesure que s'affirme plus large, plus harmonieuse, l'activité de l'esprit. Un travail d'ordination entre nos sensation et nos mouvements est nécessaire pour rendre présent dans un coup d'œil l'ensemble des objets qui sont compris dans notre horizon terrestre... [3].

Si Brunschvicg n'a pas négligé le problème de la perception, c'est toutefois Jules Lagneau, qui, de tous les disciples de Lachelier, s'y consacra presque exclusivement.

1. E. Kant, *Critique de la Raison pure*, *op. cit.*, B 131-132, p. 198.

2. L. Brunschvicg, *Écrits philosophiques*, tome 2, *L'orientation du rationalisme* (1954), édition électronique disponible sur le site de l'Université du Québec à Chicoutimi (http://classiques.uqac.ca), p. 72.

3. *Ibid.*, p. 73.

LAGNEAU ET LE FONDEMENT DE LA PERCEPTION

Comme nous le disions précédemment, Jules Lagneau est un philosophe sans œuvre. Mort prématurément à l'âge de 43 ans, sa santé fragile ne lui aura pas permis d'exposer sa doctrine en tant que telle. Grâce au travail de mémoire accompli par Alain, nous pouvons néanmoins nous faire une idée assez précise du problème fondamental auquel Lagneau semble s'être presque exclusivement consacré : celui de la perception. Dans ses *Souvenirs*, Alain rapporte en effet n'avoir « point connu Lagneau hors de la perception »[1], allant jusqu'à le qualifier un peu plus loin de « modèle de la réflexion percevante »[2]. Nous reconnaissons là un des thèmes de prédilection d'Alain. On a vu précédemment que c'est au problème de la perception que le jeune Chartier consacra ses tout premiers textes, reconnaissant de proche en proche à celui-ci une portée à la fois philosophique concernant la nature de l'esprit comme activité, et politique avec la critique du conservatisme des « adorateurs du fait ». Or, lorsqu'on retrace la manière selon laquelle Lagneau traita du problème de la perception dans ses cours, on s'aperçoit qu'Alain a reconduit presque mot pour mot l'argumentation de son maître. Le disciple ne s'en est d'ailleurs jamais caché :

> je tiens l'Esprit opposé aux faits, et cela est une leçon cent fois répétée de Lagneau. Non, la mémoire, la durée, l'espace ne sont pas des faits et surtout, surtout, l'âme n'est pas un fait[3].

D'un point de vue général, la pensée de Lagneau peut être considérée comme une critique radicale des positions empiristes, notamment en ce qui concerne le rôle et la nature de l'esprit. Refusant l'idée qu'il puisse y avoir des connaissances qui soient purement *a priori*, les empiristes soutiennent en effet que toute notre connaissance dérive de l'expérience, et qu'à ce titre, l'esprit doit être conçu comme une *tabula rasa*, dont le rôle consiste essentiellement à recevoir des impressions sensibles ; tout au plus synthétise-t-il ces impressions selon des lois d'association acquises par habitude, autrement dit par expérience. En bon cartésien – pour ne pas dire « en bon philosophe français » – Lagneau ne saurait accepter une conception qui accorde autant aux faits, et si peu à la Raison. Et c'est depuis une « analyse

1. Alain, *Souvenirs concernant Jules Lagneau*, *op. cit.*, p. 743.
2. *Ibid.*, p. 758.
3. Alain, *Souvenirs concernant Jules Lagneau, post-scriptum*, Paris, Gallimard, 1996, p. 250.

réflexive» de la perception, où la pensée dirige son attention sur elle-même, qu'il va tenter d'invalider les présupposés empiristes.

Dans son *Cours sur la perception*, Lagneau part du constat suivant: lorsque nous percevons un objet extérieur, nous avons le sentiment de recevoir une multitude d'informations sans que cela n'engage la moindre activité de notre part. La perception se fait pour ainsi dire «en nous mais sans nous», en ce sens que le monde semble agir sur la conscience, façonnant celle-ci d'après l'état actuel des choses. Mais ne nous méprenons pas: «la perception est en apparence une intuition immédiate. L'esprit semble passif alors qu'il est actif»[1]. C'est-là ce que révèle selon Lagneau une «analyse réflexive» de la perception, telle que l'aurait brillamment menée Kant dans *l'Analytique transcendantale*. Aussi, Lagneau va-t-il reconduire fidèlement l'argumentation kantienne concernant le *Je pense*, en insistant sur son rôle synthétique et ordinateur dans la saisie intuitive:

> Chaque sensation est par elle-même un état du sujet sentant; mais elle n'existerait pas en ce sujet s'il n'était en même temps actif, s'il ne possédait le pouvoir de réunir entre elles, par l'unité de son action, ses sensations diverses... Cette action, qui est proprement la perception, consiste dans la détermination des qualités de cet être représentées comme liées les unes aux autres dans l'étendue...La perception suppose la pensée[2].

Si l'esprit n'intervenait pas dans le processus perceptif pour imposer à la sensation une unité dont elle est par elle-même entièrement dépourvue, nous serions incapables de discerner quoi que ce soit dans le chaos sensible. Mêlant inextricablement des arguments épistémologiques à des positions morales – lesquelles transparaissent à travers le vocabulaire employé – Lagneau avance par conséquent la thèse suivante: «percevoir, c'est toujours autre chose que subir ou recevoir comme une empreinte; c'est affirmer, à propos de ce qu'on a senti quelque chose que l'on juge réel»[3]. Ici se manifeste avec clarté l'enjeu de «l'analyse réflexive» pour Lagneau: faire apparaître, comme condition de ce qui pourrait sembler «donné», une activité omniprésente de *jugement*. Dans ses *Souvenirs*, Alain rapporte la façon dont le maître s'y prenait pour démontrer à ses élèves que la perception, en apparence immédiate, repose en réalité sur l'activité synthétique de l'esprit:

1. J. Lagneau, «Cours sur la perception», dans *Célèbres leçons et fragments*, *op. cit.*, p. 198.
2. *Ibid.*, p. 218.
3. *Ibid.*, p. 222.

> Qu'est-ce qu'une maison? disait Lagneau. C'était là son centre; il y revenait toujours. Aucun objet n'est donné. C'est ici que l'exemple, encrier ou morceau de cire, était mis à la question. Et il est rigoureusement vrai qu'il n'y a de perception que par une vérité de la perception; et il est vrai aussi que la vérité de la perception ne peut être perçue; il n'y a pas de lieu d'où l'on voie toutes les parties d'une maison; il n'y a point de lieu ni de rapports de lieu qui représentent comment les parties ensemble font une maison, et comment les perspectives ensemble font une maison, et comment le toucher, la vue, l'ouïe explorent une maison, et comment tout l'Univers autour jusqu'au plus loin fait cette maison-là. Ainsi l'esprit dépasse la perception et à ce passage lui donne existence [...] [1].

Ces quelques lignes d'Alain donnent un aperçu de la manière dont Lagneau revisitait la tradition philosophique depuis le style réflexif, caractérisé par une mise en exergue de l'activité de l'esprit. Certes, lorsque Lagneau évoque l'impossibilité de se représenter une maison sans poser, à la base de cette représentation, une activité synthétique qui ramène à l'unité les divers aspects perçus, c'est, comme on l'a vu, à Kant et au *Je pense* qu'il fait référence. Mais quand il est question du morceau de cire, c'est Descartes que Lagneau convoque pour appuyer la thèse réflexive de l'omniprésence du jugement. Et il est assez aisé de comprendre pourquoi. Le célèbre argument du morceau de cire montre effectivement que tout objet de la perception est non pas senti, mais pensé. Une fois la cire dépouillée de toutes ses qualités sensibles, « il ne demeure rien que quelque chose d'étendu, de flexible et de muable »[2] conclut Descartes; or, l'étendue se ramène selon lui à un ensemble de rapports, qui, en tant que tels, ne sont pas perçus mais conçus. C'est pourquoi il ne peut pas y avoir d'*image* de l'étendue; nous pouvons seulement en former l'*idée*, et par l'entendement seul.

Cette lecture de Descartes laisse transparaître l'aspect clairement intellectualiste de la philosophie de Lagneau : les choses n'ont selon lui de consistance qu'à travers le prisme conceptuel que nous appliquons sur le monde. C'est pourquoi, l'enjeu de l'analyse réflexive consiste à révéler l'activité synthétique auquel se livre l'entendement lors de toute saisie intuitive :

> en quoi consiste la perception visuelle [demande Lagneau]? La condition d'une telle perception c'est que nous concevions l'objet comme quelque

1. Alain, *Souvenirs concernant Jules Lagneau*, *op. cit.*, p. 747-748.

2. Descartes, *Méditations Métaphysiques* (1641), *Deuxième méditation*, Alquié II, p. 424, AT IX, 24.

> chose de réel et d'un. C'est donc ici encore une action de l'entendement qui est la condition de la perception [1].

L'approche réflexive est de part en part une philosophie d'entendement. Dans ces conditions, on ne s'étonnera pas que Lagneau se montre particulièrement critique envers l'idée qu'il puisse y avoir quelque chose comme une « sensation pure ». Cela reviendrait effectivement selon lui à admettre la possibilité d'une action immédiate du monde sur nous, mais sans nous, en ce sens que le travail de mise en forme de l'entendement y serait comme neutralisé. Lagneau soutient au contraire que notre rapport au monde est toujours médiatisé par l'entendement :

> Il n'y a donc pas à proprement parler de notions purement passives qui s'offriraient spontanément à l'esprit avec le caractère d'une intuition et qui ne supposeraient de sa part aucune activité. Absolument parlant, on ne peut distinguer deux opérations dans la perception, la présentation et la représentation. Il n'y a pas de pure présentation ; toute présentation est une représentation. L'esprit joue toujours un rôle [2].

Parce que l'esprit est toujours en train d'organiser et de valoriser un divers de sensations, il ne peut pas y avoir selon Lagneau de présentation directe du monde; celui-ci est toujours déjà pris dans le filtre de l'activité conceptuelle qui lui donne sens et forme. Aussi, ce n'est que rétrospectivement que nous pouvons parler de « présentation », au sens où nous admettons, comme condition de possibilité de la perception, une première impression qui constitue la matière que l'esprit s'applique à informer. Or, cette présentation directe – ou « sensation pure » – nous ne pouvons la concevoir qu'après avoir réalisé la perception complète. C'est uniquement sur la base de la « représentation » que l'analyse réflexive parvient à abstraire, à titre de condition de possibilité logique, l'hypothèse d'une « présentation » initiale. Mais il s'agit-là, dit Lagneau, d'« une pure conception de l'esprit » [3], car

> Il n'y a pas, dans la conscience, de pure sensation. En effet, tout ce qui peut tomber sous la conscience est en quelque manière un produit de l'activité [4].

Après Kant et Descartes, nous avons là encore une trace de la manière dont Lagneau revisitait l'histoire de la philosophie dans une perspective réflexive. Lorsque celui-ci affirme qu'à strictement parler, nous ne

1. J. Lagneau, *Cours sur la perception*, *op. cit.*, p. 210.
2. *Ibid.*, p. 227.
3. *Ibid.*, p. 213.
4. *Ibid.*

pouvons établir de distinction entre « présentation » et « représentation », c'est implicitement à Platon qu'il fait référence. Avec le Mythe de la Réminiscence, Platon aurait eu pour ambition d'illustrer le fait que tout contenu de conscience est toujours déjà un résultat, le produit de l'activité par laquelle l'esprit donne forme au chaos sensible. Tout a déjà été pensé, et c'est en sens que nous devons entendre selon Lagneau l'hypothèse des vies antérieures : celles-ci symboliseraient les diverses activités de synthèses opérées par l'esprit pour élaborer le contenu actuel de la conscience. Dans ses *Souvenirs*, Alain répète à plusieurs reprises que la perception ou la certitude étaient autant d'occasion pour son maître de « retrouver toute la pensée dans la moindre de nos pensées » [1].

A la lumière de ce qui vient d'être dit, on s'aperçoit que cette formule s'enracine certes chez Platon, mais qu'elle marque aussi un infléchissement de la psychologie philosophique issue de Descartes. Expliquons-nous. Si l'enjeu de l'analyse réflexive consiste pour Lagneau à « retrouver toute la pensée dans la moindre de nos pensées », cela semble indiquer que, selon lui, *la pensée* pure ne nous est jamais donnée directement ; et que c'est au contraire seulement par réfraction dans *les pensées* que nous devinons *la* pensée. C'est à ce niveau que l'engagement de Lagneau pour Kant, évoqué par Canguilhem dans son « Discours d'ouverture du colloque Alain-Lagneau » de 1992, se manifeste au grand jour. Ce qu'il faut entendre ici par « la pensée » n'est autre que le sujet transcendantal kantien, le « *Je pense* », « l'unité originairement synthétique de l'aperception ». Or, l'unité dont il est ici question ne semble pas être celle de la conscience empirique, par laquelle je me perçois comme étant toujours identique à moi-même. Il ne s'agirait-là que de sa *réflexion* dans le temps. Sujet de la science, le sujet transcendantal n'est pas individuel mais universel. Il signifie pour Kant l'unité de la méthode par laquelle l'esprit constitue les objets. Il n'est donc pas une substance à la manière du *Cogito* cartésien, mais une activité de synthèse, où entendement et intuition se coordonnent pour produire une connaissance. A titre de condition de possibilité de l'expérience, le sujet transcendantal n'y apparaît donc jamais en tant que tel. C'est pourquoi Lagneau affirme que cette activité de synthèse ne peut pas être directement objet de pensée ; nous pouvons seulement la « retrouver » par réflexion « dans la moindre de nos pensées ».

La position de Lagneau sur la nature de la pensée est ici nettement tranchée : « toute la pensée », autrement dit son essence, se ramène selon lui à une activité originaire de synthèse. On ajoutera toutefois que Lagneau ne

1. Alain, *Souvenirs concernant Jules Lagneau*, *op. cit.*, p. 725.

semble pas s'être contenté d'une simple reprise de Kant. Si l'on se réfère effectivement au schéma des facultés de l'esprit tel que l'expose le fragment 35, il semble que Lagneau ait érigé « l'unité originairement synthétique » au rang de faculté à part entière. Il place ainsi ce qu'il appelle « Activité » au sommet de la hiérarchie des facultés de l'esprit – au dessus de la sensibilité et de l'intelligence[1]. Le même fragment indique par ailleurs que les plus hauts degrés de la réflexion selon Lagneau – à savoir la liberté et la volonté – relèvent directement de l'« Activité », considérée ici comme faculté à part entière. C'est que, comme l'indique le *Cours sur la perception*, « l'activité est l'unité absolue de la vie psychique »[2], au sens où celle-ci conditionne l'ensemble des fonctions intellectuelles et vitales. Comme chez Lachelier, le *Je pense* prend chez Lagneau une importance considérable.

Dans ses textes de jeunesse pour les *Libres Propos*, le jeune Canguilhem n'hésitera pas à promouvoir l'héritage réflexif de Lagneau, dont Alain fut le passeur. Reprenant sans ambiguïté les chevaux de bataille de ses maîtres, c'est dans une perspective réflexive que Canguilhem propose d'aborder, en 1931, la question de la création :

> La création ne serait-elle pas plutôt relation que translation ? Cela ne reviendrait-il pas à dire qu'il y a création là où il y a pensée, si penser c'est lier un chaos innommable de sensations en une unité significative ? Cela revient à poser … l'équation entre création et pensée. Et alors le problème de la création va ressortir non plus désormais à une critique expérimentale, mais à une psychologie réflexive[3].

Ces propos du jeune Canguilhem sur la création nous permettent de dresser un premier bilan concernant la formation du style réflexif en philosophie. Nous avons vu que celui-ci prenait sa source dans une certaine lecture de Kant, amorcée par Lachelier, et développée ensuite par Lagneau sur le terrain de la perception. S'appuyant sur l'argument kantien du *Je pense* comme « unité originairement synthétique de l'aperception », Lagneau conçoit la perception comme une faculté essentiellement active, où l'esprit ne « subit » pas passivement le monde extérieur. C'est au contraire le monde qui se trouve informé par l'esprit, lequel impose forme et unité à un divers d'impressions sensibles qui en est entièrement dépourvu. On ne

1. J. Lagneau, « Fragment 35 », dans *Célèbres leçons et fragments*, *op. cit.*, p. 119.

2. J. Lagneau, *Cours sur la perception*, *op. cit.*, p. 194.

3. G. Canguilhem, « Critique et philosophie. Sur le Problème de la création », dans *Libres Propos (Journal d'Alain)* (décembre 1931) ; repris dans *Œuvres complètes*, tome 1, *op. cit.*, p. 389-395, p. 395.

s'étonnera donc pas de voir le jeune Canguilhem défendre l'idée qu'« il y a création là où il y a pensée » : dans la perspective réflexive héritée de Kant, l'expérience que nous *avons* est toujours pour partie l'expérience que nous *faisons* – et on insistera ici encore sur l'ambiguïté de cette formule, laquelle peut s'entendre aussi bien d'un point de vue épistémologique que d'un point de vue moral. C'est pourquoi Canguilhem pose « l'équation entre création et pensée » : il y a selon lui une profonde analogie entre l'acte d'un créateur – pensons par exemple au travail d'un sculpteur – et l'activité par laquelle l'esprit synthétise le divers sensible. Dans les deux cas, nous sommes en présence d'une matière qui est *à* informer, voire *à* transformer. Or, tels que nous les avons présentés jusqu'à présent, les promoteurs du style réflexif ne semblent guère soucieux de l'aspect matériel de l'expérience. C'est davantage sa composante spirituelle qui leur importe. Et lorsque nous avons examiné les rapports que Lachelier et Lagneau entretiennent avec Kant, il semble qu'ils aient surtout retenu de l'idéalisme transcendantal l'aspect proprement idéaliste de la doctrine, laissant dans l'ombre ce que Kant avait repris de l'empirisme humien. Aussi, quand le jeune Canguilhem en vient à parler de « création » à propos de la pensée, il n'en faut guère davantage pour conclure que nous avons affaire ici à une lignée de penseurs clairement idéalistes.

Cependant, nous croyons qu'il s'agit-là d'une conclusion trop hâtive, et que l'idéalisme du « style » réflexif tient davantage à l'ordre d'exposition que nous avons choisi ici, qu'à l'approche réflexive comme telle. Car comme nous allons le voir à présent, Lagneau et Alain affirment que l'esprit ne peut se saisir lui-même sans poser, dans le même temps, un chaos sensible auquel il s'oppose toujours déjà.

CHAPITRE IV

L'ESPRIT CONTRE LE MONDE

L'UNITÉ ORIGINAIREMENT POLÉMIQUE

Progressivement, les divers constituants du « style de pensée » dont hérite le jeune Canguilhem se mettent en place. Dans le chapitre précédent, nous avons vu que tout l'enjeu de l'analyse réflexive de Lagneau consistait à dégager, à titre de condition de possibilité de la perception, l'activité synthétique par laquelle l'esprit ordonne le monde. De là le sentiment d'avoir affaire ici à une approche nettement idéaliste. Or, dans la suite de son *Cours sur la perception*, Lagneau remarque à juste titre qu'

> éprouver un plaisir ou une peine, cela suppose que l'activité de l'esprit se trouve plus ou moins favorisée par les circonstances, et, par suite, que les circonstances sont données indépendamment de cette activité. La pure activité, par laquelle se trouve ramenée à l'unité la multiplicité de l'être, ne se conçoit pas sans cette multiplicité donnée indépendamment de l'activité même [1].

Si la philosophie de Lagneau a pu passer jusqu'à présent pour un idéalisme à la Berkeley, c'est que nous n'avons pas suffisamment insisté sur ce qu'une telle position implique sur le plan « matériel ». Pour que l'esprit puisse se saisir comme activité synthétique, il faut nécessairement admettre une matière à synthétiser; c'est là ce que Lagneau entend par « circonstances » et « multiplicité donnée ». Autrement dit, l'« activité » ne peut pas être conçue sans admettre dans le même temps une pure

1. J. Lagneau, *Cours sur la perception*, *op. cit.*, p. 213-214.

hétérogénéité. « Matière » et « activité », c'est-à-dire « monde » et « esprit », sont les deux faces d'une même pièce.

On comprend dès lors pourquoi le « style de pensée » de Lagneau est *réflexif*. Kant a dit de l'esprit qu'il est originairement synthétique ; Lagneau ajoute qu'il est aussi *originairement polémique* : l'esprit ne peut effectivement saisir sa propre activité *qu'après coup*, en retrouvant la trace du jugement dans cette altérité qui lui fait face. L'« activité pure », la « pensée pure » sont donc impensables en elles-mêmes : c'est là la contrepartie de l'impossibilité d'une « sensation pure ». Nous avons vu précédemment qu'accepter l'idée de « sensation pure », cela revenait à admettre la possibilité d'une impression directe du monde sur l'esprit, où le travail de mise en forme de l'entendement serait alors neutralisé. Or, parler d'une « activité pure » de l'esprit conduit strictement au même résultat : privé de la matière sur laquelle appliquer ses formes, l'entendement serait pour ainsi dire en chômage technique. Nous aurions là aussi affaire à une neutralisation du travail synthétique de l'esprit. C'est pourquoi, du point de vue réflexif, « sensation pure » et « activité pure » se ramènent toutes deux à une impossibilité logique.

On peut voir dans cette idée une extension de la formule kantienne selon laquelle « des pensées sans contenu sont vides, des intuitions sans concepts sont aveugles » [1]. Du point de vue réflexif, une « activité pure » n'est effectivement pas autre chose qu'une pensée vide de contenu ; et inversement, une « sensation pure » n'est pas autre chose qu'une intuition aveugle, parce que privée de réflexivité. Au même titre que les pensées et les intuitions, l'esprit et la matière sont des complémentaires indissociables. Aussi, si l'approche réflexive a bien quelque chose d'idéaliste, c'est moins du côté d'un idéalisme subjectif que de l'idéalisme transcendantal de Kant qu'elle puise ses sources. Il n'y a pas pour Lagneau d'automouvement de l'esprit, où celui-ci évoluerait dans un milieu qui lui serait homogène. Comme nous le disions précédemment, l'esprit est toujours engagé dans la rencontre d'une altérité ; et il ne peut se saisir lui-même dans son essence – autrement dit comme activité – que dans le choc avec une altérité insoumise à sa réglementation. C'est pourquoi Lagneau soutient que, du point de vue de la conscience,

> se sentir actif, c'est plus que sentir, c'est connaître ; et cette connaissance suppose que l'esprit ne s'oppose pas seulement aux effets intérieurs de son

1. E. Kant, *Critique de la Raison pure*, *op. cit.*, A 51/B 75, p. 144.

> action, mais qu'il oppose ceux-ci à d'autres effets qu'il ne sent pas comme siens, qu'il n'a pas voulu [1].

Monde et esprit sont toujours liés, mais dans un rapport d'opposition permanente. Jusqu'à présent, nous avons surtout insisté sur l'aspect « actif » de l'expérience, où, en nous appuyant sur Kant, nous avons cherché à faire apparaître celle-ci comme le résultat d'une synthèse de formes et de matière. Or, comme le souligne ici Lagneau, l'aspect actif de l'expérience ne peut se concevoir sans admettre un fond de passivité. Cette passivité tient simplement au fait que le contrôle sur ce qui nous arrive a des limites : ce dont il va être fait l'expérience ne dépend effectivement pas de nous. Il y a une résistance du monde aux idées. Et selon Lagneau, ce sont ces limites imposées par le monde à la spontanéité de l'entendement, autrement dit la résistance de la matière aux formes de l'esprit, qui font que la pensée puisse se révéler à elle-même – on notera ici l'air de famille de ce style de raisonnement avec celui que conduit Canguilhem dans l'*Essai*, notamment lorsqu'il s'attache à montrer que la subjectivité émerge de l'épreuve de la maladie[2].

Aussi poursuit Lagneau, « un être pensant qui serait isolé du monde extérieur ne saurait se connaître comme actif. Se connaître comme actif, c'est recevoir le contrecoup de son action dans un monde qui lui est extérieur »[3]. L'activité de l'esprit se révèle sur fond de conflit, ou, pour reprendre l'expression d'Yves Schwartz, sur fond de « débats de normes ». L'esprit est fondamentalement polémique. Ce qui implique l'impossibilité pour lui de se penser en dehors du « débat de normes » par lequel il se révèle à lui-même ; les deux entités en débat – l'esprit et le monde – doivent nécessairement être tenues ensemble pour que l'esprit puisse saisir son activité. C'est, selon Lagneau, ce qu'aurait mis en évidence l'analyse biranienne de l'effort. Dans son cours sur la perception, Lagneau rend effectivement hommage à Maine de Biran pour avoir montré que le moi ne se connaît que dans l'action qu'il exerce sur une extériorité qui lui fait face :

> ici se trouve enfermée une grande vérité, qui est que l'âme individuelle et l'univers ne peuvent être pensés séparément, et aussi que c'est l'action qui fait connaître l'unité des deux et en même temps l'opposition des deux [4].

1. J. Lagneau, *Cours sur la perception*, *op. cit.*, p. 193.

2. *Cf.* G. Le Blanc, *La Vie humaine*, *op. cit.*, chap II, 3. « L'épreuve de la maladie ».

3. *Ibid.*

4. J. Lagneau, *Cours sur la perception*, *op. cit.*, p. 194. Lagneau émet toutefois une réserve sur la position de Maine de Biran. Celui-ci n'aurait pas été jusqu'au bout du raisonnement, dans la mesure où « la sensation de l'effort » reste pour lui de l'ordre de la réceptivité.

C'est là une leçon dont Canguilhem saura se souvenir lorsqu'il posera, à la base de sa philosophie des normes et de la santé, une certaine conception de la vie « entendue comme activité d'opposition à l'indifférence et à l'inertie »[1]. Dans la perspective réflexive de Lagneau, l'activité de l'esprit se manifeste au sein d'une opposition philosophique entre la pensée et le monde. Un demi siècle plus tard, Canguilhem transposera cette opposition sur un plan biologique, où le conflit ne se situera plus seulement entre l'esprit et le monde, mais entre le vivant et son milieu. Il fera ainsi jouer jusqu'au bout l'analogie entre d'un côté, l'esprit qui informe une matière chaotique, et de l'autre, le vivant qui organise l'environnement afin de faire tendanciellement du milieu, *son* milieu.

Cette analogie témoigne selon nous de ce « style de pensée » si particulier que Canguilhem a hérité de Lagneau. Néanmoins, nous ne devons pas négliger le rôle considérable qu'a joué Alain dans cette passation de flambeau. Il a effectivement infléchi la pensée de Lagneau, en insistant considérablement sur la portée morale et politique que son maître tirait de l'analyse réflexive de la perception. Pour le dire simplement, nous croyons que le radicalisme d'Alain s'enracine dans une position philosophique concernant la nature de l'esprit, où celui-ci est entendu comme une activité permanente d'opposition à l'inertie de la matière. Or, comme le rappelle à juste titre le jeune Canguilhem en 1933, « cette volonté d'opposition permanente, c'est ce qu'Alain appelle le radicalisme »[2]. Métaphysique et politique sont étroitement liées. Cette activité d'opposition était aux yeux d'Alain à ce point fondamentale, qu'il lui consacra un livre entier, les *Entretiens au bord de la mer*, ouvrage difficile à propos duquel il dira rétrospectivement y avoir mis tout ce qu'il savait de l'Univers[3].

LES *ENTRETIENS AU BORD DE LA MER* : UN MANIFESTE POUR UNE PHILOSOPHIE D'ENTENDEMENT

En 1952, lorsque l'Inspecteur général Canguilhem se fait un devoir de rappeler à la communauté philosophique qu'« Alain est un vrai philosophe », il confie fonder sa « conviction sur l'existence de ces quatre

Or, « l'analyse réflexive » révèle au contraire que cette sensation est le résultat d'un jugement : « ce que Maine de Biran n'a pas aperçu, c'est que cette connaissance ne saurait être appelée sensation. Nous ne nous sentons pas actifs ; nous nous jugeons tels » (p. 193).

1. G. Canguilhem, « Vingt ans après... », *op. cit.*, p. 173.

2. G. Canguilhem, « Essais. Pacifisme et révolution », dans *Libres Propos* (mars 1933) ; repris dans *Œuvres complètes*, tome 1, *op. cit.*, p. 450-453, p. 452.

3. Alain, *Histoire de mes pensées*, Paris, Gallimard, 1936, p. 261.

ouvrages : *Le Système des Beaux-Arts*, *Les Idées et les Ages*, les *Entretiens au bord de la mer*, *Les Dieux* »[1]. Et comme nous l'annoncions ci-dessus, parmi *ces « quatre œuvres magistrales »* qui méritent à elles seules que Canguilhem sorte de sa réserve pour redorer le blason quelque peu terni du maître, les *Entretiens au bord de la mer* ont expressément pour objet l'activité de l'esprit. Ceux-ci ont effectivement pour sous-titre *Recherche de l'entendement*, faculté que Kant identifiait à l'activité même de synthèse :

> Aussi l'unité synthétique de l'aperception est-elle le point le plus élevé auquel on doit rattacher tout usage de l'entendement… mieux : ce pouvoir est l'entendement même[2].

D'un point de vue général, les *Entretiens* s'attachent à restituer l'entendement comme fonction la plus haute de l'esprit. Nous disons « restituer », car la faculté des concepts était malmenée à l'époque par les philosophies de l'immédiat, le bergsonisme en particulier, qui reléguaient celle-ci au rang de « maigre entendement »[3]. Or, nous avons vu précédemment qu'Alain a toujours refusé la critique que Bergson adresse à l'intelligence ; et à ce titre, son enseignement a probablement joué pour beaucoup dans l'hostilité féroce du jeune Canguilhem pour le bergsonisme[4]. Parce que la théorie de la connaissance n'est jamais neutre au plan moral, Alain voyait dans l'immédiateté défendue par Bergson une invitation à l'immobilisme tant pratique que politique dans la mesure où, une fois l'entendement neutralisé, nous serions condamnés à l'acceptation du fait établi. C'est que, par entendement, Alain entend ce pouvoir de l'esprit par lequel l'expérience que nous *avons* est toujours, pour partie, l'expérience que nous *faisons*. Ainsi que l'a montré Lagneau, même au niveau infime de l'expérience perceptive, *nous sommes déjà engagés* dans le monde : nous y introduisons l'ordre de l'esprit. Autrement dit, nous ne subissons pas passivement l'environnement qui nous entoure, puisque nous contribuons

1. G. Canguilhem, « Réflexions sur la création artistique selon Alain », *op. cit.*, p. 188.
2. E. Kant, *Critique de la Raison pure*, *op. cit.*, B 134, p. 199, note. Le § 17 qui suit cette note en développera davantage l'idée directrice. *Cf.* § 17, *Le principe de l'unité synthétique de l'aperception est le principe suprême de tout l'usage de l'entendement* B 136, p. 201.
3. Alain, *Entretiens au bord de la mer. Recherche de l'entendement*, dans *Les Passions et la Sagesse*, *op. cit.*, p. 1263-1373, p. 1309.
4. Voir G. Canguilhem, « La Philosophie d'Hermann Keyserling », sous le pseudonyme de C. G. Bernard, *Libres Propos* (20 mars 1927); repris dans *Œuvres complètes*, tome 1, *op. cit.*, p. 155-159. Et surtout le compte rendu enflammé du livre de G. Politzer, « *La Fin d'une parade philosophique. Le bergsonisme* », *Libres Propos (Journal d'Alain)* (20 avril 1929) ; repris dans *Œuvres complètes*, tome 1, *op. cit.*, p. 221-228.

pour partie à sa constitution. Et dans la mesure où théorie de la connaissance et morale sont pour Alain indissociables, il ne lui en faut guère davantage pour voir dans la dichotomie monde/esprit, le signe d'une vie toujours à faire. Les choses ne contrôlent en rien notre destinée. C'est à nous que revient la lourde tâche d'être un esprit qui, en tant que tel, a le droit de regard sur un avenir incertain dont il a la charge : « La morale [écrit Alain] consiste à se savoir esprit et, à ce titre, obligé absolument car noblesse oblige »[1]. Aussi, ne doit-on pas s'étonner que l'exemplaire – aujourd'hui conservé au Caphès[2] – des *Entretiens* qu'Alain avait offert au jeune Canguilhem porte la dédicace toute kantienne : « Pour GC, *non datur fatum*… Alain. 29 janvier 1931 » – dans la première *Critique*, Kant avance effectivement qu'« aucune nécessité intervenant dans la nature n'est une nécessité aveugle, mais c'est toujours une nécessité conditionnée, par conséquent intelligible (*non datur fatum*) »[3] qui s'offre à nous.

En tant que « *Recherche de l'entendement* », les *Entretiens* ont pour enjeu de montrer que l'esprit n'est pas une chose, mais une puissance de valorisation et de mise en forme. Or, comment manifester une telle nature, si ce n'est en montrant l'esprit dans son exercice réel, à savoir appliqué au sensible ? C'est pourquoi Alain place au cœur de ce dialogue poétique, le personnage d'un vieux peintre qui, devant sa toile, recompose chaque jour le monde. Le philosophe joue en effet sur l'analogie entre d'un côté, le dessein s'accomplissant petit à petit sur le chevalet, et de l'autre, ce que son maître Lagneau nommait « l'aurore de l'esprit »[4], c'est-à-dire l'activité par laquelle l'esprit, chaque matin au réveil, fait et refait inlassablement le monde.

Et pour rendre plus sensible encore à l'intuition cette « cosmogonie permanente », Alain situe ces entretiens au bord de l'océan : de tous les objets de notre perception du monde extérieur, l'océan est en effet celui qui manifeste sans doute le plus l'activité de mise en forme de l'esprit. Car

1. Alain, *Lettres à Sergio Solmi sur la philosophie de Kant* (1946), édition électronique disponible sur le site de l'Université du Québec à Chicoutimi (http : //classiques.uqac.ca); p. 12.

2. Situé dans les locaux de l'École Normale Supérieure (Ulm) de Paris, le Centre d'Archives de Philosophie, d'Histoire et d'Édition des Sciences conserve la bibliothèque ainsi que les archives personnelles de Canguilhem.

3. E. Kant, *Critique de la Raison pure*, *op. cit.*, *Analytique des principes*, *Postulats de la pensée empirique*, *Réfutation de l'idéalisme*, A 228/B 280, p. 286.

4. Alain, *Souvenirs concernant Jules Lagneau*, *op. cit.*, p. 744. Se remémorant le cours sur la perception de Lagneau, Alain écrit : « En cette classe, comme sur ce visage architectural, c'était toujours matin ».

contrairement à la terre, « métaphysicienne »[1] en ce qu'elle nous fait croire que les formes sont des choses subsistant par elles-mêmes, sans aucune activité de la part de l'esprit – ne serait-ce que par les constructions de l'homme –, l'océan ramène au contraire l'esprit à son essence, à savoir une activité de mise en forme :

> Mais plutôt assurons-nous en notre siège ionien, les yeux sur la mer. Car ici les formes nous assurent qu'elles ne sont point ; il n'y a évidemment pas une vague à côté d'une autre ; au contraire toute la mer ne cesse d'exprimer que les formes sont fausses … Bien clairement cette nature fluide refuse toutes nos idées; ou plutôt elle nous en refuse cette trompeuse image, redoutable même au géomètre. Un fleuve est encore trop lui-même, et le même en son apparence, pour nous renvoyer notre pure pensée; et j'ai souvent dit que l'océan était l'objet de choix pour l'entendement, et meilleur encore qu'une mer sans marée. Briseur d'idoles. Ainsi nos idées se séparent de la chose, et restent en nos mains comme des outils[2].

L'analyse réflexive de la perception de l'océan garde l'esprit de l'illusion qui laisse croire que les formes relèveraient des choses et non de la pensée. En redistribuant l'aspect de l'eau selon une configuration toujours nouvelle, le mouvement des vagues empêche l'esprit d'arrêter l'océan sur une forme particulière; à peine a-t-il achevé son travail de mise en forme, qu'il lui faut déjà se remettre en activité, et recomposer l'image que les vagues viennent de défaire. Toujours autre, l'océan refuse avec une implacable rigueur les idées que nous lui appliquons : elles « restent en nos mains comme des outils ». C'est pourquoi Alain fait de l'expérience perceptive de l'océan une occasion privilégiée pour renvoyer l'esprit à sa propre nature, à savoir une activité de mise en forme.

A propos des *Entretiens au bord de la mer*, Florence Khodoss a écrit qu'il s'agissait là du « poème de la critique »[3] : tout l'enjeu de l'ouvrage consiste effectivement à retrouver à l'œuvre, dans le sensible, les formes abstraites de Kant. Nous avons vu précédemment ce que le jeune Chartier avait retenu de l'idéalisme transcendantal sur le terrain de la perception; mais il s'agissait-là d'un point d'appui pour une réflexion qui s'étend bien au-delà de l'expérience perceptive. Toute sa vie durant, Alain n'a cessé de tirer les conséquences de la philosophie critique sur divers plans de l'expérience humaine. En 1936, il déclare dans son *Histoire de mes*

1. Alain, *Entretiens au bord de la mer*, *op. cit.*, p. 1267.

2. *Ibid.*, p. 1267-1268.

3. F. Khodoss, « Le poème de la critique », commentaire des « Entretiens au bord de la mer », *Revue de Métaphysique et de morale*, avril-juin 1952, p. 215-242.

pensées : « Kant est le maître et béni soit-il. Béni soit le désert de Kant. C'est là qu'on apprend la probité de l'esprit et il faut l'apprendre encore et encore »[1]. Néanmoins, il aura fallu 1946 pour qu'Alain consente à publier, à l'âge de 78 ans, une étude explicitement consacrée à Kant – les *Lettres à Sergio Solmi sur la philosophie de Kant*[2]. Doit-on alors conclure qu'Alain cherchait à cacher son patrimoine kantien ? Certainement pas. Son admiration pour Kant n'était un mystère pour personne ; et surtout pas pour ses élèves. Dans le compte rendu enthousiaste du pamphlet de Politzer que le jeune Canguilhem rédigea en 1929 pour les *Libres Propos*, le disciple témoigne en ces termes du « style de pensée » qui unit ses maîtres (Lagneau et Alain) à Kant :

> La psychologie classique part de la réalité du fait psychologique. Elle ne le peut qu'en posant ces faits comme des choses… Arouet [pseudo de Politzer], nourri de Kant, n'a peut-être pas lu Lagneau et Alain. Mais il n'importe. Les voies sont multiples[3].

Sous entendu : « les voies sont multiples » pour arriver à concevoir correctement la nature de la pensée. A savoir que l'esprit n'est pas une chose, une substance pensante, mais une activité d'ordination et de valorisation. C'est ce qu'a révélé comme on l'a vu l'analyse kantienne du *je pense* comme *unité originairement synthétique de l'aperception.* En rapprochant le concept (unité d'une règle) de la conscience (acte d'unification selon des règles), l'*Analytique transcendantale* a bouleversé l'histoire de la philosophie : le concept, qui était jusqu'alors considéré comme une réalité indépendante de l'esprit, devient avec Kant l'activité même de synthèse, voire l'activité du sujet, puisque ce que Kant entend par *sujet transcendantal*, n'est rien d'autre que cette activité de synthèse.

LE CHOC DE L'EXISTENCE

Mais, et il s'agit-là d'une des thèses fortes des *Entretiens*, l'esprit ne peut se saisir comme activité que dans la rencontre d'une altérité radicalement étrangère. On retrouve ici une marque de fabrique du style réflexif en philosophie. Face à l'océan, l'esprit est pour ainsi dire au pied du mur : l'immensité chaotique de la mer qui s'agite ramène celui-ci à sa propre

1. Alain, *Histoire de mes pensées*, *op. cit.*, p. 247.
2. Alain, *Lettres à Sergio Solmi sur la philosophie de Kant*, *op. cit.*
3. G. Canguilhem, « La Fin d'une parade philosophique. Le bergsonisme », *op. cit.*, p. 223.

nature, qui n'est qu'activité de mise en forme. Contrairement aux objets terrestres – une maison, une montagne – qui donnent l'illusion d'une permanence des formes, le va-et-vient des vagues fait et défait sans cesse l'aspect de l'eau; et c'est inlassablement que l'esprit doit reprendre son activité de mise en forme, et ainsi instaurer la régularité de la pensée dans ce monde sans ordre ni mesure. Or, ce qu'Alain souligne en introduisant dans son argumentation le thème de l'existence, c'est que l'esprit n'a pas provoqué cette immensité chaotique à laquelle il fait face. En un sens, il est toujours déjà engagé dans une rencontre qu'il n'a pas voulu. Cependant, c'est dans cette rencontre d'altérité que l'esprit se révélera à lui-même, qu'il se saisira comme activité de synthèse. Que l'existence soit une épreuve révélatrice, Canguilhem s'en souviendra lorsqu'il transposera cette « philosophie de l'opposition » sur le plan vital. Ainsi que le note Jean-François Braunstein,

> ce n'est que face à la résistance d'un obstacle que la vie peut se manifester [pour Canguilhem] comme « invention d'organes », nouveauté radicale. En ce sens la médecine est bien l'art exemplaire, qui permet de prendre conscience de la finitude, mais néanmoins de la combattre [1].

Selon Alain, l'existence est le garde-fou de l'idéalisme absolu. Certes l'esprit contribue à la constitution de l'objet; mais cette contribution est partielle dans la mesure où la synthèse objective fait intervenir, à titre de condition de possibilité, une matière sur laquelle il applique ses formes. Et l'existence n'est rien d'autre que la rencontre de l'esprit avec une matière radicalement étrangère à la rationalité. C'est pourquoi Alain affirme : « Jamais l'existence d'une chose ne se définit par la nature ou l'essence de cette chose, mais toujours, au contraire, par des conditions étrangères. »[2] Nous mesurons ici encore l'héritage kantien d'Alain. Que l'existence relève de l'expérience et non du concept, de l'épreuve et non de la preuve, c'est ce qu'Alain a retenu de la critique kantienne de l'argument ontologique :

> L'existence ne peut naître d'un raisonnement. Le bord de notre esprit, le flot battant, cela ne peut être que donné et reçu par une autre voie, qui est

1. J.-F. Braunstein, « Canguilhem, Comte et le positivisme », dans F. Bing, J.-F. Braunstein, E. Roudinesco (éd.), *Actualité de Georges Canguilhem. Le normal et le pathologique*, Actes du Xe Colloque de la Société internationale d'histoire de la psychiatrie et de psychanalyse, Paris, Les empêcheurs de penser en rond, 1998, p. 95-120, p. 119-120.

2. *Ibid.*, p. 1346.

> l'expérience même. Et Kant a dit cela aussi, sommairement, mais assez. Pardonnez ce mouvement d'avoir voulu dépasser un maître [1].

Dans la première *Critique*, Kant affirme « sommairement » que l'« Être n'est à l'évidence pas un prédicat réel »[2]. Si l'existence n'est pas un concept, c'est que celle-ci ne peut être établie sur la base d'un raisonnement logique; elle est uniquement objet de rencontre sur le plan de l'expérience. Comme l'illustre Kant avec son exemple fameux des « cent thalers », le concept d'un objet possible est *analytiquement* identique à celui d'un objet réel. Et pour attribuer l'existence à l'objet possible, il faut sortir du cadre conceptuel et se tourner vers l'expérience. Aussi, le jugement d'existence est-il nécessairement un jugement synthétique *a posteriori* : « Quel que soit ce que notre concept puisse bien contenir, et de quelque ampleur que soit ce contenu, il nous faut pourtant sortir du concept pour attribuer à ce qu'il contient l'existence »[3]. Et cette « sortie » vers l'expérience consiste dans l'articulation des formes de l'entendement avec la matière fournie par la sensibilité. Que le concept précède la perception, cela signifie simplement pour Kant « que la chose est possible, tandis que la perception qui fournit au concept la matière est le seul caractère de la réalité »[4]. C'est-là ce qu'explicite moins « sommairement » le deuxième postulat de la pensée empirique, d'après lequel n'est réel que « ce qui est cohérent avec les conditions matérielles de l'expérience »[5], à savoir la sensation. A la différence de *l'intellectus achetypus*, l'esprit humain ne peut à lui seul produire l'existence; celle-ci ne relève pas d'un raisonnement, mais d'une rencontre dans le champ de l'expérience qui fournit à la sensation une matière. C'est pourquoi le réel ne peut jamais être simplement conçu : à titre de condition de possibilité, il « requiert une perception, par conséquent une sensation dont on a conscience… Dans le simple concept d'une chose ne saurait être trouvé nul caractère de son existence »[6]. Autrement dit, le réel requiert que l'esprit sorte du règne conceptuel pour s'aventurer sur un terrain qu'il ne maîtrise pas : celui de l'expérience.

Cette aventure ne va pas selon Alain sans quelques violences exercées à l'encontre de l'esprit. Celui-ci étant essentiellement ordre et mesure, il ne peut effectivement qu'entrer en conflit avec une existence qui n'est que

1. Alain, *Entretiens au bord de la mer*, *op. cit.*, p. 1358-1359.
2. E. Kant, *Critique de la Raison pure*, *op. cit.*, A 598/B 626, p. 533.
3. *Ibid.*, p. 535.
4. *Ibid.*, p. 204.
5. *Ibid.*, p. 277.
6. *Ibid.*, p. 281.

« pur désordre ». Le règne de l'esprit, c'est le règne de l'inhérence ; le règne de l'existence, c'est le règne de l'inertie : rien n'y arrive jamais que par rencontre. L'existence est donc par nature opposée à l'essence[1], et par conséquent à l'esprit, siège de toutes les formes. « L'ordre de l'existence est exactement ce qui n'a point de raisons »[2] écrit Alain ; et les *Entretiens* illustrent cela par la rencontre improbable entre la toile du vieux peintre et une puce de mer venue par hasard s'y poser :

> Les puces de mer faisaient leurs sauts tournants. L'une d'elles s'était posée sur la toile encore fraîche et emporta sur sa tête un petit morceau de ciel. Que faisait là cette huile et cette pâte colorée ? Quelles suites étranges ! Le lin fleurissant, la graine broyée, le moulin à broyer ; le chimiste et ses oxydes ; la boîte, les pinceaux, le menuisier, l'arbre ; le peintre, le projet, le chemin de fer ; la maison et le maçon ; il ne fallait qu'une différence en ces travaux innombrables, sans compter les voyages aventureux des puces de mer, le marée et le reste, pour que ce petit crustacé n'eût point sur la tête cet étrange chapeau bleu[3].

Que la rencontre de la puce de mer et de la toile du peintre ne puisse être anticipée par concept, cela tient à l'impossibilité pour Alain d'enfermer l'existence dans un système clos – tel le raisonnement. Après coup, une rencontre peut certes sembler nécessaire à celui qui retrace *a posteriori*, dans la pensée, la chaîne des rencontres de rencontre à l'origine de l'évènement. Toutefois, Alain précise qu'il s'agit là d'un « imprudent abrégé », en ce qu'il substitue à l'indéfini de l'univers réel, l'idée d'un univers fini :

> Tout dans l'événement est selon les lois, mais les lois n'expliquent pas l'événement ; bien plutôt elles le font paraître, inexplicable par l'essence, et tout accident, comme il est[4].

Bien que non explicite, on devine ici une thèse défendue par Cournot : le hasard relève moins de l'ignorance des causes comme l'affirmait Laplace,

1. L'opposition faite par Alain entre essence et existence n'avait pas échappé à Canguilhem. Dans son article de 1952 pour la *Revue de Métaphysique et de Morale*, il relève que le point commun entre Bergson et Alain tient à ce que « Ces deux philosophes (…) ont, chacun à sa manière, construit leur théorie de l'activité artistique sur ce principe que, dans l'œuvre d'art, aucune sorte d'essence ne précède l'existence ». Canguilhem se fonde ici sur le *Système des Beaux-Arts*, dans lequel Alain défend l'idée qu'« aucune conception n'est œuvre, aucune rêverie n'est œuvre, aucun possible n'est beau ». Pour être belle, l'œuvre possible doit nécessairement passer par cette épreuve du feu qu'est l'existence. *Cf.* G. Canguilhem, « Réflexions sur la création artistique selon Alain », *op. cit.*, p. 174.

2. Alain, *Entretiens au bord de la mer*, *op. cit.*, p. 1346.

3. *Ibid.*, p. 1310.

4. *Ibid.*, p. 1337.

que d'une « rencontre de deux séries causales indépendantes ». La rencontre de la puce de mer et de la toile est bien représentable par la loi d'extériorité qui nous fait remonter de cause en cause. Mais la représentation que nous nous faisons de la chaîne causale ne peut être achevée par représentation. La détermination de la rencontre se perd dans l'indéfini – ce qui fait le propre de la rencontre –, et c'est en ce sens que l'existence échappe au raisonnement. L'idée d'un univers ou d'un système clos est donc une simple vue de l'esprit, d'autant plus pernicieuse qu'elle fige à l'instant *t*, dans un réseau de causes et d'effets, une existence déjà autre par extériorité au moment où l'esprit tente de la saisir :

> Simplement une chose pousse, elle-même poussée ; une existence en suppose une autre et une autre et, il n'y a point d'et cætera pour l'entendement. Les conditions autour ne perdent point d'importance à mesure qu'on s'éloigne, si ce n'est aux yeux du praticien obtus. L'existence toujours suppose l'existence, hors d'elle et autre ; et voilà l'existence [1].

En d'autres termes, Alain exclut la possibilité d'assigner des conditions aux limites à l'existence. C'est là le message que tente de faire passer le peintre des *Entretiens* :

> L'Univers, reprit le vieillard, n'est point clos [...]. L'univers quel qu'il soit n'est pas seulement lui, mais encore autre chose ; il n'est jamais ceci ou cela ; il n'est pas achevé, il n'est pas fini ; l'existence de n'importe quoi, grand ou petit, consiste en cela même qu'elle est extérieure absolument, ou bien que l'être est insuffisant absolument ; que l'existence, par la notion même, le déborde, comme l'espace toujours autour de nos figures et au-delà des limites, par la notion même de limite. Or, cette position de l'entendement, qui toujours regarde autour de l'objet et encore autour, faisons-y grande attention [2].

Parce que les séries de rencontres ne cessent de redessiner l'univers selon des configurations toujours nouvelles, l'esprit doit veiller à ne jamais s'endormir sur ses lauriers, et décréter qu'une idée puisse coller une fois pour toute au réel. Ce serait verser dans la paresse ; or, « quel est donc l'objet qui tient un seul moment devant le regard paresseux ? » [3] demande Alain à la suite de Lagneau. C'est l'activité de l'esprit qui fait tenir l'objet ; aussi l'esprit doit-il se tenir attentif aux multiples interpellations d'un univers toujours changeant : celui-ci retravaille effectivement en

1. Alain, *Entretiens au bord de la mer*, *op. cit.*, p. 1327-1328.
2. *Ibid.*
3. Alain, *Souvenirs concernant Jules Lagneau*, *op. cit.*, p. 747.

permanence nos catégories de pensée. En toute rigueur, l'idée d'une chose à l'instant t_1 devrait déjà être réajustée à l'instant t_2 si elle veut coller au réel. L'histoire n'attend pas, et nous sommes toujours déjà pris dans le flux de l'existence. C'est pourquoi Alain affirme qu'aucune idée ne peut servir deux fois. L'objet étant toujours nouveau, l'idée doit en conséquence être elle aussi toujours nouvelle. Il faut l'adapter aux apparences qui ne sont jamais ce qu'elles ont été :

> Une idée ne peut servir deux fois. Quelque brillante qu'elle soit, il faut dans la suite l'appliquer, c'est-à-dire la déformer, la changer, l'approcher d'une nouvelle chose, la conformer à une nouvelle chose. Toujours chercher, donc, et ne jamais réciter [1].

Une fois de plus, on voit combien morale et théorie de la connaissance sont intimement liées pour Alain. Parce que l'existence est toujours autre que ce qu'elle est, c'est un *devoir* pour l'esprit que de remettre perpétuellement en chantier les idées qu'il a pu forger jusqu'à présent. C'est là la contrepartie du fait que l'expérience ne relève en rien du raisonnement. En tant qu'altérité, l'expérience constitue au contraire une épreuve du feu pour le concept, en ce qu'elle le malmène, le tord, en déplaçant sans cesse les idées que nous nous faisons à son égard. Le concept est par conséquent très loin d'épuiser la totalité de l'existence : il n'est jamais qu'une image du monde à l'instant t_1, qui se trouve déjà dépassée à l'instant t_2. Ceci explique qu'il faille pour Alain « toujours chercher… et ne jamais réciter » : parce que la logique de l'expérience n'est pas la logique du raisonnement, l'idée appliquée ne correspondra jamais à l'idée dans l'esprit. L'existence n'est effectivement pas un système clos; et l'histoire est par conséquent toujours en train de s'écrire de façon inédite. C'est pourquoi toute idée demande nécessairement à être réajustée : « Il n'y a point d'et cætera pour l'entendement » [2]. Entre l'existence et le concept, il y a nécessairement une course-poursuite.

Ici encore, il est plausible qu'Alain s'inspire de Kant. L'affirmation selon laquelle il ne peut y avoir de point final pour l'entendement fait effectivement écho à la « loi transcendantale de la spécification », telle que l'expose *l'Appendice à la dialectique transcendantale*. La loi de la spécification est invoquée à titre transcendantal pour garantir la progression infinie de la connaissance vers les spécificités. A travers l'image

1. Alain, *Vigiles de l'esprit* (1942), édition électronique disponible sur le site de l'Université du Québec à Chicoutimi (http ://classiques.uqac.ca), p. 123.

2. Alain, *Entretiens au bord de la mer*, *op. cit.*, p. 1327.

d'« *horizon logique* » qui se décompose en horizons de moindre envergure, Kant soutient la thèse que les catégories générales d'espèce et de genre réclament, à titre de conditions de possibilité, des concepts plus spécifiques sur lesquels elles reposent. C'est pourquoi, dans cette section de la *Critique* intitulée « *De l'usage régulateur des idées de la Raison pure* », Kant érige en *Idée* régulatrice la loi de la spécification : celle-ci interdit en effet à l'entendement de s'en tenir à la généralité de l'espèce, et lui impose au contraire de

> rechercher, sous chaque espèce, se présentant à nous, des sous-espèces, et pour chaque variété, des variétés plus restreintes... La connaissance des phénomènes dans leur détermination complète [...] requiert une spécification sans cesse poursuivie de ses concepts et une progression vers des variétés qui demeurent encore et toujours présentes, mais dont il a été fait abstraction dans le concept de l'espèce, et plus encore dans celui de genre [1].

Très concrètement, cette loi de la spécification interdit à l'entendement de tomber dans la généralisation abusive : ce n'est pas parce que nous avons correctement saisi l'essence d'un phénomène particulier, que nous pouvons décréter connaître tous les phénomènes relevant de la même espèce. Il n'y a pas de « modèle unique » pour l'entendement. Cela reviendrait effectivement à neutraliser la dimension historique de l'expérience. Or, les rencontres de séries indépendantes diversifient indéfiniment les objets que nous rencontrons dans l'expérience ; et l'entendement ne doit pas démissionner devant la tâche d'aller toujours plus loin dans cette quête infinie de spécificités. C'est en ce sens qu'une idée ne peut servir deux fois : parce que l'expérience est toujours une épreuve pour le concept, l'esprit doit continûment remettre en chantier les idées qu'il vient de forger.

Cela n'est pas sans conséquence du point de vue de l'agir. Parce que, comme l'a dit Pascal, « nous sommes embarqués » [2] dans le flux d'une existence qui n'a rien d'un système clos, « qui délibère et décide, celui-là ne fait rien au monde. Agir est d'autre sorte, car tout est commencé et le monde n'attend pas » [3]. Mais il ne s'agit en rien d'un appel d'Alain au fatalisme : ce n'est pas parce que nous sommes pris dans le flux continu de l'existence, que nous nous y noyons nécessairement. Bien au contraire. « L'homme est au monde » [4] écrit Alain, en ce sens qu'il n'est pas seulement esprit, mais aussi corps. Et à ce titre, il est partie intégrante de cette gigantesque

1. E. Kant, *Critique de la Raison pure*, *op. cit.*, A 656/B 684, p. 568.
2. Alain, *Entretiens au bord de la mer*, *op. cit.*, p. 1356.
3. *Ibid.*, p. 1356-1357.
4. *Ibid.*, p. 1357.

« existence » indivisible. Par son corps, l'homme est lui aussi un élément de ces inanticipables rencontres qui font l'existence. Il peut donc jouer sur la forme que prennent ces rencontres : « Être un corps, avoir droit de choc, c'est le départ de la puissance; et nos moyens sont tous en mouvement et déjà à l'œuvre »[1].

Le travail, paradigme de l'activité humaine

C'est à ce niveau des *Entretiens*, là où l'homme comprend que par son corps, il a « droit de choc » sur les rencontres de séries causales, qu'Alain esquisse sa conception de la liberté. Car il en va selon lui de la liberté comme de l'existence : toutes deux relèvent de l'expérience, de l'épreuve et non de la preuve. Tant que nous nous en tenons à la simple contemplation de l'être, la liberté reste pour nous un mot vide. Ce n'est donc pas sur le terrain de la pensée que se joue d'abord pour Alain le destin de la liberté; c'est sur le terrain de l'activité industrieuse. Le travail n'est pas autre chose que la concrétisation de notre « droit de choc » sur cet immense réseau de séries causales que constitue l'existence. Alain considère le travail comme le seul moyen effectif dont nous disposons pour s'affranchir, à chaque instant, du « pur désordre » de l'existence : « j'entends l'action toujours, car je ne sais ce qu'est vouloir sans faire »[2]. Et ainsi que le note F. Khodoss dans son étude consacrée aux *Entretiens*, « l'action humaine est (pour Alain) premièrement et principalement travail; aventure aussi, certes… mais, en toute action, le détail, l'irremplaçable détail, finit par être un travail »[3].

La tentative de conciliation opérée par Alain entre liberté et expérience empirique – « l'incommensurable abîme » (*unübersehbare Kluft*) de la troisième *Critique* – est ici encore toute kantienne. L'homme ne peut se *connaître* libre, il peut seulement se *vouloir* libre : c'est là la leçon qu'Alain a retenue de la *troisième antinomie* concernant la liberté, que Kant résout en invoquant le double caractère de l'être humain. L'homme est tout autant noumène que phénomène : il est une dualité, ou, comme le dira Foucault, un « doublet empirico-transcendantal ». En tant que nature, il est un objet de connaissance pour l'entendement, qui tente de l'expliquer par les causes,

1. *Ibid.* A travers l'idée de « droit de choc », Alain retrouve ici une position défendue par Lagneau à la suite de Maine de Biran : « Un être pensant qui serait isolé du monde extérieur ne saurait se connaître comme actif. Se connaître comme actif, c'est recevoir le contrecoup de son action dans un monde qui lui est extérieur ». *Cf.* J. Lagneau, *Célèbres leçons*, *op. cit.*, p. 193.

2. Alain, *Entretiens au bord de la mer*, *op. cit.*, p. 1361.

3. F. Khodoss, « Le poème de la critique », *op. cit.*, p. 237.

par l'extérieur (« le milieu, la race, le moment » dirait Taine). Ceci explique qu'il puisse y avoir quelque chose comme des sciences humaines. Mais, et c'est là le point qu'Alain a retenu de la posture réflexive de Kant, l'erreur de ces « sciences » réside en ce qu'elles oublient qu'elles sont constituées par l'entendement. L'activité scientifique est le produit d'un choix qui lui échappe. Rendre compte de la science, cela implique par conséquent un examen du choix qui a donné naissance à la science. Cet examen, c'est l'analyse réflexive de la pensée : son enjeu est de révéler les jugements de valeur qui sont à la racine de toute activité humaine, que celle-ci soit scientifique, politique ou esthétique. Il y a là un argument transcendantal. En tant que principe constitutif des sciences, l'entendement ne peut pas lui-même être un objet de science. Toute représentation étant pour lui et par lui, il échappe donc à la représentation. Alain transfert ici à l'entendement les caractéristiques que Kant reconnaissait à la Raison, à savoir qu'elle est une faculté essentiellement « déterminante... mais non point déterminable »[1]. La conséquence de tout cela est bien connue. La perspective kantienne admet non pas un, mais deux « moi » : le sujet empirique, moi objet, soumis à causalité; et le sujet transcendantal, activité de synthèse, condition de possibilité de la science, et par conséquent hors-science. Et pour Alain, c'est cet entendement hors-science qui peut seul se représenter la liberté; mais par là même il n'est pas représentable. C'est pourquoi nous ne pouvons nous connaître libres; nous pouvons seulement nous résoudre à l'être.

Gardons en tête cette conception de la liberté, et reprenons maintenant le fil de l'argumentation des *Entretiens*. Préfigurant des thèmes qui feront le succès de l'existentialisme une quinzaine d'années plus tard, Alain affirme : « l'homme est au monde; il n'a pas à s'y faire une place; il y est; il y nage »[2]. Bien que formulé de manière ambiguë, le message est simple : l'homme ne choisit pas de venir à l'existence, celle-ci lui est imposée. C'est en ce sens qu'il faut comprendre l'injonction d'Alain selon laquelle l'homme n'a pas à se faire une place au monde. Qu'il le veuille ou qu'il ne le veuille pas, il y est. Mais cela n'implique aucunement qu'il soit condamné à suivre, impuissant, le cours des choses. Cela reviendrait à verser dans « l'adoration du fait » tant décriée par Lagneau. Du fait que l'homme n'a pas à se faire une place au sein de l'existence, ne découle aucunement le fait que tout lui soit dû, et qu'il n'aurait en somme qu'à se laisser porter par les évènements. Il n'y a pas de *vies toutes faites*; il n'y a que des *vies à faire*.

1. E. Kant, *Critique de la Raison pure*, *op. cit.*, A 556/B 584, p. 509.
2. Alain, *Entretiens au bord de la mer*, *op. cit.*, p. 1357.

Qu'on le veuille ou non, nous sommes en effet toujours déjà engagés dans la constitution de notre destin ; c'est là le seul fait à concéder. Une fois livré à l'existence, l'homme est condamné à exercer son « droit de choc » : « Ulysse, tout en nageant, écoutait le ressac et regardait du haut de la vague ; et son cadavre encore aurait divisé les eaux »[1]. Car exister, c'est être engagé. Cet engagement transparaît selon Alain dans les multiples débats auxquels nous nous livrons quotidiennement avec le milieu qui nous entoure. Notre corps est effectivement toujours pris dans des rencontres de séries causales : il en est lui-même un maillon. Parce que nous sommes tout autant corps qu'esprit, nous pouvons agir par nos gestes sur la forme que prennent les rencontres de l'existence. C'est là notre « droit de choc ». Celui-ci est d'autant plus manifeste dans l'activité industrieuse, par laquelle nous pesons sur les autres existants qui pèsent sur nous. Selon Alain, la technique humaine n'est rien d'autre que l'exploitation de cette étroite marge de liberté. Étroite, car toute activité peut toujours être empêchée – pensons aux multiples échecs et aux accidents parfois fatals – mais marge de liberté quand même, car là où il se trouve, « libre à son poste » dit Alain, l'homme peut agir « en un point de cette chaîne des travaux humains, soutenu de provisions et d'outils, aidé et aidant »[2]. Canguilhem tiendra cette liaison du travail et de la liberté comme une des idées philosophiques majeures d'Alain. Dans son hommage de 1952, il écrit :

> Ce que l'homme ajoute à la nature, c'est le travail. L'imagination cesse, avec Alain, d'être un spectacle pour devenir un procès laborieux... cette dernière idée est de style hégélien, plus encore que d'origine hégélienne, car le plus beau est qu'Alain l'ait formée avant d'avoir lu attentivement Hegel[3].

Si la liaison travail-liberté est chez Alain « *de style hégélien, plus encore que d'origine hégélienne* », cela tient à ce que Hegel affirme que le travail est certes libérateur, mais pour l'esclave uniquement. Dans les *Entretiens*, Alain universalise le point de vue de l'esclave en liant, sans restriction, travail et libération.

Nous touchons là à un aspect fondamental de la pensée d'Alain ; aspect d'autant plus important qu'il marqua profondément la philosophie des normes et de la santé de Canguilhem. A travers l'analyse du style réflexif appliqué à la perception, nous avons vu en quoi l'esprit était toujours déjà

1. *Ibid.*, p. 1357.
2. Alain, *Entretiens au bord de la mer*, *op. cit.*, p. 1360-1361.
3. G. Canguilhem, « Réflexions sur la création artistique selon Alain », *op. cit.*, p. 180.

engagé dans une activité de mise en forme d'un monde sans ordre ni mesure; nous venons de voir ci-dessus en quoi le corps était lui aussi toujours déjà engagé dans une activité d'opposition, à savoir le travail, au moyen de laquelle il se libère des existants qui l'entourent – autrement dit le monde. De là la conclusion suivante : si tant au niveau de l'esprit (perception) que du corps (travail), le monde est ce qui résiste à l'homme, cela signifie que la condition de possibilité de notre pensée et de notre action réside dans cette résistance même. « Être au monde » pour Alain, c'est être toujours déjà contre le monde : « Tout est pour vous lutte, débat et conquête »[1] lance-t-il à ses élèves dans le discours, déjà cité, des *Marchands de sommeil*. Leçon qu'ont apparemment retenue ses disciples si l'on se reporte à la manière dont Canguilhem pose, cinquante ans plus tard, le problème de l'être-au-monde de l'homme : « le conflit n'est pas entre la pensée et la vie dans l'homme, mais entre l'homme et le monde dans la conscience humaine de la vie »[2]. Canguilhem ne peut être plus clair : le rapport de l'homme au monde ne peut être que conflictuel et polémique. Nous sommes en proie au conflit. La raison d'être de ce conflit réside dans une certaine conception du vivant. Souvenons-nous ici de la définition canguilhemienne de la vie comme « activité d'opposition à l'inertie et à l'indifférence »[3] : nous pensons en effet qu'elle a été forgée pour partie dans le style de pensée philosophique qu'Alain a transmis au jeune Canguilhem. Il y a en effet un indéniable air de famille entre d'un côté, les thèses d'Alain sur la nature de la pensée, et de l'autre côté, les positions de Canguilhem concernant le vivant de l'autre. Pour le dire simplement, si Alain affirme sur la base d'une analyse réflexive que « penser, c'est dire non », Canguilhem soutient, en s'appuyant sur la médecine, que vivre c'est dire non. Et dans les deux cas, il s'agit de dire non au monde tel qu'il est, autrement dit aux faits, en lui opposant ce qui doit être, à savoir la valeur.

Ce rapport d'opposition permanente de l'esprit et du monde ne signifie toutefois pas qu'on puisse tenir l'un et l'autre séparément. Bien au contraire : esprit et monde sont intrinsèquement liés *dans* et *par* cette opposition de nature. A travers l'analyse réflexive de la perception, Lagneau avait montré que l'esprit porte le monde. Mais ce sur quoi Alain insiste plus que son maître ne l'avait fait, c'est que le monde porte tout

1. Alain, *Les marchands de sommeil*, *op. cit.*, p. 4.

2. G. Canguilhem, « La pensée et le vivant », dans *La connaissance de la vie*, *op. cit.*, p. 9-10.

3. G. Canguilhem, « Vingt ans après… », *op. cit.*, p. 173.

autant l'esprit. C'est cette même idée, d'ailleurs présente chez Comte, qu'il retrouvera tardivement chez Hegel. L'enjeu de le *Phénoménologie de l'esprit* ne consiste-t-il pas en effet à mettre au jour l'incessant passage de la conscience du monde à la conscience de soi, et inversement de la conscience de soi à la conscience du monde? Chez Hegel comme chez Alain, l'esprit porte tout autant le monde que le monde porte l'esprit. L'objet pensé renvoie toujours au sujet pensant et inversement. Fidèle ici encore à la manière dont Alain pratiquait l'exercice philosophique, c'est à la *Critique de la Raison pure* qu'il nous faut retourner. L'*Analytique transcendantale* a révélé que l'esprit n'a rien d'une substance, et qu'il est essentiellement activité donnant forme. Mais à ce titre, il ne peut pas s'atteindre par une intuition directe : en tant que condition de possibilité de la connaissance, il ne peut lui-même être l'objet d'une connaissance directe. C'est à ce niveau qu'Alain introduit la liaison monde/esprit : certes, l'esprit ne peut se saisir comme activité que par effet de miroir dans ses œuvres, c'est-à-dire ses pensées. L'enjeu de l'analyse réflexive dit Lagneau, consiste à « retrouver toute la pensée dans la moindre de nos pensées ». Or, remarque Alain, les pensées ont pour unique objet le monde. L'esprit ne peut en somme se penser que pensant lui-même quelque chose qui n'est pas lui. De l'opposition naît l'union.

Une chose est ici à préciser : union ne signifie pas fusion. Il n'y a pas chez Alain d'*Aufhebung* par laquelle nous dépasserions le rapport originellement polémique que nous entretenons avec le monde. L'argument est moral. Notre opposition aux faits ne *doit* pas être dissoute; car une telle dissolution conduirait tout droit à l'adoration du fait accompli et au fatalisme, « le vrai mal en ce monde »[1]. Politiquement, Alain a défendu jusqu'au bout une « paix sans aucune réserve »; mais au plan philosophique, il n'a cessé à l'inverse de déclarer la guerre au monde. La dualité esprit/monde doit être selon lui fermement maintenue : celle-ci est la condition de possibilité de la morale. La foi en l'esprit, et la résolution d'être libre, ont exactement le même sens pour Alain. Parce qu'il n'est pas une chose, l'esprit échappe au déterminisme des lois causales de l'existence. C'est en ce sens qu'Alain considère l'esprit comme un « refus de subir, d'obéir, de périr »[2]; il est une pure réactivité au désordre et à l'indifférence du monde. Le déterminisme, c'est le règne des faits; l'esprit, c'est la règne de la liberté. Mais cette liberté n'est pas absolue : l'esprit ne peut effectivement la réaliser que dans l'affrontement avec une existence qui lui

1. Alain, *Mars*, *op. cit.*, p. 704.

2. Alain, *Commentaire deLa Jeune Parque*, Paris, Gallimard, 1953, p. 40.

résiste, et limite ainsi sa spontanéité. L'erreur idéaliste réside précisément dans la dissolution hâtive du rapport d'opposition et de résistance que l'esprit entretient avec le monde. Pour le dire concrètement, l'idéaliste se trompe lorsqu'il croit pouvoir dissocier les actions des pensées. Ainsi Berkeley a-t-il négligé, selon Alain, ce fait que toute perception véritable a pour condition l'effort et le travail :

> La nécessité extérieure, objet et appui du travail, voilà ce que nous appelons le monde… Cette eau-ci n'existe point tant qu'elle n'est que couleur, fraîcheur, bruit. Mais essayez mes amis, de mettre la couleur du sable à la place de cette couleur de mer. Il faudra digue et transport de pierres. Une qualité ne change que par une autre, celle-là par une autre ; et à force de travail, il faut tirer comme font ces chevaux… Si je veux changer l'aspect de cette lande en un aspect de maison, il faut des journées de charroi et des journées de maçon [1].

Et Alain de conclure, de façon volontairement rustique : « Il a manqué à Berkeley de manier la pelle et la pioche ; tout lui venait comme à un dîner d'évêque » [2].

Par le travail, qui manifeste une résistance continue d'un désordre extérieur à l'esprit, nous savons que le monde n'est pas un rêve. L'activité industrieuse est un effort contre un monde qui lui résiste, et manifeste en conséquence la réalité de ce dernier. Ce qui implique en retour que cette activité n'a elle-même de sens qu'au contact de l'expérience. Sans lien à l'expérience, l'esprit se perd comme esprit. D'où l'importance qu'Alain accorde à l'exemple et au cas particulier en philosophie : celui-ci prévient toute dérive dialectique à laquelle conduit le discours détaché de l'expérience. Dans ses *Souvenirs concernant Jules Lagneau*, le disciple rapporte que son maître revenait sans cesse sur le fonctionnement d'un treuil de maçon qu'il observait depuis la fenêtre de sa chambre [3]. Simple anecdote ? Certainement pas. L'attachement de Lagneau au particulier fait figure pour Alain de cas paradigmatique de ce qu'il faut entendre par « philosophie d'entendement » : à savoir une pensée rivée à l'expérience, et attentive à la singularité des objets qu'elle y rencontre. Une fois de plus, Alain s'inspire librement de la *Critique*, et plus particulièrement de ce passage difficile où Kant aborde la question du schématisme. Le schématisme, cet « art caché dans les profondeurs de l'âme humaine » [4] grâce auquel l'entendement

1. Alain, *Entretiens au bord de la mer*, *op. cit.*, p. 1344.
2. *Ibid.*
3. Alain, *Souvenirs concernant Jules Lagneau*, *op. cit.*, p. 758.
4. E. Kant, *Critique de la Raison pure*, *op. cit.*, A 141/B 180, p. 226.

concilie la généralité des catégories avec la singularité des intuitions fournies par la sensibilité, est volontairement absent des *Entretiens*. Mais tout l'enjeu du livre est de nous rendre sensible cet « art caché », en montrant l'esprit dans son exercice réel, à savoir en débat perpétuel avec le sensible. Car, pour Alain, le schématisme n'est pas seulement un usage de l'entendement. Il s'agit au contraire de l'entendement même, joignant perception et imagination au sein d'un même acte. Et c'est cette attention permanente au concret, ce rapport constant à l'expérience singulière, qui garde l'entendement de se muer en Raison dialectique :

> Car l'entendement séparé de la résistante nature devient raison, et ne trouve que la preuve ; au lieu que la raison, étroitement collée à la chose, et la tenant toujours embrassée, devient entendement [1].

Souvenons-nous : les *Entretiens* ont pour sous-titre *Recherche de l'entendement.* Et nous ne pourrons trouver celui-ci qu'en rivant l'esprit au monde. Cette dernière remarque confirme une fois de plus combien l'ombre de Kant plane sur la totalité des *Entretiens*. Que l'esprit ne puisse se saisir indépendamment du monde, c'est là ce qu'Alain a retenu du théorème de la réfutation de l'idéalisme : « La conscience simple, mais empiriquement déterminée, de ma propre existence, prouve l'existence des objets dans l'espace hors de moi » [2]. Dans ses *Lettres à Sergio Solmi sur la philosophie de Kant*, Alain confie à propos de cette réfutation de l'idéalisme qu'il s'agit d'un « théorème qui est ce que je connais de plus beau » [3]. On comprend aisément pourquoi. Le tournant polémique qu'Alain fait subir au problème de la liaison entre l'esprit et le monde est tout aussi bien à la base de sa philosophie de l'esprit, que de sa morale et de sa politique radicale. Chez Kant, la réfutation de l'idéalisme se joue sur un terrain exclusivement épistémologique. L'enjeu consiste à montrer que je ne pourrais pas penser ma propre existence sans poser, hors de moi, l'existence de quelque chose d'indépendant et de permanent. Alain reprend l'argument de Kant, mais en modifie considérablement la portée. Certes, l'esprit ne peut se saisir lui-même qu'en reconnaissant, hors lui, une altérité indépendante – à savoir la chose en soi. Mais ce qu'ajoute Alain, c'est que l'esprit ne peut se penser comme tel que dans la controverse avec une matière dont les normes sont opposées aux siennes. Là où Kant pose un monde *hors* de l'esprit, Alain pose l'esprit *contre* le monde. Il donne ainsi un tour polémique

1. Alain, *Entretiens au bord de la mer*, *op. cit.*, p. 1275.
2. E. Kant, *Critique de la Raison pure*, *op. cit.*, B 275, p. 283.
3. Alain, *Lettres à Sergio Solmi sur la philosophie de Kant*, *op. cit.*, p. 12.

à l'idéalisme transcendantal : c'est sur fond de rapports de force, de luttes, et de débats que l'esprit applique ses formes à la matière. Même chose pour le corps, qui, dans le travail, pèse sur les autres corps qui pèsent sur lui. La théorie de la connaissance n'est donc pour Alain jamais gratuite : celle-ci est toujours déjà mêlée de considérations morales. Ici encore, il s'agit d'une leçon de Lagneau.

CHAPITRE V

CONSÉQUENCES MORALES DE L'ANALYSE RÉFLEXIVE

LA MORALE AU DÉTOUR DE LA THÉORIE DE LA CONNAISSANCE

Dans ses *Souvenirs*, Alain répète à plusieurs reprises que « Lagneau ne traitait jamais de morale »[1]. Mise à part la courte charte de l'*Union pour la Vérité*[2], nous ne possédons effectivement aucun témoignage écrit ou oral qui permettrait de retracer un cours que le maître aurait expressément consacré à la morale. Il en va en revanche tout autrement de manière implicite. Pour peu qu'on replace les écrits de Lagneau dans une perspective synthétique, en prenant quelques distances par rapport aux analyses techniques sur la perception ou le jugement, on s'aperçoit effectivement que sa pensée est loin de s'épuiser dans une philosophie de l'esprit. Le message qui sous-tend ses textes est ailleurs, et il nous en faudrait peu pour affirmer, sans aucune réserve, que Lagneau ne traitait *que* de morale. Certes, on ne trouvera pas dans ses écrits de cours explicitement consacrés à ce genre de questions. « Peut-être estimait-il que la morale en discours est trop facile »[3] comme Alain tend à le penser. Sans doute voyait-il aussi, dans les leçons de morale inscrite au programme, un catéchisme déguisé qui permettait à l'Église de conserver la mainmise sur l'enseignement public. Professeur sous la IIIe République, Lagneau était profondément attaché à la laïcité. Ainsi que le rappelle A. Canivez, le philosophe quitta l'*Union pour la Vérité* qu'il avait lui-même fondée, lorsque, en 1892, le pape Léon XIII

1. Alain, *Souvenirs concernant Jules Lagneau*, *op. cit.*, p. 720 et 739.
2. J. Lagneau, « Simples notes pour une programme d'union et d'action », *op. cit.*
3. *Ibid.*, p. 739.

accorda une audience à son élève et ami Paul Desjardins (1859-1940) au cours de laquelle il fut établit que l'*Union* adhérait au ralliement de l'Église et de l'État[1].

Reste que les préoccupations morales hantent assurément l'ensemble des textes de Lagneau. Si cet aspect de sa pensée peut passer inaperçu, c'est que la manière dont il pratique la philosophie morale n'a rien d'orthodoxe. A aucun moment il ne propose de maximes de bonne conduite ; pas plus qu'il n'expose ce que ses prédécesseurs ont pu dire sur tel ou tel problème moral. C'est au détour de considérations sur la nature de la pensée, sur la relation que l'esprit entretient avec le monde que Lagneau esquisse sa morale. Les mots à eux seuls peuvent certes nourrir une séance de catéchisme ; mais ils ne sauraient fonder une morale. La vraie morale doit être argumentée ; et Lagneau voit dans le détour par la théorie de la connaissance un moyen de mettre au jour une juste attitude morale. En cela il contribue à forger un style de pensée philosophique qui marqua profondément ses disciples : Alain certes, mais aussi Canguilhem, dont le grand texte sur le milieu vise peut-être moins la restitution de la formation d'un tel concept, que la critique d'une certaine conception déterministe de l'existence ; même chose pour ce qui concerne sa thèse de doctorat de philosophie, où Canguilhem confie, à demi-mot, s'être livré à une défense de la « dignité humaine »[2] en examinant *La formation du concept de réflexe aux XVIIe et XVIIIe siècles*.

Cet art de pratiquer la morale au détour de réflexions sur la nature de la connaissance n'est pas moins présent chez Alain. Nous avons vu l'intérêt que celui-ci accorde à la philosophie de l'esprit de Kant ; c'est qu'elle offre à ses yeux tout ce dont nous avons besoin, sur le plan épistémologique, pour nous débarrasser, sur le plan pratique, du fatalisme. Le fatalisme est une idée fausse et funeste : fausse, car, ainsi que l'a montré Kant, nous ne subissons pas passivement le monde puisque nous le constituons pour partie ; funeste, car elle laisse croire en l'existence d'un destin invincible auquel nous serions livrés. Il n'y a pas d'avenir déjà écrit ; pas plus qu'il n'y a de vies toute faites. Il n'y a que des vies à faire, à nos risques et périls.

Le refus radical de la fatalité est une caractéristique majeure du « style » réflexif, dont l'objectif est de ce point de vue peut être moins épistémologique que moral. Pour Lagneau et Alain, la théorie de la

1. A. Canivez, *Jules Lagneau, professeur de philosophie. Essai sur la condition de professeur de philosophie à la fin du XIXe siècle*, *op. cit.*, tome 2, p. 423-424.

2. G. Canguilhem, *La formation du concept de réflexe aux XVIIe et XVIIIe siècles*, *op. cit.*, p. 7.

connaissance n'est pas une fin en soi. Et il en va de même pour Canguilhem, lequel affirme d'entrée de jeu, dans *La connaissance de la vie*, que « savoir pour savoir ce n'est guère plus sensé que manger pour manger, ou tuer pour tuer, ou rire pour rire » [1]. Ceci peut paraître étonnant de la part d'un homme qui s'est consacré plus d'un demi-siècle à l'histoire des sciences. Mais Canguilhem est historien des sciences parce que philosophe : son recours à l'histoire des sciences de la vie est un moyen pour lui d'appuyer des thèses qui relèvent davantage de la philosophie morale que de la théorie de la connaissance. En d'autres termes, l'épistémologie n'acquiert pour lui sens et valeur qu'à partir du moment où elle est rapportée au plan de la morale. Nous ne voulons évidemment pas dire que le moment épistémologique est sans importance pour ces trois philosophes; si tel était le cas, pourquoi lui auraient-ils consacré des milliers de pages ? Le problème épistémologique de la relation monde/esprit est assurément au cœur de la pensée de Lagneau et d'Alain. Mais s'il occupe une telle place, c'est pour une raison qui relève plus de la stratégie que de la finalité.

Expliquons-nous. On a vu qu'Alain et Lagneau interrogeaient la relation esprit/monde sur la base d'une analyse réflexive de la perception; celle-ci a mis au jour le rôle essentiellement actif de l'esprit, qui organise et valorise une matière sans ordre ni mesure. C'était là le moment épistémologique. Mais ce moment est appelé à être dépassé. Car la théorie de la connaissance n'est jamais gratuite pour ces auteurs : le fait que l'esprit informe la matière est immédiatement interprété comme le signe d'une insoumission de l'humanité à l'ordre des choses. Qu'on le veuille ou non, nous sommes toujours déjà opposés au monde, et ce dès le niveau le plus rudimentaire que nous puissions entretenir avec lui, à savoir le niveau perceptif. Lagneau et Alain envisagent en effet l'activité par laquelle l'esprit informe la matière en termes de résistance à l'ordre des choses. Partant, une sorte de raisonnement *a fortiori* : si au niveau primaire de la perception, l'esprit refuse l'ordre chaotique du monde, alors *a fortiori*, dans des activités qui impliquent manifestement des choix et des valeurs (pensons à la politique), l'homme ne doit donc pas se résigner devant l'état de choses, en reconnaissant par exemple à la guerre un caractère inéluctable. Aussi la perception fournit-elle à Lagneau et Alain « la preuve » que nous ne sommes en aucune façon condamnés à l'acceptation du fait accompli, puisque nous sommes toujours déjà engagés dans la constitution de celui-ci. Le monde ne se fait pas sans nous : l'analyse réflexive de la perception en atteste; c'est là le point de départ sur lequel nous devons nous

1. G. Canguilhem, « La pensée et le vivant », dans *La connaissance de la vie*, *op. cit.*, p. 9.

appuyer pour venir à bout du fatalisme. C'est en ce sens que nous affirmions que la théorie de la connaissance n'est pas une fin en soi pour les promoteurs du « style » réflexif en philosophie. Celle-ci est convoquée pour « justifier » des positions dont la finalité relève bien plus de la morale que de l'épistémologie. Dans le cas d'Alain, sa politique radicale et son éthique d'insoumission aux faits sont manifestement fonction de sa philosophie de l'esprit. Mais nous pourrions aussi bien dire, à l'inverse, que sa philosophie de l'esprit est fonction de sa morale. Entre théorie de la connaissance et éthique, difficile de savoir laquelle des deux vient en premier.

LE DOUTE, PREUVE DE LA LIBERTÉ

Si la question de la primauté entre morale et théorie de la connaissance est insoluble, nous pouvons néanmoins considérer l'argument suivant comme une constante du « style » réflexif promu par Lagneau et Alain : si, au plan épistémologique, l'analyse de la perception révèle que nous constituons toujours pour partie le monde qui nous entoure, alors nous devons déduire, sur le plan pratique, que nous ne subissons pas passivement le cours des choses. Au niveau le plus rudimentaire de la perception, les choses portent déjà notre griffe : celle de l'esprit. En agissant selon un principe qui ne relève pas « du dehors », mais de lui-même, l'esprit est la source de toute valeur dans le monde. En d'autres termes, la valeur se fait jour quand l'esprit rompt la logique déterministe des faits en lui substituant une autre logique, qui est celle de la liberté : « valoir, c'est être, être réel, pour la liberté »[1] affirme le *Cours sur l'existence de Dieu*.

Mais reste encore à « prouver » l'existence de la liberté dans le monde. Compte tenu de la dette immense du « style » réflexif envers Kant, on pourrait s'attendre à ce que Lagneau évoque lui aussi ce *Faktum* de la Raison pratique que constitue la loi morale. Cependant, c'est du côté d'un Kant lu à la lumière de Descartes que Lagneau va cette fois-ci développer ses arguments. Pour lui, la « preuve » de la liberté réside en effet dans le constat réflexif que « jamais la pensée n'est rivée à l'affirmation du nécessaire »[2]. C'est une des thèses fortes de son *Cours sur l'existence de Dieu*, qui, comme on peut l'imaginer, doit ici beaucoup aux *Médiations métaphysiques*.

1. J. Lagneau, *Cours sur l'existence de Dieu*, dans*Célèbres leçons et fragments*, *op. cit.*, p. 306.

2. *Ibid.*, p. 302.

Si puissant qu'un malin génie puisse l'être, il ne pourra jamais contraindre *absolument* la pensée. Celle-ci disposera toujours d'une marge de liberté inaliénable, qui transparaît dans la suspension du jugement :

> Quelque nécessaire qu'apparaisse à la pensée une vérité, elle ne pourra jamais lui apparaître absolument nécessaire, car si elle pense, elle pourra toujours se demander pourquoi il faut que la nécessité en question soit reconnue par elle comme absolue ; et par le fait même qu'elle se demande cela, cette nécessité cessera d'être absolue [1].

C'est donc l'exercice du doute – une des plus hautes activités de l'esprit – qui constitue pour Lagneau une « preuve » de l'effectivité de la liberté dans le monde. Soit une proposition comme « tous les corps sont pesants » ; la nécessité de celle-ci semble s'imposer à l'esprit : l'idée de corps ne peut être dissociée de l'idée de pesanteur, sous peine de dissoudre la notion même de corps. Lagneau ne nie pas qu'une proposition comme celle-ci puisse être nécessaire; il refuse simplement qu'on lui accorde une nécessité *absolue*. Car quelque nécessaire que puisse être une proposition (« 2 + 2 = 4 », « tous les célibataires sont des hommes non mariés » etc.), Lagneau remarque que nous avons toujours la liberté d'interroger la nécessité de celle-ci ; autrement dit de nous soustraire, par le doute, à la contrainte rationnelle qu'une telle proposition exerce sur la pensée. Si la nécessité d'une proposition était absolue, la question de sa nécessité ne pourrait tout simplement pas être posée : son caractère apodictique nous serait immédiatement imposé, sans la moindre intervention de notre part. En d'autres termes, nous ne ferions que *subir* la nécessité logique. Ce qui est inacceptable pour un philosophe réflexif comme Lagneau : pas plus qu'il n'y a de sensation pure où le monde agirait en nous sans nous, il n'y a de nécessité logique qui nous serait imposée de l'extérieur. Parce que nous sommes esprit, nous avons toujours droit de cité. Tout l'enjeu du *Cours sur la perception* consistait à défendre l'idée que le monde n'est tel qu'en tant que l'esprit le constitue pour partie. Le *Cours sur l'existence de Dieu* reprend exactement le même principe, mais le transpose au niveau logique : la nécessité n'est nécessité qu'en tant que l'esprit la reconnaît comme telle, c'est-à-dire lui accorde une valeur. Et l'objectif de Lagneau consiste à montrer que cette activité de valorisation n'est pas mécanique : aussi contraignante que peut l'être une nécessité, l'esprit aura toujours la liberté d'en douter. Aussi, si nous sommes bel et bien en présence d'un absolu

1. *Ibid.*

(valeur), c'est du côté de la pensée qu'il faut le chercher, et non dans une quelconque réalité qui lui serait extérieure.

Si nous insistons sur l'argument du doute chez Lagneau, c'est que le « Canguilhem avant Canguilhem » lui accorde une importance considérable. A l'occasion de la publication, en 1928, des *Célèbres Leçons de Jules Lagneau*, on voit ainsi le jeune rédacteur des *Libres Propos* affirmer :

> Ceux qui soupçonnent que penser est autre chose qu'accueillir des faits, que les faits au contraire relèvent de la pensée, ceux-là trouveront en Lagneau confirmation de leur doute et l'assurance que le doute est la seule chose qui importe [1].

Affirmation que Canguilhem réitérera une vingtaine d'années plus tard, dès les premières lignes de *La connaissance de la vie* : « La pensée n'est rien d'autre que le décollement de l'homme et du monde qui permet le recul, l'interrogation, le doute (penser, c'est peser, etc.) » [2]. Ces deux propos de Canguilhem ont ceci de précieux qu'ils témoignent, sur une période de 25 ans, d'une certaine fidélité à l'égard du « style de pensée » de ses maîtres. Si, en 1929, l'héritage réflexif est revendiqué avec fougue, il n'a pas complètement disparu en 1952. Certes, cet héritage n'est plus manifeste et a subi, nous le verrons, un réaménagement substantiel lors de son exportation sur le plan vital. Mais lorsque Canguilhem, dans *La connaissance de la vie*, défend d'entrée de jeu que « penser, c'est peser », c'est en pleine conscience qu'il reprend l'une des plus célèbres maximes d'Alain. Cette maxime figure dans les *Marchands de sommeil* [3], un des tout premiers textes où Alain appuie explicitement sa critique des adorateurs du fait sur une analyse réflexive de la perception.

De part en part, le « style » réflexif témoigne d'une insoumission au fait établi. Le « fait brut », « l'immédiat », le « donné », tous sont des mythes dangereux parce qu'ils laissent penser que le monde se tient sans l'esprit qui le juge. C'est là l'argument des adorateurs du fait et autres fatalistes. Mais rien de tel pour un Alain ou un Canguilhem : constructivistes avant l'heure, ils refusent la thèse selon laquelle nous pourrions avoir un accès direct au monde, sans passer par la médiation des concepts. Notre rapport au monde ne peut être que normatif, en ce sens que tout ce qui se présente

1. G. Canguilhem, « *Célèbres leçons de Jules Lagneau*, Nîmes, La Laborieuse, 1928 », dans *Libres Propos (Journal d'Alain)* (20 avril 1929) ; repris dans *Œuvres complètes*, *op. cit.*, tome 1, p. 220-221, p. 220.

2. G. Canguilhem, « La pensée et le vivant », *op. cit.*, p. 10.

3. Alain, *Les marchands de sommeil*, *op. cit.*, p. 3.

dans l'expérience porte déjà la trace de l'activité de valorisation orchestrée par l'esprit. Il n'y a pas d'action directe du monde sur nous. Et pour en revenir à l'argument du doute de Lagneau, admettre la possibilité d'une nécessité absolue reviendrait précisément pour lui à accepter le mythe d'un donné primaire, dans la mesure où le libre jugement de l'esprit serait neutralisé par la nécessité. Mais tel n'est pas le cas : Descartes a montré que nous pouvions douter des nécessités les plus grandes. Le doute est par conséquent la marque de notre puissance ; il est paradigmatique de la nature de l'esprit, lequel n'est qu'activité d'opposition et de résistance aux multiples contraintes que le monde exerce sur lui.

Encore une fois, l'intrication de la morale et de la théorie de la connaissance est une caractéristique du « style » réflexif. La critique, sur le plan logique, d'une nécessité qui serait absolue, est une manière détournée pour Lagneau de « prouver » qu'au cœur même du déterminisme causal, nous disposons toujours d'une marge de liberté. Tout l'enjeu du *Cours sur l'existence de Dieu* consiste en effet à opposer à la logique des faits, la logique de la liberté ou de la valeur. Et nous sommes convaincus que cette opposition fait/valeur constitue « la chiquenaude initiale » de toute la philosophie canguilhemienne. Aussi, et contrairement à ce que l'on a jusqu'à présent trop facilement admis, nous soutenons que plus que chez Nietzsche, c'est au contact d'un texte comme le *Cours sur l'existence de Dieu* de Lagneau – autrement dit dans une analyse réflexive de la valeur – que Canguilhem a forgé ses premières armes philosophiques.

C'est ce dont témoigne notamment à nos yeux le premier volume des *Œuvres complètes* de Canguilhem, lequel rassemble les écrits publiés entre 1926 à 1939. On constate effectivement que Nietzsche y est plus évoqué dans les diverses présentations des éditeurs que dans les textes de Canguilhem lui-même. Non pas que nous nions le compagnonnage de longue date de Canguilhem avec Nietzsche. Un article paru dans la revue *Méthode* en mai 1932 témoigne ainsi que le jeune professeur au lycée de Douai s'insurgeait déjà contre l'absence de Nietzsche à l'agrégation [1]. Et bien des années plus tard, Canguilhem de confier à Michel Fichant : « je suis un nietzschéen sans carte ! » [2]. Au même titre que Valéry, le philosophe de la volonté de puissance a assurément accompagné Canguilhem tout au

1. G. Canguilhem, « L'agrégation de philosophie », dans *Méthode. Revue de l'enseignement philosophique*, n°1, mai 1932 » ; repris dans *Œuvres complètes*, *op. cit.*, tome 1, p. 427-431.

2. M. Fichant, « Georges Canguilhem et l'Idée de la philosophie », dans *Georges Canguilhem. Philosophe, historien des sciences*, *op. cit.*, p. 48, note 4.

long de son itinéraire philosophique. Il a sans doute trouvé dans le perspectivisme de Nietzsche un biais pour traiter ses propres problèmes philosophiques, voire amorcer de nouvelles pistes de réflexion. Là où nous marquons en revanche notre profond désaccord, c'est lorsque, sur le point bien précis qui concerne la notion de normativité, on trace comme une évidence un chemin qui mènerait tout droit de la volonté de puissance nietzschéenne à la normativité canguilhemienne. Foucault lui-même avait pourtant marqué les limites de l'évidence d'une telle filiation : Canguilhem « est loin et proche à la fois de Nietzsche »[1] écrit-il en 1985. Cette précision a-t-elle été entendue dans sa totalité ? Nous ne croyons pas : le « proche » de Nietzsche l'a emporté sur le « loin », et l'image d'un Canguilhem philosophe de la vie parce que nietzschéen reste bien ancrée dans la représentation commune que la doxa philosophico-littéraire se fait de Canguilhem.

La preuve en est que, lorsqu'il s'agit de retracer la genèse du concept canguilhemien de normativité, Barbara Stiegler en appelle directement à Nietzsche. Après avoir rappelé les principales caractéristiques de la santé canguilhemienne entendue comme normativité, elle conclut :

> toutes ces déterminations de la santé sont déjà celles mises au jour par Nietzsche. La création de nouvelles valeurs, ce que Canguilhem appelle la « normativité », est d'abord, pour Nietzsche, l'expression de la vie comme volonté de puissance[2].

Pourtant, Barbara Steigler s'étonne que, « curieusement, les quelques mentions explicites de Nietzsche ne sont jamais à la mesure de l'héritage »[3]. Et pour cause ! Si Canguilhem se fait discret sur son héritage nietzschéen, ce n'est pas, comme le pense B. Stiegler, « parce que la filiation paraît à Canguilhem si évidente qu'il lui semble inutile de la souligner »[4]; cela tient selon nous à ce que la formation du concept canguilhemien de normativité est bien plus complexe qu'on ne le suppose généralement. Pour la retracer, il faut s'éloigner d'une conception de l'histoire philosophie qui réduit celle-ci à quelques auteurs canoniques, et se plonger dans l'examen d'auteurs aujourd'hui oubliés, mais qui, en leur temps, instituèrent une certaine manière de poser un problème philosophique. C'est selon nous le cas du « style » réflexif, que Canguilhem

1. M. Foucault, « La Vie : l'Expérience et la Science », *op. cit.*, p. 1594.

2. B. Stiegler, « De Canguilhem à Nietzsche : la normativité du vivant », G. Leblanc (éd.) dans *Lectures de Canguilhem : le normal et le pathologique*, Fontenay-aux-Roses, « Feuillets de l'ENS », 2000, p. 85-101, p. 90.

3. *Ibid.*, p. 85.

4. *Ibid.*

hérita de Lagneau via Alain. Illustrons ce dernier point par l'examen d'un des tout premiers textes pour les *Libres Propos*.

La « logique de la liberté »

En 1927, à l'occasion d'un compte rendu dévastateur de *La logique des jugements de valeur* de Goblot, le jeune Canguilhem âgé de 23 ans clame haut et fort son admiration pour le *Cours sur l'existence de Dieu*, aux « *pages invincibles* » selon lui. Son admiration pour le maître de son maître est alors telle, qu'il n'hésite pas à accoler le nom de Lagneau à ceux de ses deux autres héros de la pensée que sont Descartes et Kant. Et c'est en s'appuyant sur ce panthéon philosophique qu'il va s'employer à ruiner les thèses défendues par Goblot.

La discorde porte sur les conditions de possibilité des jugements de valeur. Selon Canguilhem, Goblot ne fait que reconduire le vieux dogmatisme pré-critique en ce qu'il n'admet pas d'autres jugements que le jugement de nécessité; mais alors, objecte Canguilhem, comment rendre compte de jugements comme « *tu dois, donc tu peux* » ? « Cette manière de poser un donc, doit faire soupçonner pour les idées un autre genre de liaison que la déduction classique »[1]. C'est pour cela que Kant a introduit, aux côtés de l'impératif hypothétique, l'impératif catégorique[2]. Là où le premier impératif est soumis à la logique de la nécessité en ce qu'il pose un *si... alors*, le second ne répond absolument pas aux normes de la déduction ordinaire. L'impératif catégorique *tu dois donc tu peux* est inconditionné, et relève par conséquent d'une autre logique, que le jeune Canguilhem appelle « logique de la liberté ». Aussi poursuit-il,

> qu'on le veuille on non, c'est Kant qui a fondé la logique des valeurs en réfléchissant sur les conditions de l'approbation universelle des hommes à l'égard des hommes, et en trouvant la liberté. [...] Kant a trouvé en somme une logique dont la liberté est le levier, et il l'a fait à sa manière qui est la manière critique ou réflexive[3].

Arrêtons-nous quelques instants sur ces lignes de 1927. Elles témoignent en effet de l'engagement foncièrement kantien du jeune Canguilhem, sur

1. G. Canguilhem, « La Logique des jugements de valeur », *op. cit.*, p. 178.

2. *Cf.* E. Kant, *Fondements de la métaphysique des mœurs* (1785), deuxième section, trad. fr. par V. Delbos, Paris, Delagrave, 1952, p. 124-125 en particulier; voir aussi la *Critique de la Raison pratique* (1788), *Analytique de la raison pure pratique, Des principes de la raison pure pratique, Définition*, trad. fr. par E. Picavet, Paris, P.U.F., 1943, p. 17-19.

3. G. Canguilhem, « La Logique des jugements de valeur », *op. cit.*, p. 178.

lequel le Canguilhem de la maturité n'est à notre sens jamais revenu. *Sous réserve* bien entendu qu'on comprenne ici par kantien, ce que le jeune Canguilhem attribue à Kant : à savoir un parti-pris philosophique qui affirme le primat de « la logique de la liberté » sur la « logique de la nécessité », ou, pour mieux dire, le primat de la valeur sur l'Être.

Goblot a certes examiné la pensée pour fonder sa logique des jugements de valeur. Mais cet examen est insatisfaisant en ce qu'il part du principe que la pensée s'épuise dans la construction de concepts, et donc dans une logique déductive. S'appuyant sur l'argument du doute cartésien, Canguilhem soutient au contraire que la pensée n'est pas qu'une affaire d'enchaînements nécessaires de concepts :

> toute la force de Descartes c'est que le parfait n'est pas un concept pour lui, mais la condition de toute pensée, donnée dans l'infinie liberté qui porte le doute à tous les moments des démarches de l'esprit [1].

Comme on l'a vu, il n'y a de nécessité selon Lagneau qu'en tant que la pensée lui reconnaît une valeur; autrement dit, la nécessité n'est telle que sur fond de cette « *infinie liberté* » dont témoigne la toujours possible suspension du jugement – c'est là l'idée clef du *Cours sur l'existence de Dieu*. L'approche réflexive est une synthèse de cartésianisme et kantisme, fondée sur la libre activité du jugement. Au même titre que nous ne subissons jamais totalement le monde, nous ne subissons pas davantage une nécessité qui serait imposée à l'esprit de l'extérieur. Nous ne la subissons pas, car nous avons toujours le pouvoir d'en douter. A ce titre, une nécessité n'est par conséquent effective qu'à partir du moment où l'esprit l'accepte librement, et la juge telle :

> L'idée de l'action implique celle de la causalité; l'idée de la causalité implique celle de la nécessité; or la nécessité ne peut être sentie; elle est affirmée comme devant être. C'est pourquoi cette action elle-même ne saurait s'expliquer sans l'affirmation d'une liberté que ne subit la nécessité que parce qu'elle la juge et l'approuve [2].

Dès lors, on s'étonnera pas que le jeune Canguilhem poursuive sa critique de Goblot en évoquant explicitement la figure tutélaire de Lagneau :

> la difficulté essentielle, qui aurait été d'opposer à la logique de la nécessité la logique de la liberté, et de voir si au fond, la première n'aurait pas sa raison d'être dans la seconde, et s'il n'y a pas aussi des jugements de valeur dans ce que l'on dit du vrai, n'a pas été une seule fois abordée. Aussi bien,

1. G. Canguilhem, « La Logique des jugements de valeur », *op. cit.*, p. 179.
2. J. Lagneau, *Cours sur la perception*, *op. cit.*, p. 194.

> c'est parfaitement inutile, et nous sommes une fois de plus confirmés dans cette opinion qu'on n'ajoutera rien aux pages invincibles par lesquelles Lagneau définit la nécessité et la valeur dans le *Cours sur l'existence de Dieu*[1].

Et Canguilhem de conclure, par l'intermédiaire de Brunschvicg, autre grande figure du « style » réflexif en philosophie : « Il n'y a rien au-delà de la liberté ».

On notera ici une chose : prises en elles-mêmes, les pages du *Cours sur l'existence de Dieu* dont se réclament le jeune Canguilhem sont assez obscures, et n'explicitent pas autant qu'on l'aurait souhaité le lien qu'opère Lagneau entre sa critique d'une nécessité absolue et sa conception de la liberté. Précisons toutefois que cette obscurité ne tient pas seulement au style de Lagneau : compte tenu de sa mort précoce, le maître n'a jamais pu revoir les notes qui avaient été prises par ses élèves lors de ses cours. A deux ou trois exceptions près, son œuvre est entièrement posthume. C'est pourquoi nous souhaiterions éclairer ce passage difficile du *Cours sur l'existence de Dieu* par un autre texte de Lagneau, qui recoupe selon nous la même problématique : le *Cours sur l'évidence et la certitude*.

L'ESPRIT : UNE PUISSANCE DE VALORISATION

Si Lagneau s'intéresse au phénomène de l'évidence, c'est que celui-ci partage quelques airs de famille avec l'expérience d'une nécessité supposée absolue. Dans les deux cas, la valeur semble effectivement s'imposer de l'extérieur à l'esprit. Et c'est bien là ce qui pose problème pour Lagneau puisque, on l'a vu, la valeur ne peut provenir selon lui que de la libre activité du jugement. Pour lever cette difficulté, Lagneau va passer au crible de l'analyse réflexive le phénomène de la certitude. Sa conclusion, sans appel, est que la certitude ne repose pas sur une évidence qui s'imposerait immédiatement à l'esprit. Au contraire, la certitude

> n'existe que progressivement, dans une mesure qui croît avec la répétition des actions par lesquelles l'esprit s'est élevé au dessus de la pure nécessité de sa nature, en s'imposant lui-même la nécessité de dominer cette nature. C'est une conquête de l'esprit sur la nature [...]. On ne peut concevoir la certitude comme un état auquel l'esprit s'attacherait arbitrairement par un

1. G. Canguilhem, « La Logique des jugements de valeur », *op. cit.*, p. 179.

> acte de liberté; mais on ne peut pas non plus la concevoir comme résultant d'une empreinte faite par la nature dans l'esprit, sans l'esprit [1].

Deux remarques sont ici à faire.

1) On remarquera d'abord que si la certitude n'est évidemment pas le produit d'une pure fantaisie de l'esprit, « elle n'est pas non plus une empreinte de la nécessité dans l'âme » [2]. « N'attendons donc pas la certitude du hasard d'une révélation des choses à l'esprit » [3]. Pas plus que l'esprit ne subit le monde dans la perception, il ne le subit dans la certitude : « nulle certitude ne peut être imposée du dehors » [4] sans perdre par là même sa valeur. Or, l'expérience de l'évidence donne précisément l'impression que la valeur de certitude puisse se faire en nous sans nous, par une action immédiate du monde sur l'esprit. Mais il s'agit d'une idée fausse : seul l'esprit est puissance de valorisation. Comme on l'a vu à travers l'examen des textes d'Alain, l'homme n'est pas un être au monde, mais un être *contre* le monde. A ce titre, la certitude ne peut pas résulter de l'évidence, où la valeur de certitude semble provenir du monde et non de l'esprit. C'est pourquoi l'amorce d'une authentique certitude réside pour Lagneau dans l'opposition de l'esprit à la brutalité de l'évidence. Cette opposition n'est autre que l'exercice du doute, qui, en coupant la logique de la nécessité, institue une autre logique : la logique de la valeur. Nous avons là une parfaite illustration du « style de pensée » réflexif. Au même titre qu'une nécessité n'a de valeur qu'à partir du moment où l'esprit la *juge* telle, une certitude n'a de valeur qu'à travers l'activité par laquelle l'esprit retrace librement les conditions de possibilité de celle-ci.

L'esprit joue toujours un rôle, y compris dans les jugements de nécessité, qui, par conséquent, sont aussi des jugements de valeurs. Et comme on peut s'y attendre de la part d'un philosophe kantien comme Lagneau, les conditions de possibilité de toute vérité ne reposent pas sur une quelconque réalité extérieure à l'esprit comme l'affirme le dogmatisme pré-critique; si tel était le cas, « l'esprit ne serait pas esprit; il serait l'esclave de la chose; il ne peut y avoir de critérium de la vérité puisque la vérité est l'œuvre de l'esprit » [5]. Le mécanisme contre la valeur : le vrai, valeur épistémique, réside dans l'esprit même. Le caractère nécessaire du

1. J. Lagneau, *Cours sur l'évidence et la certitude*, dans *Célèbres leçons et fragments*, *op. cit.*, p. 161-186, p. 185.

2. *Ibid.*, p. 184.

3. *Ibid.*, p. 184-185.

4. *Ibid.*, p. 181.

5. *Ibid.*

vrai ne se définit pas comme une obligation de se conformer mécaniquement à un modèle extérieur. La nécessité repose toute entière dans l'activité même de l'esprit, qui est puissance de valorisation.

2) On notera ensuite que ce passage du *Cours sur l'évidence* avance une idée nouvelle : l'autodépassement par l'esprit de sa propre nature. Pas plus que l'esprit ne subit le monde, il ne subit sa propre nature. Il n'est pas un fait résultant d'autres faits, lesquels détermineraient absolument son être. Ce point de vue, partagé par les « adorateurs du fait » et autres sceptiques, est erroné : c'est ce que Lagneau appelle « le point de vue de l'esprit-chose et non de l'esprit-esprit »[1], c'est-à-dire de l'esprit compris comme position de valeurs. A la différence de « l'esprit-chose », pris dans le déterminisme causal, « l'esprit-esprit » est capable de réflexion; c'est-à-dire qu'il peut s'élever au-dessus de la logique des faits, et interroger à chaque instant ce qu'il *est* au nom de ce qu'il *doit* être. Aussi poursuit Lagneau :

> l'action vraie c'est l'action contre la nature [...]. Toute vie est une action par laquelle l'être s'arrache à ce qu'il est, pour être quelque chose qu'il n'est pas encore, ce qu'il tend à être. Ainsi l'action [...] est au fond acceptation de la lutte et de l'effort[2].

Ces quelques lignes sont particulièrement importantes pour le problème qui nous occupe, à savoir l'explicitation d'un « style de pensée » dont Canguilhem aurait été l'héritier. En effet, à l'occasion du 36e anniversaire de la mort de Lagneau en 1930, le jeune rédacteur des *Libres Propos* avait précisément choisi ce passage du *Cours sur la certitude* pour illustrer l'ensemble de la pensée du maître de son maître[3]. Et lorsque 33 ans plus tard, Canguilhem reviendra sur sa thèse de 1943, c'est dans des termes étrangement proches de ceux par lesquels Lagneau définissait la vie dans le *Cours sur la certitude*, que l'historien des sciences se risquera lui aussi à une définition de la vie « entendue comme activité d'opposition »[4].

1. *Ibid. Cf.* p. 192. Cette opposition « esprit-chose »/« esprit-esprit » sera reprise en 1929 par le jeune Canguilhem, afin d'appuyer la thèse de Politzer contre le bergsonisme. Selon Canguilhem, Bergson et les « psychologues » en général commettent le même type d'erreur concernant la nature de l'esprit; à savoir qu'« en faisant de l'esprit un petit univers à part, séparable et observable, comme avec des appareils, on fait de l'esprit une chose, c'est-à-dire qu'on l'enterre comme esprit ». Comprenons : on l'enterre comme puissance de valorisation. *Cf.* G. Canguilhem, « *La Fin d'une parade philosophique* », *op. cit.*, p. 224.

2. J. Lagneau, *Cours sur l'évidence et la certitude*, *op. cit.*, p. 186.

3. G. Canguilhem, « Anniversaires. 22 avril. – Mort de Jules Lagneau (1894) », *Libres Propos (Journal d'Alain)* (20 avril 1930); repris dans G. Canguilhem, *Œuvres Complètes*, tome 1, *op. cit.*, p. 284.

4. G. Canguilhem, « Vingt ans après... », *op. cit.*, p. 173.

Il n'y a là rien d'étonnant. L'extrait du *Cours sur la certitude*, cité ci-dessus, résume en quelques mots toutes les implications morales d'une philosophie du jugement fondée sur la *subordination de l'être à la valeur*. En condensant les propos de Lagneau, nous obtenons la proposition suivante: « toute vie est une action contre la nature » – et par nature, entendons ce qui est donné de fait. Bien qu'elle dérive d'une réflexion épistémologique sur la certitude, la portée morale d'une telle proposition est manifeste. Elle illustre parfaitement le style dont Lagneau et Alain pratiquent la morale au détour de la théorie de la connaissance : à travers une critique de l'évidence, où la vérité semble se faire mécaniquement en nous sans nous, Lagneau dénonce la tendance naturelle de l'homme à la fuite de l'effort qu'il assimile à l'égoïsme. C'est qu'une vérité reçue sans effort dans la certitude d'évidence, peut selon lui laisser penser que tout nous serait du, et que nous n'aurions qu'à nous laisser porter par le monde pour vivre moralement. Mais il s'agit-là d'un raisonnement dangereux en ce qu'il conduit directement à l'acceptation du fait accompli et à l'inaction. « La recherche du plaisir en soi est la négation de l'action. L'égoïsme est aussi fuite de l'effort. Chercher le plaisir et fuir l'effort, voilà l'égoïsme »[1]. N'oublions pas : l'homme n'est pas *au* monde, mais *contre* le monde. Il ne faut donc pas attendre du monde la moindre valeur; il faut au contraire toujours la lui imposer. La moralité ne nous est jamais donnée : la valeur ne naît qu'à travers l'activité spirituelle d'opposition au mécanisme et à l'indifférence de la nature. « Agir c'est donc accepter la loi de la nature, qui est de développer l'être par l'acceptation de l'effort, de la souffrance, par le renoncement à la jouissance actuelle de l'être »[2]. Que la vie morale soit une lutte perpétuelle pour valoriser un monde en soi indifférent, c'est peut-être là le seul fait que nous devions concéder.

A travers cette critique de l'évidence, il faut bien voir que Lagneau combat le dogmatisme de la philosophie empiriste. L'empirisme considérerait effectivement la vérité comme un fait extérieur à l'esprit, celui-ci se contentant d'accueillir passivement en lui les supposées données de l'expérience. Inacceptable pour Lagneau : l'empirisme n'est ni plus ni moins qu'une philosophie d'adorateur du fait. Dans un fragment du *Cours sur le jugement* que le jeune Canguilhem reprendra en 1930 pour les *Libres Propos*, il déclare :

> la parfaite liberté de l'esprit consiste dans un acte par lequel il comprend l'impossibilité absolue où il est de trouver la certitude dans l'expérience.

1. J. Lagneau, *Cours sur l'évidence et la certitude*, *op. cit.*, p. 186.
2. *Ibid.*

> Comprendre que nous ne sommes pas en présence de la vérité comme d'une chose, que c'est nous qui faisons la vérité, c'est un acte de liberté [1].

Contre le dogmatisme traditionnel qui considère la vérité – et donc la valeur – comme une chose extérieure à l'esprit, Lagneau fait valoir sa propre définition de la philosophie, laquelle « est un effort de l'esprit pour comprendre difficilement des choses faciles, et s'affranchir de la clarté primitive » [2]. En ce sens poursuit Lagneau, « philosopher, c'est expliquer, au sens vulgaire du mot, le clair par l'obscur, clarum per obscurius » [3] – Canguilhem reprendra cette formule en 1977 pour clore son dernier livre, *Idéologie et Rationalité* : « L'auteur soutient que la fonction de la philosophie est de compliquer l'existence de l'homme, y compris l'existence de l'historien des sciences » [4].

La philosophie est selon Lagneau un travail dont l'objectif est de mettre au jour le rapport faussement immédiat que l'homme croit entretenir avec le monde. Si elle est obscure, « cela ne veut pas dire qu'elle n'éclaire pas l'esprit ; elle a au contraire sa clarté à elle, bien supérieure à celle de l'évidence, clarté brutale qui n'explique rien, qui frappe et subjugue » [5]. Ici encore, comme partout ailleurs dans la pensée de Lagneau, c'est l'activité qui prime sur la réceptivité ; et cette activité se ramène toute entière à l'exercice du libre jugement : « Pour s'affranchir des choses, il faut les juger, et pour les juger, il faut s'opposer à elles » [6]. Tel est le mot d'ordre du discours de remise des prix que Lagneau prononça à Sens le 6 août 1877.

Que la philosophie soit une affaire de jugement, c'est ce sur quoi insiste particulièrement le jeune Canguilhem. Dans son premier article pour les *Libres Propos* rédigé en 1927 sur *La philosophie d'Hermann Keyserling*, il n'a effectivement pas de mots assez durs pour dénoncer la philosophie défendue par Keyserling. A l'opposé d'une philosophie mystique qui nous mettrait directement et mystérieusement en contact avec l'univers, Canguilhem écrit : « Ce que nous demandons, nous autres jeunes, est plus simple et plus sûr ; nous demandons de pouvoir enseigner dès l'école le prix

1. *Cf.* G. Canguilhem, « Anniversaires. 22 avril – Mort de Jules Lagneau (1894) », *op. cit.*, p. 284.

2. J. Lagneau, « De la métaphysique », *op. cit.*, p. 98.

3. *Ibid.*, p. 96.

4. *Cf.* G. Canguilhem, « La question de la normalité dans l'histoire de la pensée biologique », dans *Idéologie et Rationalité*, *op. cit.*, p. 139.

5. J. Lagneau, « De la métaphysique », *op. cit.*, p. 96.

6. J. Lagneau, *Discours de Sens*, dans *Célèbres leçons et fragments*, *op. cit.*, p. 17-25 ; p. 23.

du jugement »[1]. C'est selon lui la grande la leçon de Socrate éclairée par Lagneau :

> Quant à Socrate [...] il a rompu définitivement avec l'esprit ionien et oriental, du moment qu'il s'est appliqué à connaître ce qu'il mettait dans ses pensées, et non ce que l'univers y mettait [...] Ce qu'on entend par absolu, c'est-à-dire ce qui n'est pas épuisé par la connaissance du moment, par l'action du moment, ce n'est pas une terre hors de notre atteinte, car nous n'en aurions même pas l'idée ; c'est en nous l'activité qui nous fait dépasser le présent [...] Cette exigence est en nous et non pas dans les choses. Qui a compris cela, comme Lagneau l'a fait ne peut plus accorder la moindre valeur à une contemplation condamnée d'avance à la stérilité [2].

L'univers n'est en soi que mécanisme et indifférence : seule « l'activité qui nous fait dépasser le présent » peut lui conférer une valeur. Cette activité, c'est le jugement, puissance de valorisation.

Aussi, nous dirions que ce qu'a retenu au bout du compte le jeune Canguilhem de Lagneau, c'est la définition que celui-ci donne de la valeur dans son *Cours sur l'existence de Dieu* :

> la réalité absolue que nous cherchons, la seule qui convient à Dieu, n'est ni l'existence ni l'être [...] c'est la valeur [3].

Car, complète aussitôt Lagneau, « il est contradictoire que Dieu puisse exister »[4]. Comme nous le disions précédemment, ces pages « invincibles » du *Cours sur l'existence de Dieu* nous semblent livrer le principe fondamental de la philosophie du jeune Canguilhem, à savoir l'irréductible opposition entre l'Être et la valeur. Pour Lagneau, la valeur se définit comme le contraire du fait. La valeur excède le fait, toujours insuffisant. Elle est une exigence à laquelle aucun état de choses n'est en mesure de correspondre. C'est pourquoi ni l'être ni l'existence ne sauraient convenir à Dieu, la valeur absolue. L'opposition entre Être et valeur est à ce point fondamentale, qu'elle conduit Lagneau à une revalorisation considérable de la finitude humaine. Dans le discours déjà cité prononcé à Sens en 1877, il faisait remarquer à ses jeunes élèves la chose suivante :

> Nous ne pouvons comprendre que notre destinée soit de marcher toujours, et que l'éternelle impuissance d'atteindre les bornes de notre puissance soit

1. G. Canguilhem, « La Philosophie d'Hermann Keyserling », *op. cit.*, p. 158.
2. *Ibid.*, p. 175.
3. J. Lagneau, *Cours sur l'existence de Dieu*, *op. cit.*, p. 307 ; « Dieu ne peut être dit exister » dira Alain, cf. *Souvenirs concernant Jules Lagneau*, *op. cit.*, p. 739.
4. *Ibid.*, p. 300.

> la marque de notre grandeur, non de notre misère. Qu'est-ce pourtant que la vraie grandeur sinon celle que rien ne peut mesurer ni remplir? Pouvoir toujours se dépasser, sentir, si loin qu'elle aille et si bien qu'elle fasse, le mieux et l'au-delà, ne marcher sans fin que parce qu'elle fait elle-même sa route et lui partage son infinité, est-ce le fait d'une nature misérable… ? L'homme est cet infini qui s'échappe à lui-même, toujours plus grand que ce qu'il se sait être, toujours au dessus de ce qu'il fait [1].

La finitude de l'homme au plan factuel est le signe de sa destination morale. Parce que l'humanité se vit sous le régime du manque et de la carence, elle est de fait source d'exigence, et, par conséquent, puissance de valorisation.

S'il est évident, au terme de ce premier moment, que le « style de pensée » réflexif a joué pour beaucoup dans la constitution progressive de la philosophie canguilhemienne, il n'en reste pas moins que celle-ci, dans sa maturité, marque un décalage certain par rapport à celui-là. Certes, la dimension kantienne du jugement offre un terrain commun aux deux approches; toutefois le kantisme de Canguilhem ne conduit pas, comme chez Alain, à une philosophie d'entendement. L'enjeu consiste dès lors à montrer comment cet héritage réflexif débouche singulièrement avec Canguilhem sur une philosophie de la vie.

1. J. Lagneau, *Discours de Sens*, *op. cit.*, p. 20-21.

TRANSITION

L'ÉPUISEMENT DU COGITO

Quel est le problème philosophique majeur auquel s'est heurté Canguilhem, au point de remettre sérieusement en question la philosophie du jugement qu'il avait défendue jusqu'à présent? La détermination et l'explicitation de ce problème feront l'objet de cette transition.

Mais avant, nous souhaiterions préciser ici une chose. Si ce passage mystérieux d'une philosophie de l'esprit à une philosophie de la vie constitue un véritable enjeu, c'est qu'il déborde largement l'intérêt pour la biographie intellectuelle de Canguilhem. Nous croyons en effet que ce passage est symptomatique d'une crise vécue par une grande partie de la philosophie européenne durant les années 1930, crise qui sera lourde de conséquences sur ce que beaucoup considèrent, à tort ou à raison, comme l'âge d'or de la philosophie française : à savoir la génération des Foucault, Althusser, Derrida, Bourdieu…

En effet, l'examen de la crise vécue par Canguilhem dans les années 1930 éclaire pour beaucoup le succès de l'approche structuraliste auprès de la génération de philosophes des années 60; autrement dit la génération en grande partie formée par Canguilhem. Avec elle, et c'est particulièrement net chez le Foucault de la première moitié des années 60 (*Histoire de la folie*, *Naissance de la clinique*, *Mots et les choses*), ou encore dans la «lecture symptômale» de Marx opérée par Althusser, la philosophie française idéaliste qui régna sur la première moitié du siècle (pensons par exemple à Brunschvicg, dont Canguilhem dira qu'il fut « le philosophe pour qui nous avions le plus de considération »[1]) s'efface devant une philosophie dont l'objet n'est plus le sujet. Rappelons ici encore le célèbre portrait que Foucault dressait de Canguilhem au milieu des années 1980 :

> Mais ôtez Canguilhem et vous ne comprenez plus grand-chose à Althusser, à l'althusserisme et toute une série de discussions qui ont lieu chez les marxistes français; vous ne saisissez plus ce qu'il y a de spécifique chez les sociologues comme Bourdieu, Castel, Passeron, et qui les marque si fortement dans le champ de la sociologie…[2]

Si Canguilhem constitue selon Foucault la clef de voûte de toute une génération d'intellectuels, c'est que, comme nous allons tâcher de le montrer, il lui avait en quelque sorte préparé le terrain. Avec Althusser ou

1. G. Canguilhem, « La problématique de la philosophie de l'histoire au début des années 30 », dans J.-Cl. Chamboredon (dir.), *Raymond Aron, le philosophe de l'histoire et les sciences sociales*, Paris, Éditions de la rue d'Ulm, 1999, p. 9-21, p. 20. Il s'agit d'une communication présentée par Canguilhem au colloque en hommage à Raymond Aron, organisé le 12 mars 1988 à l'École normale supérieure.

2. M. Foucault, « La Vie, l'Expérience, et la Science », *op. cit.*, p. 1582-1583.

Foucault, le sujet de la pensée est une pensée sans sujet. Or, il y a là une analogie avec le parcours de Canguilhem lui-même. Dans l'*Essai sur quelques problèmes concernant le normal et le pathologique*, ce n'est plus le sujet transcendantal, pivot de l'approche réflexive, qui occupe le cœur de la réflexion philosophique. C'est la vie, au sens biologique du terme. Pour reprendre les mots d'un autre disciple, François Dagognet, « la vie semble bien être "le *Cogito*" de cette philosophie »[1] ; ce n'est plus le sujet au sens classique puisque la vie, pour autant que nous puissions parler de subjectivité à son propos, est une *subjectivité* qui n'a pas conscience d'elle-même. En cela, Canguilhem nous semble préfigurer le mouvement philosophique à venir. D'où la nécessité d'expliquer cette rupture problématique avec la philosophie de l'esprit défendue jusque-là. Pourquoi problématique ? Parce que, compte tenu des sources philosophiques de jeunesse que nous venons de retracer (Kant, Alain-Lagneau, mais aussi Hamelin[2]), on aurait pu s'attendre à ce que le Canguilhem de la maturité s'inscrive dans le courant spiritualiste français des années 40, représenté par les deux fondateurs de la collection *Philosophie de l'esprit* chez Aubier : à savoir Louis Lavelle (1883-1951), et surtout René Le Senne (1882-1954). Le Senne appartient en effet au cercle très restreint de philosophes contemporains pour qui Canguilhem avait un profond respect. On se souvient qu'en février 1933, il publia dans la revue *Méthode* un compte rendu très élogieux du *Devoir* paru trois ans auparavant. Selon Canguilhem, le passage que Le Senne consacre dans ce livre à la découverte de l'argon par Rayleigh et Ramsay est

> un chef-d'œuvre d'analyse philosophique tant par la rigueur de l'interprétation que par l'art de faire sentir le drame vécu par une conscience de savant. On ne peut résumer, on ne peut que renvoyer au texte. Ces pages méritent de devenir classiques : les apprentis philosophes y trouveraient d'autres lumières que dans l'*Introduction à l'étude de la médecine expérimentale*[3].

Il est fort plausible que le jeune Canguilhem « réflexif » voyait dans la thèse lesennienne d'une obligation à un devoir universel, une grande

1. F. Dagognet, *Georges Canguilhem. Philosophe de la vie*, *op. cit.*, p. 78.

2. L'influence de l'auteur de l'*Essai sur les éléments principaux de la représentation* (Paris, Alcan, 2e éd., 1925) est palpable dans le *Traité de logique et de morale*, où Canguilhem et Planet énoncent l'antériorité de la synthèse sur l'analyse.

3. G. Canguilhem, « R. Le Senne. *Le Devoir* (1 vol., 602 p., Alcan, 1930) », dans *Méthode. Revue de l'enseignement philosophique* (février 1933) ; repris dans *Œuvres complètes*, tome 1, *op. cit.*, p. 441-444. Le *Traité de logique et de morale* renvoie expressément aux analyses de Le Senne dans le *Devoir* sur la question des conditions du progrès scientifique. Cf. *Traité de logique et de morale*, *op. cit.*, p. 698.

convergence avec sa propre thèse de l'obligation au jugement. Pour l'un comme pour l'autre, le « fait » de la valeur révèle l'insuffisance du réel. Reste toutefois que le Canguilhem « philosophe-médecin » des années 1940 ne s'inscrit assurément plus dans la perspective idéaliste défendue par Le Senne. Comment expliquer alors cette réorientation, ou, pour mieux dire, ce changement d'appui ? Afin de répondre à cette question, nous allons faire un saut chronologique d'une trentaine d'années, et examiner la manière dont Canguilhem a reçu les *Mots et les choses*. Car, en un mot, nous pensons que Foucault apparut à Canguilhem comme celui qui a dressé pour la première fois, avec clarté, le diagnostic du problème qu'il a lui-même rencontré au plan philosophique à la fin des années 1930. De plus, de manière périphérique, ce détour par les *Mots et les choses* nous permettra de répondre à une question qui fait encore aujourd'hui débat : la question de la filiation philosophique entre Canguilhem et Foucault[1].

« Une question personnelle »

En 1967, soit près d'un an après la parution des *Mots et les choses*, Canguilhem écrivit pour la revue *Critique* un très beau compte rendu de l'ouvrage complexe de Foucault. L'article s'intitule « Mort de l'homme ou épuisement du *Cogito* ? »[2], en référence aux dernières lignes prophétiques du livre annonçant la « fin prochaine »[3] de l'homme. Jusqu'à présent, on a interprété ce texte comme l'engagement d'un maître en faveur d'un disciple alors autant décrié qu'adulé. Ainsi que le rappelle Didier Eribon dans la biographie substantielle qu'il consacra à Foucault,

> en janvier 1967, *Les Temps modernes* avait publié deux articles très sévères sur *Les Mots et les choses*, signé de Michel Amiot et Sylvie Le Bon. C'est pour réagir à cette mobilisation des sartriens que Canguilhem s'était décidé à sortir de sa réserve habituelle[4].

1. *Cf.* P. Macherey, « De Canguilhem à Canguilhem en passant par Foucault », dans *Georges Canguilhem. Philosophe, historien des sciences*, *op. cit.*, p. 286-294 ; F. Delaporte, « Foucault, Canguilhem et les monstres », dans *Canguilhem. Histoire des sciences et politique du vivant*, *op. cit.*, p. 91-112.

2. G. Canguilhem, « Mort de l'homme ou épuisement du *Cogito* ? », *Critique*, n°242, juillet 1967, p. 599-618.

3. M. Foucault, *Les mots et les choses*, Paris, Gallimard, 1966, p. 398.

4. D. Eribon, *Michel Foucault* (1989), Paris, Flammarion, édition revue et enrichie, 2011, p. 282.

Ce n'est pas faux ; en témoigne par exemple la référence implicite à Simone de Beauvoir qui, pour avoir déclaré en 1966 « Foucault poussiéreux comme tout » [1], se voit rétorquer l'année suivante par Canguilhem :

> On a parlé de "poussière". C'est juste. Mais comme la couche de poussière sur les meubles mesure la négligence des femmes de ménage, la couche de poussière sur les livres mesure la frivolité des femmes de lettres [2].

La polémique avec les sartriens porte sur le traitement réservé à l'Histoire dans *Les Mots et les choses*. En affirmant qu'entre les différentes *épistémès*, il y a des discontinuités et des ruptures qui débordent le mode de penser historique, Foucault aurait éliminé la question du sens. L'approche archéologique donnerait effectivement congé à la notion de progrès, Foucault présentant les *épistémès* sans référence aucune à quelque norme qui permettrait de porter un jugement de valeur sur leur succession :

> L'Histoire du XIXe siècle, c'est le Progrès du XVIIIe substitué à l'Ordre du XVIIe, mais cette émergence du Progrès ne doit pas être tenue, au regard de l'Histoire, pour un progrès. Et si le visage de l'Homme venait à s'effacer du savoir « comme à la limite de la mer un visage de sable » (p. 398), rien chez M. Foucault ne laisse supposer qu'il considère cette éventualité comme celle d'un recul. Nous avons ici affaire à un explorateur et non à un missionnaire de la culture moderne [3].

Mais ce faisant, Foucault n'enterre-t-il pas du même coup l'Histoire? Absolument pas selon Canguilhem. Plus rigoureux que les existentialistes, l'archéologue du savoir pousse plus loin qu'eux la démarche historique, puisqu'il va jusqu'à problématiser l'historicité du mode de pensée historique :

> [e]n un sens, que demander de plus, sous le rapport de l'historicité, à qui écrit : "Mode d'être de ce qui nous est donné dans l'expérience, l'Histoire est ainsi devenue l'incontournable de notre pensée" (231). Mais comme cette émergence de l'histoire, d'une part comme discours, d'autre part comme mode d'être de l'empiricité, est tenue pour le signe d'une rupture, on est porté à en conclure que quelque autre rupture – peut-être déjà en cours – nous rendra étranger, impensable qui sait?, le mode de penser historique [4].

1. Beauvoir citée par Eribon dans *Michel Foucault*, *op. cit.*, p. 280.
2. G. Canguilhem, « Mort de l'homme ou épuisement du *Cogito* ? », *op. cit.*, p. 610.
3. *Ibid.*, p. 604.
4. *Ibid.*, p. 603.

Rien ne garantit effectivement que le mode de penser historique, produit de ce que Foucault nomme l'*épistémè* moderne, ne soit pas lui-même appelé un jour à disparaître. Catégorie « incontournable de notre pensée » depuis le XIXe siècle, l'histoire le sera-t-elle encore dans les siècles à venir ? Sauf à verser dans le dogmatisme, rien ne permet de l'affirmer.

Inutile de développer plus avant le propos de Canguilhem pour voir que « Mort de l'homme ou épuisement du *Cogito* » prend effectivement le parti de Foucault dans la polémique que celui-ci a initiée avec Sartre. Mais doit-on pour autant réduire ce texte de 1967 à une riposte d'un camp contre l'autre ? Nous ne le croyons pas.

Nous appuyons notre argumentation sur l'examen d'un document inédit qu'a bien voulu nous communiquer Camille Limoges. Il s'agit du texte d'une conférence prononcée le 6 octobre 1966 à Montréal, qui, rétrospectivement, s'avère être une première version du fameux compte rendu pour *Critique*. Ce document a ceci de précieux qu'il témoigne de la manière dont Canguilhem a lu les *Mots et les choses* au moment de sa parution en avril 1966, autrement dit *avant* que n'éclate la controverse avec les sartriens des *Temps modernes* en janvier 1967. La conférence a pour titre « La philosophie peut-elle renoncer au *Cogito* ? ». D'emblée, Canguilhem y déclare :

> C'est ici une question *personnelle* et *circonstancielle* et ce n'est d'ailleurs qu'une question. Pour légitimer cette question comme sensée, quoique personnelle, il convient d'exposer dans quelle situation philosophique, *aujourd'hui*, elle trouve une invitation, ou peut-être même une sommation, à se formuler [1].

Dans la suite du texte, on comprend que la « situation philosophique » sommant « aujourd'hui » le philosophe de poser la question du renoncement au *Cogito* n'est autre que la parution des *Mots et les choses*. C'est ce livre qui donnerait non seulement sens, mais aussi légitimité, à cette question pourtant « *personnelle* et *circonstancielle* ». Il y a dans cet aveu quelque chose de mystérieux : en quoi le problème posé par Foucault revêt-il aux yeux de Canguilhem un caractère personnel ? En deux mots, notre hypothèse est que si le renoncement au *Cogito* est pour Canguilhem une « question personnelle », c'est qu'il recoupe une partie de son propre itinéraire philosophique. Nous sommes en effet convaincus que si Canguilhem est sorti de sa « réserve habituelle » pour discuter ce qu'il considère comme

1. G. Canguilhem, « La philosophie peut-elle renoncer au *Cogito* ? », Conférence prononcée à la Société de philosophie le 6 octobre 1966, Fonds Canguilhem, Caphès.

le problème central des *Mots et les choses*, c'est que ce livre dresse pour la première fois le diagnostic d'un drame de la pensée qu'il a lui-même vécu durant les années 1930. Ce drame, c'est ce que Canguilhem nomme « l'épuisement du *Cogito* ».

L'HISTOIRE DE LA DISSOLUTION DU *JE PENSE*

Rappelons brièvement l'argumentation développée par Foucault. Jusqu'à Kant, la vérité était subordonnée à la subjectivité, et relevait d'une analyse des « propriétés et (des) formes de la représentation qui permettaient la connaissance en général » [1]. Or, à la charnière des XVIIIe et XIXe siècles, Foucault repère un changement d'*épistémè* : d'un paradigme où la vérité était fondée dans le *Je pense*, nous sommes passés à un paradigme où la vérité relève désormais d'une analytique de la finitude de l'homme, lequel n'est plus compris comme sujet, mais comme positivité au carrefour de la philologie, de l'économie et de la biologie (langage, désir et chair).

> [M]aintenant que le lieu de l'analyse, ce n'est plus la représentation, mais l'homme en sa finitude, il s'agit [selon Foucault] de mettre au jour les conditions de la connaissance à partir des contenus empiriques qui sont donnés en elle [2].

L'avènement de ce que Foucault appelle « la pensée moderne » se caractérise ainsi par un recouvrement du champ empirique et du champ transcendantal :

> toute connaissance empirique, pourvu qu'elle concerne l'homme, vaut comme champ philosophique (c'est-à-dire transcendantal) possible, où doit se découvrir le fondement de la connaissance, la définition de ses limites et finalement la vérité de toute vérité [3].

L'épistémè moderne rompt avec *l'épistémè* classique en ce que les conditions de possibilité de la connaissance ne sont plus à chercher dans la synthèse subjective des représentations – le *Je pense*, entendu dans la deuxième édition de la *Critique de la Raison pure* comme « unité originairement synthétique de l'aperception » – mais dans un dispositif que Foucault nomme « doublet empirico-transcendantal » :

1. M. Foucault, *Les Mots et les choses*, *op. cit.*, p. 329.
2. *Ibid.*
3. *Ibid.*, p. 352.

> L'homme, dans l'analytique de la finitude, est un étrange doublet empirico-transcendantal, puisque c'est un être tel qu'on prendra en lui connaissance de ce qui rend possible toute connaissance [1].

De là, poursuit Foucault, « (on) a vu naître alors deux sortes d'analyses »[2] : un premier type que l'on peut qualifier de positiviste, en ce qu'il enracine la connaissance dans une nature humaine finie, et un second type, dit marxiste, qui met au jour l'historicité de la connaissance, à savoir qu'elle a pour conditions de possibilité des facteurs historiques, économiques et sociaux.

Or, à ce niveau de l'argumentation des *Mots et les choses*, Foucault procède à une opération qui est loin d'avoir échappée à Canguilhem : en témoigne le compte rendu de 1967 pour *Critique*, mais surtout la conférence de 1966 à Montréal, puisqu'il consacre à cette dernière l'intégralité de son propos. Cette fameuse opération conduite par Foucault est la suivante : interpréter la substitution de l'*épistémè* moderne à l'*épistémè* classique dans une perspective kantienne. Si Canguilhem peut parler d'« épuisement du *Cogito* » à propos du travail de Foucault, c'est que celui-ci met en lumière qu'à la charnière du XVIIIe et XIXe siècles, le *Je pense* de l'âge classique se dissout en deux directions divergentes. D'un côté, nous avons des analyses qui

> se sont logées dans l'espace du corps, et qui, par l'étude de la perception, des mécanismes sensoriels, des schémas neuro-moteurs, de l'articulation commune aux choses et à l'organisme, ont fonctionné comme une sorte d'esthétique transcendantale [3].

Autrement dit, le positivisme révéla selon Foucault que les conditions de possibilité de la connaissance sont des conditions relatives à l'anatomie et à la physiologie humaine. L'autre type d'analyses ayant épuisé la souveraineté du sujet classique est l'analyse marxiste qui, « par l'étude des illusions, plus ou moins anciennes, plus ou moins difficiles à vaincre de l'humanité, ont fonctionné comme une sorte de dialectique transcendantale »[4]. Marx révéla qu'il y avait une historicité des formes de connaissance, lesquelles ne sont pas universelles mais fonctions de conditions historiques, sociales, et économiques.

1. *Ibid.*, p. 329.
2. *Ibid.*, p. 330.
3. *Ibid.*
4. *Ibid.*

> Or, poursuit Foucault, ces analyses ont ceci de particulier qu'elles n'ont, semble-t-il, aucun besoin des unes des autres; bien plus, qu'elles peuvent se dispenser de tout recours à une analytique (ou une théorie du sujet) : elles prétendent pouvoir ne reposer que sur elles-mêmes, puisque ce sont les contenus eux-mêmes qui fonctionnent comme réflexion transcendantale [1].

Replacé dans une perspective kantienne, ce qui a disparu dans un tel schéma de pensée, c'est ce qui constituait précisément aux yeux d'Alain et de la tradition réflexive, la clef de toute philosophie : à savoir *l'analytique transcendantale*, l'analyse des formes de l'entendement, la synthèse subjective, bref, le jugement. Dans l'*épistémè* moderne, l'unité originairement synthétique de l'aperception (le sujet, le *Je pense*) est effectivement aspirée dans une nature – perspective positiviste – ou diluée dans une histoire générale qui lui est antérieure – perspective marxiste. Désormais comme l'explique Foucault, « ce sont les contenus eux-mêmes qui fonctionnent comme réflexion transcendantale » [2]; ce n'est plus un sujet originaire.

Partant, la célèbre conclusion des *Mots et les choses* : en rabattant le transcendantal sur l'empirique – autrement dit en éliminant du champ de l'analyse tout ce qui relevait chez Kant d'une analytique transcendantale – la pensée « s'est endormie d'un nouveau sommeil » [3], non plus dogmatique, mais anthropologique. Aussi, tout l'enjeu consiste pour Foucault à réveiller cette pensée de son sommeil anthropologique; autrement dit, à séparer de nouveau l'empirique du transcendantal. Mais pas à la manière de Kant. Il ne s'agit plus de réinscrire le transcendantal dans la subjectivité, les conditions de possibilité de la connaissance n'étant maintenant plus relatives aux formes *a priori* de la sensibilité et de l'entendement d'un sujet anhistorique. C'est pourquoi Foucault entreprend non pas une critique, mais une archéologie, dont l'enjeu est de révéler les conditions non plus subjectives, mais structurelles et historiques de la connaissance. L'archéologie des sciences humaines n'inscrit plus les conditions de possibilité de la connaissance et de l'expérience dans un sujet transcendantal, mais dans des pratiques discursives produites au carrefour de la biologie, de l'économie et de la linguistique. Et c'est l'examen de ces pratiques qui, selon Foucault, annonce la fin prochaine de l'homme, étrange dispositif « empirico-transcendantal » auquel elles avaient donné naissance.

1. *Ibid.*
2. *Ibid.*
3. *Ibid.*, p. 352.

CANGUILHEM LECTEUR DES *MOTS ET LES CHOSES*

Si l'on s'attarde aussi longuement sur l'argumentation des *Mots et les choses*, c'est qu'il se joue dans les analyses de Foucault, quelque chose de l'itinéraire de Canguilhem lui-même. Nous pensons en effet qu'une partie de l'admiration de Canguilhem pour Foucault tient à ce qu'il aurait été le premier à rendre compte d'un bouleversement dans l'ordre de la pensée que Canguilhem a lui-même vécu, sans pour autant parvenir à le penser pleinement – du moins jusqu'à ce que *Les Mots et les choses* n'en dresse le diagnostic.

On a vu que philosophiquement, Canguilhem est issu d'une tradition de penseurs (Lachelier, Lagneau et Alain) qui s'est développée depuis une réflexion sur l'*Analytique transcendantale* de Kant. On se souvient en effet que les *Entretiens au bord de la mer*, un des quatre ouvrages sur lesquels Canguilhem fonde sa conviction qu'« Alain est un vrai philosophe »[1], ont pour sous-titre *Recherche de l'entendement.* Or, les travaux du Canguilhem de la maturité n'ont manifestement plus grand chose à voir avec une philosophie intellectualiste dont l'objet est de retracer réflexivement l'activité omniprésente d'un sujet jugeant. De là, l'hypothèse suivante : si Canguilhem s'est montré particulièrement attentif à la rupture dépeinte par Foucault au seuil de notre modernité, c'est qu'il s'est produit, au niveau de son itinéraire personnel, une rupture analogue à celle que connut la pensée occidentale au niveau macroscopique.

Aussi, ayant en tête les sources philosophiques du jeune Canguilhem, on ne s'étonnera pas que dans son compte rendu pour *Critique* de 1967, comme dans sa conférence de Montréal de 1966, il loue notamment Foucault pour avoir repéré le rôle fondamental joué par Kant dans le passage de l'*épistémè* classique à l'*épistémè* moderne. Si le positivisme et le marxisme ont pu se passer d'une analytique transcendantale – autrement dit d'une théorie du sujet –, c'est que Kant leur avait en quelque sorte préparé le terrain. Dans la conférence de Montréal, il affirme : « Kant est le philosophe qui a établi l'acte de naissance d'une subjectivité sans conscience de soi »[2]; il s'en explique assez longuement l'année suivante dans le texte pour *Critique* :

> Le *Je pense* kantien, véhicule des concepts de l'entendement, est une lumière qui ouvre l'expérience à son intelligibilité. Mais cette lumière est dans notre dos et nous ne pouvons pas nous retourner vers elle. Le sujet

1. G. Canguilhem, « Réflexions sur la création artistique selon Alain », *op. cit.*, p. 186.
2. G. Canguilhem, « La philosophie peut-elle renoncer au *Cogito* ? », *op. cit.*

> transcendantal des pensées comme l'objet transcendantal de l'expérience est un X. L'unité originairement synthétique de l'aperception constitue de façon ante-représentative, une représentation bornée en ce sens qu'elle ne peut avoir accès à son foyer originaire. Ainsi, à la différence du *Cogito* cartésien, le *Je pense* est posé comme un en-soi, sans parvenir à s'atteindre pour soi. Le *Je* ne peut se connaître *Moi*[1].

En deçà du sujet conscient de lui-même, le *Je pense* que Descartes croyait découvrir par introspection, Kant révèle une structure catégoriale qui échappe au champ de la représentation. En tant qu'elle constitue la représentation, cette structure est « une lumière qui ouvre l'expérience à son intelligibilité. Mais cette lumière est dans notre dos et nous ne pouvons pas nous retourner vers elle. » Aussi poursuit Canguilhem, puisque la « place du roi » jadis occupée par le sujet est désormais vacante, certains courants de pensée ont cherché, dans le champ de l'expérience, de possibles successeurs. C'est, comme on l'a dit, l'option que choisira le positivisme :

> A partir de ce moment est rendu pensable, en philosophie, le concept de la fonction du *Cogito* sans sujet fonctionnaire. Le *Je pense* kantien, puisqu'il est toujours en deçà de la conscience prise des effets de son pouvoir, n'interdit pas les tentatives consistant à rechercher si la fonction fondatrice, si la légitimation du contenu de nos connaissances par la structure de leurs formes ne pourrait pas être assurée par des fonctions ou des structures dont la science elle-même avérerait qu'elles sont à l'œuvre dans l'élaboration de ces connaissances[2].

A la charnière des XVIIIe et XIXe siècles, via la mise au jour du sujet transcendantal, un ensemble de structures impersonnelles vient désormais occuper « la fonction du *Cogito* sans sujet fonctionnaire ». En d'autres termes, c'est la structure qui se trouve ainsi substituée au sujet. Or, eu égard au problème qui nous occupe, ce commentaire de Canguilhem a ceci de précieux qu'il explicite cette substitution en s'appuyant sur la pierre de touche de l'approche réflexive dont il est héritier : le *Je pense* ou « unité originairement synthétique de l'aperception ». De là l'hypothèse suivante : lorsque Canguilhem retrace dans le sillage de Foucault le destin tragique – puisqu'il disparaît – du sujet au XIXe siècle, c'est en quelque sorte sa propre trajectoire philosophique qu'il refait en quelques lignes. Parti d'une philosophie du sujet héritée d'Alain, et plus fondamentalement de Kant, Canguilhem aboutit singulièrement à une philosophie où c'est la vie – autrement dit « une subjectivité sans conscience de soi » – qui occupe la

1. G. Canguilhem, « Mort de l'homme ou épuisement du *Cogito* ? », *op. cit.*, p. 614-615.
2. *Ibid.*, p. 615.

place du roi laissée vacante par le sujet. Aussi pensons-nous que sous couvert d'un commentaire des *Mots et les choses*, « Mort de l'homme ou épuisement du *Cogito*? » se présente comme un essai d'auto-analyse où Canguilhem évoque, discrètement, les difficultés auxquelles s'est heurtée sa propre pensée au sortir de sa phase « idéaliste ».

La suite du commentaire de 1967 semble consolider cette hypothèse. Tout en louant Foucault d'avoir exposé « fort clairement les démarches par lesquelles les philosophie non-réflexives du XIXe siècle ont tenté de rabattre "la dimension propre de la critique sur les contenus d'une connaissance empirique" sans pouvoir éviter l'usage d'une certaine critique »[1], Canguilhem émet la réserve suivante, lourde de signification :

> Foucault n'a cité Comte qu'une fois (p. 331). C'était pourtant un cas à suivre de plus près. Comte a pensé souvent qu'il était le vrai Kant par substitution du rapport scientifique organisme-milieu au rapport métaphysique sujet-objet[2].

Et Canguilhem de conclure, quelques lignes plus loin :

> La philosophie de Comte est l'exemple type d'un traitement empirique du projet transcendantal conservé[3].

Quand on sait l'importance que réserveront au couple organisme-milieu la thèse de médecine de 1943, et plus encore le grand texte sur « Le vivant et son milieu »[4], on est en droit de se demander si la philosophie de la maturité de Canguilhem n'est pas elle aussi, à quelque degré – la nuance est ici capitale – « un traitement empirique du projet transcendantal conservé ».

C'était en un sens la question que posait déjà Jacques Piquemal à son maître en 1985, à l'occasion de l'hommage rendu à celui-ci par la *Revue de Métaphysique et de Morale.* A la fin de son témoignage « G. Canguilhem, professeur de Terminale (1937-1938) », Piquemal évoque les rares cas où Canguilhem recourait à des métaphores; il se souvient notamment de deux images, toutes deux tirées d'un cours sur « La Volonté » :

> A propos de nos décisions délibérées, était évoquée la procédure d'un régime parlementaire : dépôt d'un projet de loi; débats prolongés; bilan quantitatif d'un vote; transmission à l'exécutif d'un vote, etc. Mais cette métaphore explicitée n'intervenait que comme « modèle », sous-jacent à

1. *Ibid.*
2. *Ibid.*
3. *Ibid.*
4. G. Canguilhem, « Le vivant et son milieu », dans *La connaissance de la vie*, *op. cit.*, p. 129-154.

> une théorie à rejeter [...] A l'inverse et paradoxalement, à propos de l'aspect physiologique du mouvement volontaire, Canguilhem résumait la structure d'« innervation croisée » dans les muscles agonistes et antagonistes, par la formule : « musculairement, il faut que les opposants permettent ». Cette image apportait certes, avant tout, un raccourci didactique. Mais le tournant en cours de la pensée canguilhemienne à cette date, suggère que cette projection du spirituel dans le physiologique commençait peut-être à apparaître déjà à notre professeur comme un peu plus qu'une métaphore [1].

Ce témoignage est riche d'enseignements. A la métaphore « réflexive » d'un débat parlementaire (primat du jugement), Canguilhem substitue une image appartenant au physiologique (et donc au corps) pour illustrer la complexité du mouvement volontaire. Il n'y a là rien d'innocent : comme Piquemal, nous voyons nous aussi dans cette « projection du spirituel dans le physiologique » bien plus qu'une métaphore; cette « projection » témoigne en effet d'un « tournant » qu'a connu la pensée canguilhemienne à partir du milieu des années 1930.

On connaît le célèbre mot de Canguilhem à propos de l'exercice philosophique, tel que le pratiquait Bachelard : « travailler un concept c'est en faire varier l'extension et la compréhension » [2]. Or, ce à quoi va s'atteler Canguilhem dès 1935-36, c'est précisément de « travailler », au sens bachelardien, le « style de pensée » réflexif hérité d'Alain. Et comme on peut le deviner quand on connaît les travaux du Canguilhem de la maturité, c'est dans la vie que cette philosophie du jugement, jusque-là réservée au seul domaine de l'esprit, va trouver à la fois un appui qu'elle ne peut plus chercher dans un sujet transcendantal, et une occasion de déplacement. Dans l'*Essai*, Canguilhem écrira :

> Nous pensons être aussi vigilant que quiconque concernant le penchant à tomber dans l'anthropomorphisme. Nous ne prêtons pas aux normes vitales un contenu humain, mais nous nous demandons comment la normativité essentielle à la conscience humaine s'expliquerait si elle n'était pas de quelque façon en germe dans la vie [3].

Chez Canguilhem, à partir de 1943, la vie succède au *Cogito* dans ses fonctions; en particulier celles de valorisation. Ce changement d'objet

1. J. Piquemal, « Georges Canguilhem, professeur de Terminale (1937-1938) », *op. cit.*, p. 80-81.

2. G. Canguilhem, « Dialectique et philosophie du non chez Gaston Bachelard », dans *Études d'histoire et de philosophie des sciences*, *op. cit.*, p. 206.

3. G. Canguilhem, *Essai*, *op. cit.*, p. 77.

appelle évidemment une redéfinition du travail philosophique. Et ici encore, Foucault apparaît à Canguilhem comme celui qui a dressé le bon diagnostic de l'actualité philosophique. Dans le compte rendu de 1967 pour *Critique*, il déclare :

> En écrivant le bref chapitre « Le Cogito et l'Impensé » (p. 333-339), M. Foucault a sans doute eu le sentiment de ne pas parler seulement pour lui [...] mais aussi d'indiquer la question qui, hors de toute préoccupation traditionnelle, constitue pour la philosophie sa tâche aujourd'hui. Le *Cogito* moderne ce n'est plus la saisie intuitive de l'identité, dans le *penser*, de la pensée pensante à son être, c'est l'interrogation toujours recommencée pour savoir comment la pensée habite hors d'ici et pourtant au plus proche d'elle-même, comment elle peut *être* sous les espèces du non-pensant [1].

En écrivant le chapitre sur « le Cogito et l'Impensé », Foucault ne parlait effectivement pas seulement pour lui : il parlait aussi, sans le savoir, pour Canguilhem. Pour la première fois, on rendait compte du problème que celui-ci avait lui-même traversé, sans pouvoir toutefois l'identifier aussi clairement que Foucault dans les *Mots et les choses*. A Montréal, Canguilhem clôturait sa conférence par l'examen du passage des *Mots et les choses* où Foucault évoque le projet phénoménologique d'une « ontologie de l'impensé qui met hors circuit la primauté du Je pense ». Il faisait alors remarquer la chose suivante :

> Cette phrase contient un mot auquel il serait bon d'attacher quelque importance : l'*impensé*. Qu'il s'agisse *d'implicite*, de *non effectué* ou *d'inconscient*, il est certain aujourd'hui que l'impensé vient assaillir d'avance, du fond du temps, ou de quoi ? la conscience que la pensée philosophique s'efforce de prendre de sa propre fonction.

« L'impensé » canguilhemien, tel que défini ci-dessus, n'est-il pas la vie elle-même ? La vie ne peut-elle pas être considérée en effet comme un « non-pensant » « au plus proche » de la pensée, qui, par ses dépassements présomptueux de la connaissance, « vient assaillir d'avance, du fond du temps, ou de quoi ? la conscience que la pensée » en générale peut prendre d'elle-même ? C'est à notre sens ce que tend à démontrer le Canguilhem de la maturité, en particulier dans ses textes de philosophie des sciences du vivant.

1. G. Canguilhem, « Mort de l'homme ou épuisement du *Cogito* ? », *op. cit.*, p. 617.

FAUT-IL ABANDONNER LE « STYLE » RÉFLEXIF?

Pour clore le dialogue avec Foucault, nous dirions donc que l'avènement du XIXe siècle atteste effectivement pour Canguilhem d'un bouleversement majeur dans le champ du savoir. Mais ce n'est pas la naissance de l'homme des sciences humaines, dont Foucault prédit la fin prochaine, qui retient son attention; c'est la mort avérée *d'une certaine manière d'unifier l'expérience depuis l'entendement pur.* C'est pourquoi, en lieu et place de la « mort de l'homme », Canguilhem préfère parler d'« épuisement du *Cogito* », au sens où, depuis Kant, celui-ci s'est vidé de tout contenu. Pour Foucault, c'est la dissolution du sujet dans une nature – option positiviste – ou dans l'histoire – option marxiste – qui marque l'impossibilité de fonder l'unité de l'expérience dans un sujet souverain. En bref, c'est la mise au jour de l'historicité de la Raison qui sonne pour Foucault la fin du *Cogito* cartésien. Il n'en va toutefois pas de même pour Canguilhem, au sens où sa perspective dans les années 30 est comme nous allons le voir à présent, moins historique qu'*axiologique*.

D'après lui, c'est en effet l'impossibilité d'*unifier* l'expérience selon un système moniste de valeur qui doit venir contrebalancer la croyance qu'une philosophie d'entendement pourrait, à elle seule, rendre compte de la densité de l'expérience. Expliquons-nous. Empruntant une définition du *Traité de logique et de morale* de 1939, nous dirions que la finalité de toute philosophie d'entendement – et par conséquent de toute science – réside dans la production « d'affirmations ou de jugements supposés *vrais*, c'est-à-dire exactement ou fidèlement représentatifs d'une *réalité* »[1]. Or, sauf à mutiler l'expérience humaine, la vérité n'est assurément pas la seule valeur possible pour le jugement. C'est ce dont témoigne, selon Canguilhem, l'examen philosophique du phénomène technique : la technique repose moins sur un jugement de type réflexif que dans un héritage immémorial de l'histoire de la vie en l'humanité. Sa thèse est la suivante : si le jugement était rivé à l'affirmation du vrai, l'essor de la technique, et par conséquent l'entrée dans l'histoire humaine, serait proprement incompréhensible. Car pour le dire vite, nous y reviendrons, ce n'est pas le constat scientifique de *ce qui est* – la vérité, le fait – qui peut motiver l'initiative technique. Celle-ci ne naît pas de la promotion du vrai, mais du faux, d'un manque, d'une certaine forme de non-être, autrement dit d'une fin ou d'une valeur fixée plus ou moins consciemment par un être vivant insatisfait de l'état de choses dans lequel il se trouve. Aussi, si Canguilhem s'est intéressé toute sa

1. G. Canguilhem, C. Planet, *Traité de logique et de morale*, *op. cit.*, p. 643.

vie durant au problème de la technique, c'est croyons-nous moins en historien des sciences qu'en philosophe des valeurs. Il est en effet fort probable qu'il voyait dans l'analyse de l'initiative technique, une preuve positive et tangible de la thèse philosophique chère à Lagneau et Alain, de la supériorité de la valeur sur le fait. C'est du moins ce que nous allons tenter de montrer.

Mais avant de procéder à l'examen philosophique du phénomène technique, signalons une réserve de première importance. Ainsi qu'en témoignent les quelques textes publiés par Canguilhem entre 1935 et 1939, tout porte à croire que celui-ci commençait à accuser les limites de la philosophie intellectualiste qu'il avait défendue jusque-là. Toutefois, cette crise intellectuelle qu'il interprétera rétrospectivement, après avoir lu *Les Mots et les choses*, comme un « épuisement du *Cogito* », ne l'a pas conduit à un complet abandon du « style » réflexif. Loin de là. En cela, nous sommes en désaccord avec le fameux tableau de la philosophie française dressée par Foucault en 1984, où une philosophie du concept représentée entre autres par Canguilhem, s'opposerait à une philosophie de la conscience à la Sartre et à la Merleau-Ponty [1]. Canguilhem n'a selon nous jamais défendu une philosophie sans sujet. Chez lui, la structure est contrebalancée par une *certaine forme* de subjectivité. Sans sujet aucun, où asseoir en effet la faculté de juger et de choisir que Canguilhem considère comme la fonction suprême de l'humanité ? On nous objectera peut-être son admiration pour Cavaillès, philosophe spinoziste. Mais justement, s'il admire Cavaillès, c'est comme il le dit lui-même en 1989, pour l'énigme dans laquelle le plonge son ami, lui qui, bien que promoteur d'une philosophie sans sujet, s'est engagé dans les actions héroïques que l'on sait : « ne pas pouvoir éclairer entièrement ce qui fut sa justification secrète, cela constitue à nos yeux un hommage à sa grandeur » [2]. Pour le philosophe, c'est donc un *devoir* que de maintenir la fonction suprême du jugement, même si le *Cogito* s'avère épuisé. Aussi, tous les efforts de Canguilhem après 1935 consisteront-ils à ancrer cette philosophie du jugement ailleurs que dans une synthèse subjective anhistorique. Autrement dit, plutôt que de sonner la fin de la philosophie du jugement – et par conséquent de toute philosophie du sujet – l'« épuisement du *Cogito* » doit appeler davantage à la refondation de celle-ci. Et comme on peut le deviner quand on connaît la

1. *Cf.* M. Foucault, « La Vie, l'Expérience, et la Science », *op. cit.*, p. 1583.

2. G. Canguilhem, « Une vie, une œuvre 1903-1944, Jean Cavaillès, philosophe et résistant, France Culture (27 avril 1989) », dans J. Cavaillès, *Œuvres complètes de philosophie des sciences*, Paris, Hermann, 1994, p. 683-686, p. 686.

suite du parcours intellectuel de Canguilhem, c'est dans la vie que cette philosophie du jugement trouvera l'appui que ne peut plus lui assurer un sujet du type transcendantal. Encore une fois, notre thèse est que Canguilhem conserva toute sa vie durant quelque chose du « style » réflexif qui domina ses années de jeunesse. Aussi, à la fin des années 30, l'enjeu consiste-t-il davantage à refonder cette philosophie du jugement et des valeurs en l'ancrant dans une philosophie de la vie, où la vie apparaît elle aussi, à quelque degré, comme une puissance de jugement et de choix.

DEUXIÈME PARTIE

AGIR ET JUGER (1935-1939)

L'ENTENDEMENT DÉBORDÉ PAR L'URGENCE DE L'ACTION

CHAPITRE VI

DU JUGEMENT

QU'APPELLE-T-ON JUGER ?

A l'inverse de la première moitié des années 1930, Canguilhem publia relativement peu entre 1935 et 1939. Une dizaine de textes tout au plus, répartis équitablement selon deux axes principaux : un axe sociologique ayant pour objet la paysannerie française des années 1930, et un axe plus directement philosophique en ce qu'il examine, dans le champ de la technique, le problème des rapports entre connaissance et action. Si de prime abord ces thématiques ne semblent pas se recouper, elles sont pourtant sous-tendues par un même problème philosophique : celui de l'unité de l'expérience.

De Kant, Canguilhem retient effectivement l'idée que l'unité de l'expérience n'est une donnée de fait, mais un problème. Il s'agit même selon lui du problème philosophique par excellence. L'humanité est ainsi faite qu'elle ne peut vivre sans organiser, et polariser ainsi en valeur, un monde qui est en soi chaotique. Cela tient à la finitude de la raison humaine, qui est loin d'être axiologiquement neutre : il y a en effet, dit Kant, « un besoin réel et comme tel inhérent à la raison » ; or, « la raison veut être satisfaite »[1]. Cette exigence consubstantielle à l'esprit humain, c'est le besoin d'unité. Et un tel besoin d'unité ne peut être satisfait qu'au moyen d'une activité réflexive de hiérarchisation, qui n'est autre pour Canguilhem que la philosophie elle-même. Dans le *Traité de logique et de morale* de

1. E. Kant, « Qu'est-ce que s'orienter dans la pensée ? » (1786), trad. fr. par A. Philonenko, Paris, Vrin, 1984, p. 78-79, pour les deux citations.

1939 il déclare : « La valeur morale c'est de créer de l'unité, là où elle n'est pas »[1]. Aussi, la philosophie est-elle entendue par lui comme un art, l'art du jugement, auquel aucune méthode dogmatique ne saurait nous soustraire. Ce point est fondamental. Selon la définition qu'en a donné Kant, « la faculté de juger est le pouvoir de *subsumer* sous des règles, c'est-à-dire de distinguer si quelque chose s'inscrit ou non sous une règle donnée (*casus datae legis*) »[2]. Or, aucune règle de l'entendement ne peut indiquer mécaniquement si tel ou tel cas particulier tombe sous tel ou tel concept général, sans nécessiter l'intervention de la faculté de juger. C'est-là ce qu'a bien vu Kant, notamment lorsqu'il aborde la difficile question de l'imagination – qu'il entend comme la médiation entre l'entendement et la sensibilité – à savoir le schématisme des concepts purs de l'entendement. Dans un court texte introductif à l'*Analytique des principes* intitulé *De la faculté de juger en générale*, Kant affirme :

> La logique générale ne contient aucun précepte pour la faculté de juger et ne peut pas non plus en contenir. Car, étant donné qu'elle fait abstraction *de tout contenu de connaissance*, il ne lui reste plus qu'à se consacrer à exposer séparément, par une démarche analytique, la simple forme de la connaissance…[3].

Ce qui n'implique évidemment pas que la logique générale soit d'aucune utilité pour la connaissance ; c'est à elle que revient la tâche de déterminer les règles formelles de tout usage de l'entendement. Mais Kant ajoute aussitôt :

> Si elle voulait alors montrer d'une façon générale comment on doit subsumer sous ces règles, c'est-à-dire discerner si quelque chose s'y soumet ou non, elle ne pourrait à son tour y parvenir qu'à l'aide d'une règle. Or, une telle règle, précisément parce qu'elle est une règle, requiert de nouveau une formation de la faculté de juger[4].

1. G. Canguilhem, C. Planet, *Traité de logique et de morale*, *op. cit.*, p. 824. Que la philosophie soit essentiellement un exercice d'unification par le jugement, un effort de l'esprit vers la totalité, c'est là une position philosophique pérenne de Canguilhem. Il l'énonce par exemple à nouveau en 1965, dans les deux entretiens télévisés pour le CNDP. Cf. *infra*, p. 240.

2. E. Kant, *Critique de la Raison pure*, *op. cit.*, *De la faculté de juger transcendantale en général*, A 132/B 171, p. 221.

3. *Ibid.*

4. *Ibid.*, A 133/B 172, p. 221.

Et le philosophe de conclure : « la faculté de juger est un talent particulier, qui ne se peut nullement apprendre, mais seulement exercer »[1].

JUGER, C'EST VOULOIR

Quittons le terrain de la stricte interprétation du texte kantien pour en dégager les conclusions relatives au problème qui nous occupe. Nous dirions donc ceci : il n'y a pas de méthode clé en main dès lors qu'il s'agit du jugement. Aucune grille de lecture, aussi complexe soit-elle, ne saurait articuler en nous, *mais sans nous*, la généralité de la règle à la singularité de l'expérience. C'est donc dire que le jugement est fondamentalement une affaire de *volonté*. Ici réside selon nous l'apport original du « style de pensée » réflexif à la doctrine kantienne du jugement. Conciliant Kant et Descartes, Lagneau et Alain comprennent le jugement comme le produit synthétique de l'entendement et de la volonté ; c'est d'ailleurs cette synthèse, qui s'opère dans le jugement entre la volonté et l'entendement, qui permet à Alain d'articuler *Critique de la Raison pure* et *Critique de la Raison pratique* : parce qu'il est soutenu par la volonté qui n'est jamais indifférente, le jugement de nécessité est toujours déjà un jugement de valeur. L'esprit *jugeant*, c'est l'esprit se *voulant* artisan tailleur, au sens où celui-ci refuse qu'un « vêtement d'idées », aussi confortable soit-il pour la faculté des concepts, puisse *valoir* universellement. Il est évident que nous détournons à notre profit une expression de Husserl[2]. Si nous nous en autorisons un tel usage, c'est qu'elle donne une image assez fidèle de ce que Kant, Lagneau, Alain et le jeune Canguilhem entendent par juger. Juger, c'est tailler la pièce – le concept – sur mesure, en fonction de la corpulence singulière du client. C'est pourquoi l'esprit jugeant se rapproche de l'artisan tailleur : la généralité des modèles doit être toujours retravaillée en fonction de la taille du client. Quitte bien souvent à déchirer et à reprendre les pièces qui ont déjà été taillées. Parce que l'expérience est toujours « rencontre » pour parler comme Alain, c'est un devoir pour le philosophe que d'ajuster continuellement le « vêtement d'idées » qu'on applique sur les choses. User sainement de notre faculté des concepts, c'est reconnaître que l'historicité du monde entraîne avec elle les concepts grâce auxquels nous saisissons celui-ci. Jamais dans l'expérience nous ne rencontrons du général, mais toujours du particulier *in rebus*. Et sauf à mutiler notre propre

1. *Ibid.*

2. E. Husserl, *La Crise des Sciences européennes et la Phénoménologie transcendantale*, Paris, Gallimard, 1976, § 9, p. 27-69.

vécu, rien ne saurait nous dispenser de cette activité par laquelle nous réajustons, dans l'art du jugement, la généralité des concepts à la singularité des cas dont l'expérience est pleine. Comme le résume admirablement le jeune Canguilhem dans un texte de 1929 intitulé « Préjugés et jugement » :

> Le langage porte des concepts, mais les concepts sont faux de toute chose, car ils ne sont vrais d'aucune chose. C'est le jugement qui rend vrai le langage en détruisant le concept par une attache qu'il lui donne à l'univers réel[1].

Cette synthèse difficile d'éléments hétérogènes, ce jugement, l'entendement ne saurait de lui-même la produire s'il n'était pas soutenu à quelque degré par la volonté. L'intelligence à elle seule ne peut ordonner le monde, autrement dit le juger. La logique du syllogisme ne saurait donner naissance à la valeur. Comme le résume Alain : l'entendement dépourvu de volonté n'est autre que l'imagination; l'entendement sous-tendu par la volonté c'est le jugement. « Cette doctrine, certainement prise de Lagneau, de la volonté dans le jugement »[2], Canguilhem l'a travaillée dans un sens tout à fait original.

SOIGNER, C'EST JUGER

Loin de nous l'idée de présenter l'évolution de la pensée canguilhemienne comme un processus linéaire qui, le rejet du pacifisme mis à part, n'aurait pas connu de crises. Néanmoins, nous sommes convaincus qu'une grande partie du parcours intellectuel de Canguilhem se joue dans l'examen et la reprise de la notion kantienne de jugement, cette activité délicate par laquelle nous articulons – jamais mécaniquement et toujours problématiquement – la généralité du concept à la singularité du cas. Comment, en effet, ne pas être frappé par la convergence entre d'une part, l'idée que le jeune Canguilhem hérite de Lagneau selon laquelle la philosophie « vise à subordonner l'Entendement au Jugement », et d'autre part, la définition de la médecine formulée dans l'*Essai* de 1943, à savoir « une technique ou un art au carrefour de plusieurs sciences, plutôt que

1. G. Canguilhem, « Préjugés et jugement », *Libres Propos (Journal d'Alain)*, 20 juin 1929; repris dans G. Canguilhem, *Œuvres complètes*, tome 1, *op. cit.*, p. 240. Texte signalé à nous par Yves Schwartz.

2. Alain, *Histoire de mes pensées* (1936), repris dans *Les Arts et les Dieux*, « Bibliothèque de la Pléiade », Paris Gallimard, 1961, p. 1-213; p. 31.

comme une science proprement dite»[1]? En médecine comme en philosophie, aucune règle (dont l'entendement est le pouvoir), aucune loi, aucune procédure, bref aucun savoir académique ne saurait dispenser le praticien de l'étape décisive du jugement, arbitrage au moyen duquel celui-ci détermine si tel malade singulier peut être subsumé sous telle pathologie générale. Aussi, pour faire le lien avec l'obligation du philosophe aux « matières étrangères » qui ouvre l'*Essai*, si la médecine constitue aux yeux de Canguilhem une « matière étrangère » particulièrement bonne pour le philosophe, cela tient à ce qu'elle est sans doute la discipline où se manifeste le mieux la nécessité du jugement et de la volonté qui le soutient. Détournant un propos de Canguilhem, nous dirions volontiers que la médecine constitue, pour la doctrine kantienne du jugement, « une introduction à des problèmes humains concrets »[2]. Ce que Kant lui-même ne nie pas, puisqu'il en appelle explicitement à la pratique médicale pour montrer combien est nécessaire le jugement en l'absence duquel aucun savoir académique ne peut suppléer :

> un médecin, un juge ou un homme politique peuvent avoir dans la tête un grand nombre de belles règles pathologiques, juridiques ou politiques, au point d'être en la matière des professeurs profonds, et cependant échouer facilement dans leur application, soit parce que la faculté naturelle de juger leur fait défaut (quand bien même ils ne manquent pas d'entendement) et qu'ils perçoivent certes *in abstracto* le général, mais n'ont pas la capacité de discerner si un cas en relève *in concreto*, soit encore parce qu'ils n'ont pas été suffisamment préparés au jugement par des exemples et des affaires réelles[3].

Et Kant de poursuivre en recommandant, dans tout apprentissage, l'utilisation d'exemples. Selon lui,

> ils aiguisent la faculté de juger. Car, en ce qui concerne l'exactitude et la précision de ce que saisit l'entendement, ils leur portent plutôt, communément, quelque préjudice, dans la mesure où ils ne remplissent que rarement, de manière adéquate, la condition de la règle… [4].

Pour résumer, tout l'enjeu du jugement – et de la philosophie telle que l'entend Canguilhem – consiste en somme dans la reconduction délicate, parce que toujours *in situ*, d'une diversité à l'unité. Les concepts généraux

1. G. Canguilhem, *Essai*, *op. cit.*, p. 7.

2. *Ibid.*

3. E. Kant, *Critique de la Raison pure*, *De la faculté de juger transcendantale en général*, *op. cit.*, A 134/B 173, p. 222.

4. *Ibid.*

par lesquels nous ordonnons et valorisons le monde ne sont jamais donnés, mais toujours à construire et à reconstruire en fonction des singularités rencontrées dans l'existence, pure rencontre : « Ce qui importe [écrit Alain] c'est que l'idée soit formée et non pas donnée »[1]. Or, cette perpétuelle formation du concept, cette synthèse jamais faite mais toujours à faire ne peut pas être pour Alain l'œuvre du seul entendement : l'intelligence ne saurait à elle seule produire mécaniquement une idée vraie. Il faut en effet lui adjoindre la volonté, pour que l'entendement se meuve d'imagination en jugement. « Être ou ne pas être, soi et toutes choses, il faut choisir »[2] : ainsi se termine le *Cours sur l'existence de Dieu* de Lagneau, marquant le devoir propre à l'esprit de reconstruire et de réordonner chaque matin au réveil, le monde auquel il est par nature opposé. La réflexion disait-il, est une « aurore de l'esprit ». Se réclamant à la fin des années 30 davantage de Bergson que d'Alain ou de Lagneau, Canguilhem voit quant à lui dans la philosophie « l'ambition d'une "expérience intégrale" »[3], laquelle ne peut pas nous être donnée dans les faits. Cette totalisation est un idéal, une valeur à réaliser, qui ne saurait se faire en nous sans nous, autrement dit sans volonté. Dans ces conditions, nous croyons que la brochure de 1935 sur *Le fascisme et les paysans*, texte à vocation non philosophique, est pourtant sous-tendu par cette philosophie du jugement et des valeurs que Canguilhem n'a cessé de promouvoir, et qu'il cherche maintenant à reposer à nouveaux frais.

1. Alain, *Les Dieux*, *op. cit.*, p. 1216.
2. J. Lagneau, *Cours sur l'existence de Dieu*, *op. cit.*, p. 358.
3. G. Canguilhem, « Activité technique et création », *op. cit.*, p. 500.

CHAPITRE VII

LE FASCISME ET LES PAYSANS : LE MARXISME ET L'HISTOIRE JUGÉS

Le fascisme et les paysans[1] est un texte d'une soixantaine de pages que Canguilhem rédigea de manière anonyme en 1935 pour le compte du Comité de Vigilance des Intellectuels Antifascistes. Fondé en mars 1934 à la suite des émeutes de février devant le palais Bourbon, le CVIA était une organisation politique qui regroupait des intellectuels farouchement opposés à la montée du fascisme en Europe. Se réclamant du pacifisme intégral d'Alain et de Michel Alexandre, il optait pour une politique extérieure plutôt conciliatrice (révision des traités notamment), position qui, sans jamais cautionner le fascisme, allait toutefois susciter son éclatement à l'été 1936[2].

Autant dire que Canguilhem, en écrivant au nom du CVIA, n'entendait pas faire œuvre de philosophie. *Le fascisme et les paysans* est d'abord un outil d'*action* politique : il s'adresse aux militants chargés de la propagande antifasciste dans une campagne française alors en pleins tourments. Mais pour sensibiliser le paysan au danger des organisations rurales fascisantes (*Front paysan, Parti Agraire, Croix de Feu, Jeunesses Patriotes*, etc.), encore faut-il savoir se faire entendre. Et pour se faire entendre, encore faut-il connaître son interlocuteur. C'est là l'enjeu de cette brochure :

1. Comité de vigilance des intellectuels anti-fascistes, *Le fascisme et les paysans*, Paris, 1935 ; repris dans G. Canguilhem, *Œuvres complètes*, tome 1, *op. cit.*, p. 535-593.

2. Pour une présentation détaillée du CVIA et du texte étonnant rédigé par Canguilhem, voir l'introduction de Michele Cammelli, dans G. Canguilhem, *Œuvres complètes*, tome 1, *op. cit.*, p. 516-533.

fournir aux militants antifascistes un tableau le plus proche possible du monde rural auquel ils souhaitent s'adresser. Canguilhem, qui exploitait alors le domaine familial de Béziat tout en enseignant, connaissait bien cet univers. Il en était lui-même issu. Aussi, l'échec de la propagande socialiste dans les campagnes ne fait pour lui aucun mystère. Il tient à ce que la vulgate marxiste dont se réclame les militants ne colle pas à la réalité sociale des campagnes contemporaines : elle neutralise en effet les singularités du monde paysan, en rabattant celui-ci sur le monde ouvrier. Aussi, afin d'obtenir les effets escomptés, l'outillage conceptuel marxiste nécessite d'être tout autant actualisé que spécifié.

Dans *Le fascisme*, Canguilhem évoque la « saisissante image de Marx » [1] tirée du *18 brumaire de Louis Bonaparte* selon laquelle la paysannerie française serait « à peu près comme un sac de pommes de terre » ; mais il ajoute aussitôt : « Toute définition valant par les rectifications qu'elle permet, examinons ce qui a pu changer la situation condensée par Marx dans la formule précédente » [2]. Et ce qui a changé, c'est la centralisation, autrement dit la subordination technique, administrative et commerciale de la campagne à la ville :

> Ainsi, le monde rural n'est plus tout à fait comme un sac de pommes de terre. Un réseau de liaison l'unifie, une cohésion s'y révèle. Certains militants et publicistes révolutionnaires s'en félicitent parfois. Mais il ne faudrait pas oublier qu'une opération ne tire sa valeur et son sens que d'un « par qui ? » et d'un « pour quoi ? ». Dans l'état actuel, ce n'est pas être infidèle à l'esprit de la philosophie marxiste, que de déplorer le sens de cette opération [...]. Or, l'automatisation technique et politique du monde rural, la dépossession de la vie paysanne au profit du mécanisme industriel sont actuellement une étape de plus dans l'asservissement du travailleur. Le cultivateur français tend à n'être plus que le propriétaire théorique de ses moyens de production [3].

Ces quelques lignes suffisent pour comprendre que *Le fascisme et les paysans* est un document exceptionnel pour qui s'interroge sur les rapports ambigües que Canguilhem entretint – ou aurait entretenu, la question est ouverte – toute sa vie durant avec le marxisme. Disciple du « Canguilhem classique » ayant récemment découvert les écrits de jeunesse, Yves Schwartz note qu'à la « discrétion notable » du maître sur un thème pourtant au premier plan de la scène intellectuelle française des années 60

1. *Le fascisme et les paysans*, *op. cit.*, p. 546.
2. *Ibid.*
3. *Ibid.*, p. 547.

(via les figures de Sartre et d'Althusser notamment), répond étonnamment « la tonalité très favorable et l'incorporation d'un langage marxisant »[1] des textes d'avant-guerre. Et Yves Schwartz de renvoyer, non sans raison, au *Fascisme et les paysans* de 1935. L'enjeu n'est pas ici de trancher en quelques pages une question qui mériterait sans doute une longue étude. Pour aller à l'essentiel, nous signalerons simplement en quoi la philosophie du jugement et des valeurs défendue par Canguilhem nous semble inconciliable avec le marxisme. Cette incompatibilité repose sur deux raisons, intimement liées l'une à l'autre.

Une philosophie de la nécessité historique

Bien que Canguilhem ne l'explicite jamais vraiment dans ses textes, une première réserve porte sur la conception marxiste de l'histoire, qui, parce qu'elle est eschatologique, tombe de fait sous les critiques que le philosophe formule à la suite d'Alain contre le fatalisme.

Rappelons en effet que selon Marx, le monde est histoire, transformation permanente. Or, le rôle que l'humanité peut jouer dans cette transformation est somme toute limité; à savoir que le sens de ce processus historique lui échappe totalement. Discutant à la fin du Livre I du *Capital* la tendance historique de l'accumulation capitaliste, Marx écrit :

> la production capitaliste engendre elle-même sa propre négation avec la fatalité qui préside aux métamorphoses de la nature [2].

« Fatalité »[3] : le marxisme est une philosophie de la nécessité historique. On sait que Marx disait avoir remis « Hegel sur ses pieds » : la dialectique n'est pas pour lui un attribut de l'esprit, mais une propriété de la réalité matérielle elle-même. Si les différents modes de production apparaissent à un moment donné, se développent, pour disparaître nécessairement par la suite, c'est sous l'effet des contradictions internes à leur nature. La contradiction est le principe ultime du monde. L'essence de la réalité

1. Y. Schwartz, « Jeunesse d'un philosophe », *op. cit.*, p. 547.

2. K. Marx, *Le Capital*, Livre I, section VIII, chap. XXXII, dans *Œuvres I*, tome 1, édition de La Pléiade, 1963-1976, tome 3, p. 1239-1240.

3. On notera que la traduction du *Capital* publiée aux P.U.F. en 1993 sous la direction de J.P. Lefebvre, préfère « inéluctabilité » au mot « fatalité » retenu par Rubel : « la production capitaliste engendre à son tour, avec l'inéluctabilité d'un processus naturel, sa propre négation » cf. *Le Capital*, Paris, P.U.F., 1993, p. 856. Que l'on parle d'« inéluctabilité » ou bien de « fatalité », cela ne change rien au fait que l'humanité est selon Marx insérée dans un processus historique auquel elle est soumise.

historique est dialectique : sa fin est inscrite dans la nature des choses. Si bien que la portée de l'industrie humaine dans l'histoire – sous réserve qu'elle s'y insère au moment opportun – s'avère en somme assez restreinte : au mieux elle se limite à accélérer un processus historique inéluctable. Ce que Canguilhem, en lecteur attentif de *Mars ou la guerre jugée*, ne saurait accepter. Traumatisé par la boucherie de 1914-1918, pacifiste extrême luttant contre une course à la guerre qui ne cesse de s'intensifier tout au long des années 30, le jeune philosophe ne saurait abandonner à la fatalité la tâche proprement humaine de juger, et donc choisir, le sens de l'histoire. Au nom de l'esprit comme dit Alain, nous devons d'une manière ou d'une autre avoir prise sur son cours. Et c'est sur cette question du fatalisme que la perspective canguilhemienne nous semble entrer en totale contradiction avec le marxisme.

A travers l'étude des différents modes de production que les sociétés humaines ont connus, Marx pensait avoir dégagé les principes ultimes du devenir historique. Au même titre que la physique, l'histoire possèderait en d'autres termes des lois, qui, une fois mises au jour, permettraient d'en systématiser le déroulement. C'est cette prétention du marxisme à la scientificité que Canguilhem remet en question. Si le matérialisme historique développé par Marx et ses successeurs ne peut selon lui prétendre au titre de science, c'est qu'il repose en dernière instance sur une philosophie du jugement qui s'ignore. Autrement dit, le marxisme est sans doute une philosophie, mais certainement pas une science. C'est là le second volet de sa critique qui, on ne s'en étonnera pas, est axiologique.

LE MATÉRIALISME EST UN FÉTICHISME

Pour Canguilhem, le marxisme retombe dans le réalisme dogmatique pré-critique en ce qu'il inscrit la fin de l'histoire dans la nature des choses. Ce faisant, il rabat effectivement la valeur sur le fait, et confond ainsi deux ordres de réalités pourtant absolument distincts : l'ordre moral et l'ordre naturel. Or, remarque Canguilhem à la suite de Kant, « les deux ordres de valeurs ne coïncident pas, le naturel n'étant pas le moral, le réel n'étant pas le bon »[1] ; et l'histoire ne peut pas en conséquence donner toujours raison à la moralité. La morale suppose en effet, à titre de condition de possibilité, une réalité d'un autre ordre que la matière qui n'est autre, pour Canguilhem, que la pensée entendue comme libre position de valeurs. En

1. C. Planet, G. Canguilhem, *Traité de logique et de morale*, *op. cit.*, p. 800.

1931, dans le second volet de son compte rendu pour les *Libres Propos* de *Mort de la morale bourgeoise* d'Emmanuel Berl, le jeune philosophe écrit :

> J'approuve entièrement la clairvoyance qui fait voir dans le matérialisme la seule vraie méthode. Mais je ne puis penser que le matérialisme puisse proposer une fin. Le matérialisme n'est pas une doctrine. J'avoue ne connaître qu'une doctrine et qu'une foi, qui est en la pensée [1].

Si Canguilhem récuse le marxisme sur le plan philosophique, c'est que celui-ci est incapable de justifier son propre engagement matérialiste. En effet note Canguilhem, le matérialisme – et par conséquent le marxisme – repose sans le reconnaître sur une philosophie des valeurs. Celui-ci affirme le monisme de la matière; mais il ne peut justifier ce choix sans se contredire, c'est-à-dire sans postuler une réalité d'un ordre différent, que Canguilhem, à la suite de Lagneau et d'Alain, nomme « pensée » ou « valeur » :

> Le matérialisme militant c'est le titre d'un livre et c'est une belle contradiction, — je ne dis point belle pour dire blâmable mais pour dire admirable —, car si l'on réduit la réalité à un terme, d'où tirer le malaise et l'antagonisme qui justifient de militer ? [2]

Pour Canguilhem, le matérialisme a un parti pris irréfléchi pour la matière en ce qu'il n'a pas conscience du jugement de valeurs sur lequel il repose. Comment justifie-t-il sa valorisation de la matière ? Quelle peut être en effet la portée d'un *Matérialisme militant*[3] à la Plekhanov, si le jugement n'a de toute manière pas d'autre possibilité que d'affirmer une réalité indépendante de l'esprit ? Le matérialisme serait dans ces conditions un non engagement ; car militer, cela suppose au moins un autre ordre que la matière au nom duquel se battre. En raison de son préjugé réaliste, le matérialisme est donc un fétichisme : il a oublié l'activité productive – en l'occurrence le jugements de valeur – qui lui a permis d'affirmer le monisme de la matière. En d'autres termes, il reste aveugle sur les conditions de possibilité de son propre engagement.

C'est du moins ce que laisse entendre, en 1935, les remarques incisives de Canguilhem à l'égard de la « position proprement intenable » de

1. G. Canguilhem, « Humanités et marxisme. Prolétariat, marxisme et culture », dans *Libres Propos* (janvier 1931) ; repris dans G. Canguilhem, *Œuvres complètes*, *op. cit.*, p. 332-335, p. 335.

2. G. Canguilhem, « Alain, *Les Dieux* », *Europe* vol. 37 (15 mars 1935) ; repris dans G. Canguilhem, *Œuvres complètes*, *op. cit.*, p. 475-479, p. 478-479.

3. G. Plekhanov, *Le matérialisme militant* (1908), repris dans *Les questions fondamentales du marxisme*, Paris-Moscou, Éditions sociales-Éditions du Progrès, 1974.

René Maublanc dans son livre *La philosophie du Marxisme et l'enseignement officiel* :

> L'idéalisme (Descartes, Spinoza, Kant), c'est la réflexion sur les conditions du jugement de réalité [...]. Quant au matérialisme, qu'il soit ou non dialectique, que ce soit *par* la matière inerte ou *par* le mouvement qu'il prétende expliquer toute la réalité, il n'en reste pas moins qu'il n'explique pas son point de départ, la matière ou le mouvement ; il le prend, et c'est la science qui le lui donne [...]. Il faut donc expliquer pourquoi la science conduit à une philosophie de la nature, et pourquoi il semble naturel que la nature se prolonge dans la pensée de la nature. Autant dire qu'on ne peut éviter de se poser des problèmes sur la valeur du choix qu'on opère (pourquoi préférer une philosophie de la nature à une philosophie de l'esprit ?), et sur la signification de la connaissance (quand bien même ce serait la matière qui se réfléchirait elle-même, qu'est-ce qu'une réflexion ?) [...] Et peut-être l'idéalisme est-il la conscience de ces problèmes ? [1]

Si du point de vue matérialiste, l'empire des faits n'est pas le royaume de l'inertie (puisqu'il est celui de la contradiction), il n'est assurément pas non plus, pour Canguilhem, le règne de l'indifférence. Aussi, nous ne saurions mieux commenter ce texte qu'en explicitant davantage la critique axiologique formulée plus haut. En se calquant sur la science, le matérialisme considère que le seul jugement légitime est le jugement de nécessité, celui qui affirme une réalité indépendante. Mais il ne saurait justifier ce choix autrement que par dogmatisme. Le propre du dogmatisme, c'est de subordonner plus ou moins consciemment le jugement à l'être. Pour le dogmatique, un jugement n'a effectivement de valeur qu'en tant qu'il se rapporte au réel. Autrement dit, c'est la réalité qui confère au jugement sa valeur. Emporté par son engagement matérialiste, le marxisme emboîte le pas de la science, et érige du même coup la vérité au rang d'unique valeur à laquelle l'esprit puisse se consacrer. Ce qui a pour conséquence, sur le plan axiologique, de réduire tous les jugements possibles au seul jugement de nécessité, tel qu'il s'exerce légitimement dans l'activité scientifique. Le marxisme est donc un dogmatisme : il partage en effet avec lui le préjugé réaliste qui tend à réduire toutes les valeurs possibles pour le jugement à la seule vérité, valeur empruntée de la science. Dans un tel schéma de pensée, lequel accorde à la vérité un primat sur les autres valeurs possibles pour le jugement, c'est la réalité qui détermine en dernière instance la valeur du

1. G. Canguilhem, « La philosophie du Marxisme et l'enseignement officiel, par René Maublanc », *Feuilles Libres de la quinzaine*, 1re année, n° 5 (10 décembre 1935) ; repris dans G. Canguilhem, *Œuvres complètes*, *op. cit.*, p. 482-484, p. 483-484.

jugement. Or, toute la philosophie des valeurs défendue par Canguilhem à la fin des années 1930, consiste précisément à renverser cette relation dogmatique traditionnelle entre être et valeur, en renvoyant le jugement de nécessité à l'épreuve de sa valeur. S'inspirant de l'attitude critique inaugurée par Kant, ce n'est pas pour Canguilhem la réalité qui confère sa valeur au jugement ; c'est bien plutôt le jugement qui confère à la réalité une valeur. Autrement dit, la réalité ne devient valeur qu'à partir du moment où l'esprit choisit, parmi une pluralité de valeurs, la valeur propre à la science : à savoir la vérité. On retrouve ici la critique des « adorateurs du fait » héritée d'Alain – les faits ne déterminent pas l'esprit ; c'est l'esprit qui polarise les faits en valeur – mais aussi Bachelard, pour qui « notre pensée va au réel, elle n'en part pas »[1]. En janvier 1938, Canguilhem commentera cette phrase de manière très profonde au cours d'une séance de la Société toulousaine de philosophie, justement consacrée au débat idéalisme/réalisme :

> D'un point de vue réaliste pur et simple, on est obligé d'ignorer tout l'effort de pensée par lequel le jugement se complique pour affirmer une réalité pure. Une attitude réaliste stricte interdit l'intelligence de l'illusion théorique et du repentir théorique, c'est-à-dire de la reconnaissance et de la correction des erreurs. Si la pensée va au réel et n'en part pas (Bachelard), il faut tenir la réalité comme une valeur possible du jugement[2].

Si nous évoquons ici cette intervention légèrement postérieure aux textes de 1935 explicitement consacrés au marxisme, c'est que Canguilhem y synthétise en quelques mots les reproches qu'il adresse à celui-ci. Pour lui, le marxisme est très exactement « un point de vue réaliste pur et simple », une « attitude réaliste stricte ». Si le marxisme présente son engagement matérialiste comme une nécessité, c'est en tant qu'il reste prisonnier du préjugé réaliste évoqué ci-dessus, selon lequel il n'y a pas pour le jugement d'autre valeur que le réel. Partisan d'une philosophie axiologique, Canguilhem voit au contraire dans le matérialisme non pas une nécessité, mais un parti pris, un choix. Le réel, ce n'est pas le concret ; mais une abstraction :

> Le réalisme, comme retour au concret, méconnaît que la réalité est une abstraction du concret empirique initial. La systématisation du concret

1. G. Bachelard, *La Valeur inductive de la relativité*, Paris, Vrin, 1929, p. 240-241.

2. G. Canguilhem, « Observations de M. Canguilhem à la suite de l'intervention de Dominique Parodi sur « Idéalisme et réalisme », dans *Communications et discussions*, Société Toulousaine de Philosophie, Toulouse, Faculté des Lettres, 1937 et 1938, 2e série ; repris dans G. Canguilhem, *Œuvres complètes*, *op. cit.*, p. 498-499.

> empirique par affirmation méthodique de ce qu'il inclut de réel, la connaissance, en un mot, est une option, qui en exclut d'autres (l'option esthétique par exemple). En ce sens le réel est, à la lettre, un idéal [1].

Ce que le marxisme est précisément dans l'incapacité d'expliquer, puisque, héritant de la science ses normes d'exercice, il considère le réel comme la seule valeur devant laquelle l'esprit doit s'incliner. Mais il ne voit pas que ce choix s'enracine dans un jugement de valeur qui *surdétermine* le jugement de nécessité – le seul jugement que son engagement matérialiste l'autorise pourtant à reconnaître. Aussi, si Canguilhem se fait contre Maublanc l'avocat d'un certain « idéalisme », c'est en tant qu'il constitue à ses yeux la seule posture qui reconnaisse l'existence de jugements irréductibles aux jugements de réalité, logiquement antérieurs à ceux-ci puisqu'ils les conditionnent, à savoir les jugements de valeurs. Dans la conférence de janvier 1938 à la Société toulousaine de philosophie, Canguilhem déclare entendre par « idéalisme » la chose suivante :

> L'idéalisme, comme théorie de la réalité, ne soulève peut-être d'objections que pour des raisons étymologiques, parce qu'on voit en lui une philosophie des idées ou des concepts, au lieu de le tenir pour une philosophie du jugement. [...] Intellectualisme axiologique, tel serait le nom de l'idéalisme en ce qui concerne la théorie de la réalité [2].

Cet « intellectualisme axiologique » nous semble donc en totale opposition avec la « théorie de la réalité » marxiste, qui, parce qu'elle reconduit le réalisme dogmatique pré-critique, réduit inconsciemment le pluralisme axiologique de l'expérience à la seule valeur de vérité.

L'HISTORICITÉ PROBLÉMATIQUE DE LA VALEUR : ALAIN LE STOÏCIEN

Pour poursuive l'examen de l'incompatibilité de principe entre le marxisme et la perspective canguilhemienne, nous dirions volontiers que celle-ci illustre de manière exemplaire ce en quoi Canguilhem peut être considéré à juste titre comme un disciple d'Alain. A savoir que la critique philosophique qu'il adresse au marxisme reprend assez fidèlement l'argumentation que son maître adressait en son temps au socialisme, depuis sa posture radicale au sens politique du terme. Dans ses *Souvenirs concernant Jules Lagneau*, Alain écrit :

1. *Ibid.*, p. 499.
2. *Ibid.*, p. 498-499.

> Le système (du socialisme) est que tout homme est capable de s'éveiller en esprit jusqu'à être enfin respectable, mais il faut commencer par changer la condition extérieure, en adoucissant cet excès de travail, d'esclavage et de malheur qui hébète l'esprit. Hugo a pensé cette idée avec force [...]. Toujours est-il que l'essence du socialisme est de subordonner la vertu aux situations, comme il éclate dans les conceptions de Karl Marx [1].

La critique qu'Alain adresse ici à Marx est corrélative de la critique qu'il adresse à l'histoire en général – ce qui du reste n'a rien d'étonnant s'il l'on considère que l'histoire est « l'outil méthodologique » du socialisme de Marx. Selon Alain, le socialisme comme doctrine est une forme de relativisme en ce qu'il subordonne la valeur – ci-dessus la vertu, autrement dit le bien – aux époques. Opération qui revient à ses yeux à détruire l'idée même de valeur. A la rigueur, l'historien a peut-être quelque chose à nous dire sur les faits en tant qu'il les répertorie ; mais en raison de son absence totale de perspective critique, il ne peut assurément rien nous apprendre sur la valeur.

Pour le socialisme, tel qu'Alain l'interprète, les conditions historiques constituent en quelque sorte la matière de la valeur, laquelle est ainsi réduite à une forme vide dépourvue par elle-même de signification. Et tout l'enjeu de l'humanité consiste alors à remplir cette forme, à lui donner corps et sens, en fonction des singularités de temps et de lieu au sein desquelles elle évolue. Ce qui a pour conséquence d'invalider les perspectives anhistoriques d'un Platon ou d'un Kant, puisque *l'Idée de bien, l'Idée de bon, l'Idée de beau* sont renvoyées à des singularités historiques pour faire sens. Chercher, à la manière de Platon dans *La République*, une « éternelle justice », apparaît dès lors comme une vaine tentative, l'analyse historique des faits révélant que ce qui est estimé « juste » à une époque, ne l'est plus nécessairement à l'époque suivante. « Triomphe du "triste Héraclite"[2] ! » répond Alain. Subordonner la valeur à l'époque, c'est le propre de « l'adorateur du fait » et du « penseur couché ». A l'image de Lagneau, celui qui « pense debout » ne saurait en aucune manière accepter que les époques puissent déterminer les valeurs. Car le relativisme, qu'il soit historique ou culturel, repose sur une confusion philosophique lourde de conséquence : à savoir qu'il assimile faits et valeurs. Mais pour Alain, la valeur ne saurait se retrouver dans quelques faits sans se détruire elle-même

1. Alain, *Souvenirs concernant Jules Lagneau*, *op. cit.*, p. 737.
2. Alain, *Abrégés pour les aveugles*, dans *Les Passions et la sagesse*, *op. cit.*, p. 787-1067, p. 792.

comme valeur. Celle-ci transcende le fait historique, qui est par essence contingent.

Nous cherchons ici à montrer que l'hostilité d'Alain vis-à-vis de l'histoire doit être comprise et replacée dans le cadre d'une discussion du relativisme. Trop souvent, on fustige le philosophe pour son absence de sens historique, sans voir que son refus de l'histoire s'étaie sur des arguments philosophiques forts, qu'on ne peut raisonnablement pas évacuer d'un simple revers de main. Si Alain récuse l'histoire, c'est qu'il refuse de renvoyer l'universalité de la valeur aux singularités de lieu et de temps. Deux mille cinq cents ans se sont écoulés depuis que Platon a composé ses dialogues; et il reste cette énigme, sans doute à jamais insoluble, que l'humanité aspire aujourd'hui comme il y a vingt cinq siècles à un idéal de justice, de vérité et de beauté qui n'est guère différent de celui que recherchait Socrate. Dans un compte rendu rédigé pour *Europe* en 1929, le jeune Canguilhem propose une lecture des *Onze Chapitres sur Platon* d'Alain depuis une phrase qu'il extrait des *Souvenirs concernant Jules Lagneau* écrits par le maître quatre ans plus tôt :

> Je n'ai jamais eu (dit Alain), une seule fois, le sentiment qu'il y eût jamais en ces œuvres illustres par-dessus toutes la moindre chose à reprendre ni d'autres difficultés que celles qui s'offrent à nous tous dans notre commune situation d'hommes percevants [1].

Et Canguilhem de rapporter ce jugement d'Alain sur Platon, aux *Onze Chapitres* qu'il vient de lire :

> Si nous sentons en cet aveu la moindre hardiesse nous étonner c'est que nous n'avons pas encore perdu l'habitude de considérer Platon comme une pièce de musée qu'on va voir de temps en temps et qu'on abandonne à sa glaciale immobilité, tel un buste de Phidias. Et sans doute sommes-nous surpris de voir qu'on nous propose la société et le commerce de Platon, homme comme nous, aussi difficilement et pourtant joyeusement homme que nous [...]. Puisque nous avons des machines dont les roues sont une invention à laquelle l'histoire ne sait assigner de date, pourquoi répugner à penser que Platon a dit sur la science et la justice tout ce que l'on peut en dire humainement? « Il y a une théorie de la justice dans Platon, mais elle est bien vieille », personne ne dit cela; mais savons-nous combien le pensent ? [2]

1. G. Canguilhem, « Le Sourire de Platon », *Europe*, vol. 20, no. 77 (août 1929); repris dans G. Canguilhem, *Œuvres complètes*, *op. cit.*, p. 228-238, p. 233. Pour la citation dans son contexte original, cf. *Souvenirs concernant Jules Lagneau*, *op. cit.*, p. 745.

2. *Ibid.*, p. 233.

Canguilhem a intitulé son compte rendu « Le sourire de Platon », en référence à une formule de Lagneau que rapporte Alain dans ses *Souvenirs* : « nous oublions, disait Lagneau, le sourire de Platon »[1]. Hermétique à brûle-pourpoint, cet aphorisme s'éclaire quelque peu dès lors qu'on le rapporte au problème qui nous occupe présentement, celui de l'historicité problématique de la valeur.

Oublier le sourire de Platon, c'est le tenir pour mort, au sens où l'on considérerait que son discours sur les essences s'est vidé de sa substance au fil des vingt cinq siècles qui nous séparent aujourd'hui de sa formulation. « Ce que les grecs entendaient par "Bien" n'a plus grand chose à voir avec "le Bien" auquel nous aspirons d'aujourd'hui. Les valeurs, comme tout ce qui se rattache à l'humanité, n'échappent pas à l'histoire universelle. C'est pourquoi Platon n'a plus rien à nous apprendre aujourd'hui de ce côté-ci. Tout juste le lit-on avec des lunettes d'archiviste, afin de retracer l'histoire de nos valeurs, partant du principe que le philosophe grec se situe au "stade premier" de ce que nous entendons aujourd'hui par Bien, Beau, Vrai ou Bon ». Telle serait, brièvement résumée, la position du relativiste historique, à qui et pour qui Platon ne sourit justement plus. Étant donné que les valeurs sont pour lui fonction des époques, il peut aisément conclure qu'« il y a une théorie de la justice dans Platon, mais elle est bien vieille ». Le jeune Canguilhem est toutefois très loin de partager un tel jugement – et c'est sans doute sur ce point qu'il diffère le plus du Canguilhem de la maturité, qui, sans tomber dans le relativisme, accordera à partir de « Descartes et la technique » (1937) une place déterminante aux conditions historiques dans lesquelles s'enracinent nos représentations. « Platon est un vivant (écrit-il en 1929), c'est un homme, et qui peut porter un sourire »[2]. Si Platon est vivant, c'est que sa quête des *Idées* de Bien, de Vrai et de Beau traverse les âges sans prendre une ride. Et l'actualité de cette quête, couplée aux réponses qu'il a pu y apporter, repose en dernière instance sur le fait que Platon, comme chaque être humain, « peut porter un sourire », c'est-à-dire qu'il a dû composer hier, tout comme nous aujourd'hui, avec une nature humaine indomptable.

Nous touchons-là au cœur de la philosophie des valeurs d'Alain. S'il n'y a pas selon lui d'histoire des valeurs, c'est qu'il n'y a pas d'histoire de la nature humaine. « Je ne crois guère à l'histoire et au progrès »[3] écrit-il dans son *Histoire de mes pensées*. Au fond, Alain est un stoïcien : la nature

1. Alain, *Souvenirs concernant Jules Lagneau*, *op. cit.*, p. 765.
2. G. Canguilhem, « Le Sourire de Platon », *op. cit.*, p. 230.
3. Alain, *Histoire de mes pensées*, *op. cit.*, p. 175.

humaine *est* et ne devient pas. C'est la grande leçon de la doctrine stoïcienne de *l'Éternel retour* : aujourd'hui comme au temps de Platon, ce sont les mêmes combats que l'humanité doit mener contre ses propres passions. « Le devoir, c'est de régner sur soi »[1], autrement dit de dominer la peur, la convoitise et la colère qui ne sont pas d'un temps, mais de tout temps. De là la méfiance – voire l'hostilité – d'Alain à l'égard de la politique : le changement s'y présente effectivement comme manifeste ; mais c'est oublier pour Alain « que la structure de l'homme commande toute la politique et que cette structure n'a point changé et ne changera jamais »[2]. Il n'y a pas de progrès ou de décadence à espérer ou craindre du côté de la nature humaine : celle-ci *est* immuable. A une histoire de la nature humaine qui nous conduirait au relativisme et au fatalisme, Alain oppose « les étages de l'homme »[3] : comme l'a bien vu Platon, l'homme est un « sac de peau » à l'intérieur duquel sont enfermés une hydre, un lion et un sage – pour Alain : les appétits, le cœur et la raison. Et cela n'a pas d'histoire. C'est pourquoi Platon est immortel, et qu'il continue de nous sourire : ce que le philosophe grec a pu dire de l'homme reste d'une profonde actualité. Et il en est de même pour Anaxagore, Descartes, Kant ou Comte. On aperçoit ici les raisons pour lesquelles Alain considérait que la philosophie était déjà accomplie, pour l'essentiel, dans les œuvres des grands auteurs. Tout le système repose en définitive sur cette conception anhistorique de la nature humaine, conception influencée par le mythe stoïcien de *l'Éternel retour*.

L'ANGLE MORT DE L'APPROCHE ALANISTE

Se pose alors le problème, comme nous le faisait remarquer Camille Limoges[4], du sens de la démarche d'Alain. Sa philosophie ne comporte-t-elle pas en effet un « angle mort », dans la mesure où, quoique nous fassions, nous ne parviendrons pas à réformer notre nature ? En d'autres termes, comment comprendre le combat acharné d'Alain contre la guerre et les passions qui l'engendrent, si d'emblée, il part du principe que la nature humaine – et donc les passions dans lesquelles s'enracine la guerre – sont immuables ? Nier l'histoire, n'est-ce pas admettre en définitive que le chemin qui mène des passions à la sagesse est à jamais impraticable ? Si tel est le cas, se pose alors la question du sens qu'Alain attribue à l'exercice

1. Alain, *Propos d'un Normand*, tome IV, Paris, Gallimard, 1959, n° LXXVIII.
2. Alain, *Histoire de mes pensées*, *op. cit.*, p. 43.
3. Alain, *Saisons de l'esprit*, *op. cit.*, XCI, 28 octobre 1933.
4. Entretien réalisé à Paris en octobre 2009.

philosophique. Car, à regarder les choses avec un peu de recul, n'est-on pas conduit à admettre, dans une telle perspective, que la philosophie n'a en somme qu'un seul effet : celui de révéler à l'humanité la fatalité à laquelle elle est soumise par sa nature ?

Une première réponse expéditive – mais à notre sens insatisfaisante – consisterait à défendre l'idée que pour Alain, la pratique de la philosophie vise moins à réformer la nature humaine qu'à la maintenir en un certain équilibre entre passions et sagesse. Ce qui reviendrait ainsi à admettre, de manière paradoxale, que la valeur serait au bout du compte pour Alain moins dynamique que statique : la fin de l'humanité tiendrait ici en une homéostasie, un *statu quo* reposant sur la capacité de l'esprit à contenir les passions par son activité d'opposition. Rien de constructif donc, l'enjeu étant ici de conserver. La structure de l'homme n'a jamais changé et ne changera point; quoiqu'on fasse, c'est toujours les mêmes passions que nous devrons affronter, et ce à l'aide de la seule arme dont nous disposons, à savoir le jugement. Or, si on part d'emblée avec l'idée que notre nature n'est pas redressable, la seule tâche qui nous reste à accomplir consiste alors à contenir et limiter les dégâts causés par les passions (au premier rang desquels la guerre), et ce par une opposition volontaire et continue de l'esprit à celles-ci. C'est pourquoi nous disions que l'idéal d'Alain s'apparente dans une telle perspective à une statique : tout l'enjeu de sa philosophie consisterait finalement à conserver un certain équilibre. S'il est illusoire d'espérer une réforme de la nature humaine, alors l'idéal de l'humanité est tout à fait limité : au mieux consiste-t-il à se maintenir dans un certain « état d'équilibre » entre passions et esprit, « état d'équilibre » qu'il serait vain de vouloir dépasser.

Mais est-ce bien là ce qu'indiquent les plus grands textes d'Alain ? *Les Marchands de sommeil* ou les *Entretiens au bord de la mer* n'ont-ils pas au contraire pour objectif de manifester le triomphe de l'esprit sur les passions, et de manière corrélative, le triomphe de la *valeur* sur le *fait* ? C'est bien ce que nous croyons. Dans ces conditions, on voit mal comment concilier ce règne attendu et proclamé de l'esprit avec le maigre compromis, esquissé ci-dessus, d'un idéal qui consisterait en définitive en une homéostasie, autrement dit le maintient d'un état. Aussi croyons-nous que ce n'est pas de cette manière qu'on lèvera le point aveugle de la démarche d'Alain. C'est toujours au même écueil que nous nous heurtons : quand le philosophe affirme l'anhistoricité de la nature humaine, n'est-il pas en train de plier devant un *fait*, celui de l'immuabilité de la structure de l'homme ? Nous frôlons alors le paradoxe dans la mesure où, si nous avons pu parler jusqu'à présent d'un « style de pensée » réflexif à propos d'Alain et de

Canguilhem, c'est en tant qu'il nous a semblé s'être précisément constitué contre l'idée d'une fatalité à laquelle l'humanité serait soumise. Or, nier comme Alain que la nature humaine puisse avoir une histoire, n'est-ce pas admettre une forme de fatalisme ? N'est-ce pas au fond accepter que notre combat pour redresser notre nature est une tâche vaine et désespérée ? Il y a manifestement autour de cette question de la nature humaine un « angle mort » à propos duquel Alain ne s'est à notre connaissance jamais vraiment expliqué. Pas plus que les commentateurs les plus perspicaces [1]. C'est donc à nous de proposer quelques éléments de réponse.

Compte tenu de la difficulté du défi lancé par Camille Limoges, nous ne nous faisons guère d'illusions : les analyses qui suivent lui paraîtront bien insuffisantes, voire confuses. Néanmoins, nous sommes convaincus que la voie que nous indiquons n'est pas un *Holzweg*. Même si nous ne parvenons pas à la suivre aussi loin que nous l'aurions souhaité, le peu de chemin parcouru suggère tout de même comment cet « angle mort » de la démarche d'Alain peut être contourné. Reste que la difficulté du problème philosophique qui sous-tend cet « angle mort » est comme on va le voir, un problème majeur de l'histoire de la philosophie, auquel nous ne saurions apporter une réponse définitive. Mais n'est-ce pas après tout le lot de tous les grands problèmes de la philosophie ?

Une manière de lever l'angle mort de la philosophie d'Alain consisterait une fois de plus en un retour à Kant, et à la distinction normative que celui-ci établit entre le naturel et le moral, c'est-à-dire entre ce qui *vaut* pour la Raison théorique, et ce qui *vaut* pour la Raison pratique. Nous pensons notamment à la solution que donne Kant à la troisième antinomie de la *Critique de la Raison pure* sur la liberté. A savoir que la démarche d'Alain restera aveugle tant qu'on considérera que l'humanité à laquelle il fait référence est un *fait* (immuable), alors que tout l'enjeu consiste à y voir une *valeur*. Autrement dit, une manière de dissiper « l'angle mort » consisterait à affirmer que pour Alain, l'homme ne peut pas se *connaître* humain ; il peut seulement se *vouloir* humain. C'est pourquoi la tâche de réformer notre nature est éternelle, et qu'en ce sens très précis, il y a une « éternelle histoire ». Si Alain nie l'histoire, c'est qu'aucun état factuel de l'humanité ne saurait épuiser l'humanité en tant que valeur. Expliquons-nous.

Quand Alain affirme l'immuabilité de la nature humaine, c'est en quelque sorte la Raison théorique qui parle. En son langage, c'est une vue

1. Cet « angle mort » est étonnamment absent du pourtant excellent ouvrage de Georges Pascal issu de sa thèse d'État, *L'Idée de philosophie chez Alain*, Paris, Bordas, 1970.

de l'entendement au sens inférieur, à savoir *l'intelligence non soutenue par la volonté*. Mais c'est un point de vue qui demande à être dépassé. Nous avons en effet maintes fois répété qu'aux yeux d'Alain, « toute la philosophie de Lagneau vise à subordonner l'Entendement au Jugement »[1]. Or, établir le constat que la nature humaine est immuable, c'est précisément une vue d'entendement au sens faible ; ce n'est en aucun cas un jugement tel qu'Alain le définit. Car juger, ce n'est pas établir mécaniquement *ce qui est*, à savoir ratifier passivement le *fait* ; et cela tient en définitive à ce que pour Alain, le jugement se confond fondamentalement avec la volonté. Si Alain affirme à la suite de Kant que « penser c'est juger », il ajoute cependant, en disciple de Lagneau et de Descartes, que *juger* c'est déjà *vouloir*, autrement dit affirmer la primauté de *ce qui doit être* sur *ce qui est*. Si le jugement est une activité polarisée en valeur, c'est que la volonté avec laquelle il se confond ne vise jamais l'*être*, mais la *valeur*.

Tout jugement est donc toujours pour Alain « jugement *de valeur* » ; y compris le jugement de nécessité. La preuve en est que vouloir *ce qui est*, c'est déjà ériger un fait en une valeur. L'esprit est position de valeurs. A travers l'argument du doute auquel pas même Dieu n'a su résister, Descartes a révélé qu'un concept n'existe que si on le veut. C'est pourquoi Lagneau a pu conclure, après Descartes, qu'« il y a deux nécessités »[2]. Ainsi que l'explique Alain, la première nécessité à laquelle son maître fait référence est la nécessité des faits, celle qui « nous tient à la gorge, que nous le voulions ou non » ; la seconde, qui est celle de l'esprit, « nous tient par nos définitions, si nous le voulons bien »[3]. Alain considère en effet que si la ligne droite reste droite, c'est en tant qu'elle est indéfiniment construite et reconstruite par l'esprit qui la *veut* droite. Pour l'esprit, le « droit » est toujours déjà une valeur. Sans la volonté, la nécessité pour une ligne droite d'être droite s'évanouit ; ce qui n'est pas le cas pour la loi de la chute des corps qui « nous tient à la gorge ». Nous retrouvons ici la thèse de Platon sur la nature de l'Idée : l'Idée est une valeur, un *devoir être* qui trouve sa condition dans le vouloir. De là, la réflexion suivante : si comme le dit Canguilhem, « Alain croit à la nature humaine, à l'Éternelle Histoire », il croit encore bien davantage en la « générosité cartésienne ». Dans son *Descartes*, il écrit :

> je me demande ce que serait un penseur qui penserait réellement que le jugement se fait de lui-même et qu'il n'a qu'à l'attendre. Ce serait une sorte

1. Alain, *Souvenirs concernant Jules Lagneau*, *op. cit.*, p. 738.
2. *Ibid.*, p. 762.
3. Alain, *Entretiens*, *op. cit.*, p. 1286.

> de fou lucide ; mais ces deux termes se repoussent. [...] Dans le fait, les plus puissantes idées, et les plus précises, ne paraissent que si on veut [1].

« C'est la volonté qui juge et pense » [2] affirme-t-il ailleurs ; il s'agit-là d'une idée qu'Alain attribue, dans ses *Abrégés pour les aveugles*, à Chrysippe le stoïcien :

> A lui est due sans doute cette doctrine du jugement, la plus forte qu'on ait vue, même si on en juge d'après quelques rares débris. La vérité disait-il, est de volonté. [...] C'est donc la volonté qui est l'âme de l'âme [3].

Et l'âme, c'est-à-dire l'esprit, « ne désigne nullement un être mais toujours une action » [4]. Il s'agit même pour Alain du seul devoir de l'humanité. Penser c'est juger, juger c'est vouloir, et vouloir, c'est valoriser ou dévaloriser l'expérience.

Si l'on rapporte maintenant cette réflexion à notre problème de « l'angle mort » de la philosophie d'Alain, nous dirions la chose suivante : ce n'est pas parce que dans les *faits*, la nature humaine est immuable, que nous devons cesser, *en droit*, de *vouloir* réformer celle-ci. Transposant une réflexion absolument fondamentale de Canguilhem à propos de Descartes sur laquelle nous reviendrons, nous dirions en effet qu'un moyen de sauver la position d'Alain de l'objection profonde de Camille Limoges consisterait à montrer que pour lui, « la volonté ou la liberté ne sont pas aux limites de l'intelligence » [5]. Mais est-ce bien le cas ? C'est une question sur laquelle nous allons revenir. Affirmons néanmoins pour l'instant qu'un moyen de dissiper « l'angle mort » de l'approche d'Alain, consisterait à affirmer que l'humanité n'est pas tant pour lui un fait qu'un devoir, autrement dit une valeur.

Une nouvelle fois, c'est le *Cours sur l'existence de Dieu* qui reparaît ici. Quand Lagneau affirme que « Dieu ne peut être dit exister », c'est pour marquer l'irréductible dichotomie entre la valeur et le fait. Par « Dieu », il faut entendre la valeur absolue, ce par quoi et ce pour quoi œuvre l'être humain. Et refuser que Dieu puisse exister, c'est une manière d'affirmer que la tâche de l'humanité de se réaliser selon l'esprit ne saurait trouver sa fin dans une quelconque réalité finie, un fait qui dessinerait explicitement les contours de la valeur à poursuivre. De l'infinitude de la valeur, découle

1. Alain, *Descartes*, dans *Les Passions et la sagesse*, *op. cit.*, p. 926-995, p. 963.
2. Alain, *Correspondance avec Elie et Florence Halévy*, Paris, Gallimard, 1958, p. 92.
3. Alain, *Abrégés pour les aveugles*, *op. cit.*, p. 801.
4. Alain, *Définitions*, *op. cit.*, p. 1031.
5. G. Canguilhem, « Descartes et la technique », *op. cit.*, p. 497.

l'infinitude de la tâche de l'humanité de réformer sa nature. C'est en ce sens que la démarche d'Alain n'est pas un « fatalisme de la nature humaine », même si de prime abord elle paraît s'en approcher. D'un point de vue factuel, qui est au fond celui de l'entendement pris au sens étroit, tout nous incline à penser que nous sommes déterminés par nature. Mais parce que l'esprit juge, et dépasse ainsi par la volonté la contingence du fait, nous avons la capacité de remettre ce déterminisme en cause au nom d'une valeur infinie et indéterminable factuellement. C'est pourquoi Lagneau disait que Dieu, entendu comme valeur absolue, ne peut pas *être*. L'idéal pour lequel l'humanité œuvre reste en tout état de cause énigmatique : aucune réalité factuelle ne peut effectivement l'épuiser en en dessinant la forme. C'est en un sens ce que disait déjà Platon au livre VII de la *République* : « Le Bien est au-delà de l'essence et la surpasse en dignité et en puissance »[1]. La valeur ne saurait se fondre avec l'être sans rabattre l'idéal sur le réel. L'être n'a de valeur que pour l'esprit qui le juge tel.

Or, pour en revenir au marxisme, c'est précisément l'erreur qu'il commet selon Alain. Il « factualise » la valeur en la subordonnant à une époque déterminée :

> Il faut croire au bien, car il n'est pas ; par exemple à la justice, car elle n'est pas. Non pas croire qu'elle est aimée et désirée, car cela n'y ajoute rien ; mais croire que je la ferai. Un marxiste croit qu'elle se fera sans nous et par les forces. Mais qu'ils suivent cette idée ; cette justice qui se fera n'est même plus justice ; ce n'est qu'un état de choses ; et l'idée que je m'en fais, de même. Et si tout se fait seul, et ma pensée aussi bien, aucune pensée non plus ne vaut mieux qu'une autre, car chacun n'a jamais celle qu'il peut avoir par les forces. Et notre marxiste doit attendre qu'une vérité aussi en remplace une autre. J'ai connu de ces penseurs qui se laissent penser comme d'autres se laissent vivre. Le vrai penseur ce serait donc le fou, qui croit ce qui lui vient à l'esprit ? Mais remontons de cet enfer. Il faut bien que je laisse le malade qui ne veut pas guérir[2].

Pour Alain, le socialisme commet une erreur irréparable lorsqu'il lie histoire et valeurs, et affirme la subordination des secondes à la première. Car c'est confondre deux ordres de réalités bien distinctes. Le « principe » de Marx et des socialistes « est de changer d'abord la maison, en vue de changer l'habitant. Cela revient à attendre la justice autour pour être

1. Platon, *République*, 509 b.

2. Alain, *81 chapitres sur l'esprit et les passions*, dans *Les Passions et la sagesse*, *op. cit.*, p. 1071-1262, p. 1184.

juste»[1]; c'est croire en somme qu'une modification des conditions matérielles d'existence entraînerait un changement dans l'ordre des pensées. Souvenons-nous ici des combats du jeune disciple Canguilhem contre Taine et Barrès, notamment dans le *Discours de Charleville* en 1930: l'argumentation est au fond la même. «La race, le milieu, et le moment» ne sauraient déterminer la pensée en aucune manière. Affirmer cela reviendrait en effet à nier la thèse de la supériorité de la valeur sur le fait, de l'esprit sur la matière. Encore une fois, c'est l'ombre de Kant que l'on devine. En kantien résolu, Alain soutient que ce n'est pas en changeant «l'extérieur» qu'on réformera «l'intérieur». Affirmer une telle chose revient effectivement à faire fi de la grande distinction établie par la première *Critique* entre «les choses comme objets de l'expérience et les mêmes choses comme choses en soi»[2]. Selon Kant, tout «objet» de pensée, y compris l'être humain, doit être pris «*en deux significations différentes*, à savoir comme phénomène ou comme choses en soi»[3]. Or, si Kant établit cette distinction, c'est précisément pour contredire l'idée souche du fatalisme – idée véhiculée plus ou moins consciemment par le socialisme – selon laquelle

> le principe de causalité, et par conséquent le mécanisme de la nature, devrait valoir absolument, dans le processus de leur détermination, à propos de toutes les choses en général en tant que causes efficientes [4].

L'une des grandes entreprises de la *Critique* consiste comme on sait à démontrer que l'entendement et ses catégories n'ont de légitimité qu'en tant qu'ils se rapportent à l'expérience, c'est-à-dire aux faits. Ce qui implique par conséquent qu'un «objet» qui ne se situerait pas dans le cadre de l'expérience leur échappe. Or, en tant qu'elle conditionne l'expérience, et donc les faits, la pensée participe précisément de ces «objets» indéterminables au moyen des catégories de l'entendement, parmi lesquelles figure la causalité. Le déterminisme concerne notre connaissance des choses et non les choses mêmes. Le sujet transcendantal des pensées est un X: nous n'en avons pas la moindre intuition. Si bien que du point de vue kantien, l'erreur du socialisme réside au fond dans un usage illégitime de l'entendement: en affirmant que les modes de production déterminent la pensée, le socialisme étend le principe de causalité au delà des limites de l'expérience.

1. Alain, *Souvenirs concernant Jules Lagneau*, *op. cit.*, p. 738.
2. E. Kant, *Critique de la Raison pure*, *op. cit.*, Préface de la deuxième édition, B XXVII, p. 83.
3. *Ibid.*
4. *Ibid.*

Ce qu'Alain ne saurait accepter étant donné que la pensée, en tant qu'elle détermine l'expérience, ne peut elle-même y être incluse.

L'Unicité problématique de la valeur

Cette mise au point étant faite, revenons maintenant à Canguilhem et la brochure qu'il publia pour le CVIA en 1935. Comme l'affirme Yves Schwartz dans la présentation du 1er volume des *Œuvres complètes*,

> c'est dans *Le fascisme et les Paysans* que l'appropriation de la critique du système capitaliste, comme "oligarchie économique" (p. 33), comme "doctrine du profit illimité" (p. 38), la défense du "prolétariat" exploité, l'usage de termes propres à la conceptualité marxiste sont les plus nets [1].

Cependant, compte tenu de ce qui vient d'être dit de l'incompatibilité principiel entre le réalisme de Marx et « l'idéalisme » dont se réclame Canguilhem à l'époque, cette proximité avec le marxisme apparaît du coup contradictoire. Se pose donc bel et bien la question de savoir comment interpréter le recours à la conceptualité marxiste dans *Le fascisme et les paysans*? Nous pensons que les choses s'éclairent en partie dès lors qu'on lit ce texte de Canguilhem à la lumière de l'avertissement dont il nous fait lui-même part. Cet avertissement, ou pour mieux dire, ce point de méthode qui nous semble d'ailleurs emprunté à Marx lui-même est le suivant : « il ne faudrait pas oublier qu'une opération ne tire sa valeur et son sens que d'un « par qui ? » et d'un « pour quoi ? » [2].

« Par qui ? » et « Pour quoi ? » la brochure *Le fascisme et les paysans* a-t-elle été rédigée ? En 1935, Canguilhem est un membre actif du CVIA qui n'a pas encore rejeté le pacifisme intégral d'Alain et de Michel Alexandre. S'il rédige *Le fascisme et les paysans*, c'est avant tout pour fournir aux militants de ce mouvement un outil sociologique pertinent, grâce auquel ils sauront mieux faire entendre leur cause antifasciste auprès des paysans français. Dès lors, si Canguilhem se réclame ici explicitement – et plus qu'ailleurs – « de l'esprit de la philosophie marxiste », c'est moins par connivence philosophique profonde, que par stratégie rhétorique. Encore une fois, *Le fascisme et les paysans* ne se présente pas comme un ouvrage de philosophie. Il s'agit d'une brochure d'*action* politique. Cependant, cette *action* dont « l'objet » est le paysan français et la « cible » le fascisme agraire, a pour première condition la capacité du militant à

1. Y. Schwartz, « Jeunesse d'un philosophe », *op. cit.*, p. 92.
2. *Le fascisme et les paysans*, *op. cit.*, p. 547.

saisir la logique des campagnes qu'il ne connaît pas ; d'où la nécessité pour Canguilhem – familier de la psychologie paysanne – de bien se faire comprendre par celui-ci. C'est pourquoi, en recourant au cadre conceptuel auquel le militant est familier, le philosophe multiplie les chances de bien se faire entendre. D'où l'usage massif, dans *Le fascisme et les paysans* plus qu'ailleurs, de la conceptualité marxiste. C'est pourquoi nous disions que la référence au marxisme relève ici davantage de la stratégie rhétorique que de l'acquiescement sans hésitation à ses thèses.

Ce qui n'implique évidemment pas que le rapport de Canguilhem au marxisme s'épuise dans une manœuvre stratégique circonstancielle. Loin de là. Il y a en effet, entre les deux perspectives, une profonde communauté de fin. Dans la monographie qu'il a consacré à son maître, François Dagognet écrit :

> Canguilhem qui doit renoncer aux idées d'ordre et de progrès – les deux idées que Comte mettait en équilibre – privilégiera plutôt « un Marx à l'Ouest », c'est-à-dire qu'il demande aux sociétés exploitées de se libérer de leurs oppresseurs [1].

Il y a dans cette image d'un « Marx à l'Ouest » quelque chose de profondément juste. La philosophie de Canguilhem n'a rien d'un conservatisme qui chercherait à valider l'ordre établi. Cautionner l'ordre établi, c'est le propre du fatalisme en ce qu'il considère que le fait coïncide avec la valeur. Pour le fataliste, *ce qui est* équivaut à *ce qui doit être*, point de vue tout à fait inacceptable pour Canguilhem. Le moral ne peut pas coïncider avec le réel ; et la tâche infinie de l'humanité consiste précisément à se libérer des faits au nom des valeurs posées par le libre jugement. C'est dans cette nécessité de se libérer, dans ce besoin proprement humain de se détacher de l'état de choses pour entrer dans l'Histoire, que réside la plus grande proximité de Canguilhem avec le marxisme. L'un comme l'autre défendent un idéalisme, au sens courant du terme [2] : tous deux considèrent en effet que l'existence n'a de sens qu'en fonction d'un idéal qui oriente l'ensemble des actions humaines. A ce titre, nous tenons le concept emprunté à Goldstein d'*Auseinandersetzung* comme une parfaite illustration de l'idée avancée par F. Dagognet. Si Canguilhem se rapproche d'un « Marx à l'Ouest », c'est en tant que le milieu, loin de déterminer unilatéralement le vivant qui l'habite, est toujours pour partie reconfiguré

1. F. Dagognet, *Georges Canguilhem. Philosophe de la vie*, *op. cit.*, p. 12.

2. Selon le *Trésor de la langue française*, « idéalisme », au sens courant, désigne l'« attitude pratique ou intellectuelle de celui qui oriente sa pensée, son action, sa vie d'après un idéal ».

par celui-ci. A la question « l'humanité est-elle déterminée ? », Canguilhem répond donc oui et non, solution médiane entre une intenable liberté absolue et un déterminisme écrasant.

Reste qu'entre ces deux perspectives, une profonde divergence demeure. A savoir que les valeurs au nom desquelles l'humanité cherche à se libérer ne sauraient être en effet prédéfinies pour Canguilhem. Aussi Yves Schwartz a-t-il vu juste lorsque, dans sa présentation, il qualifie la perspective canguilhemienne d'« humanisme énigmatique »[1]. Si, comme le dit Dagognet, l'enjeu des « sociétés exploitées » consiste effectivement pour Canguilhem à se « libérer de leurs oppresseurs », celui-ci refuse cependant qu'on puisse déterminer dogmatiquement l'idéal vers lequel cette libération *doit* tendre. Parce qu'il est une doctrine au moins partiellement eschatologique, le marxisme donne à cet idéal une forme plus ou moins achevée; ce qui revient au bout du compte à rabattre la valeur sur le fait.

On voit ainsi ce qu'il peut y avoir d'ambigu dans la relation que Canguilhem entretient avec le marxisme. D'un côté, il loue ce dernier pour la fin humaniste qu'il se propose; mais d'un autre côté, il critique son dogmatisme dès lors qu'il cherche à dimensionner la valeur en direction de laquelle doit tendre l'humanité. Canguilhem a-t-il alors su trancher ce dilemme? Oui dirions-nous, et ce en direction d'un « Marx à l'Ouest », autrement dit d'un compromis.

Ce compromis difficile entre la philosophie du jugement héritée d'Alain et la perspective historique de Marx date vraisemblablement du milieu des années 30. Signe de l'intérêt de plus en plus vif de Canguilhem pour le marxisme à cette époque, Camille Limoges a retracé qu'en octobre 1935, le philosophe inaugura pour *Les feuilles libres de la quinzaine* une « chronique marxiste », dont il fut vraisemblablement l'instigateur. Constatant que « [l]a pensée de Karl Marx, considéré comme philosophe et non plus seulement comme économiste ou théoricien, est actuellement en France l'objet d'un intérêt légitime et méthodique », il remarque :

> Il est bien net en effet que les jeunes philosophes (Friedmann, Maublanc) ou savants (Prenant, Wallon) de tendance marxiste, cherchent dans les écrits de Marx une méthode plus qu'un corps de doctrine… [2].

1. Y. Schwartz, « Jeunesse d'un philosophe », *op. cit.*, p. 86.

2. G. Canguilhem, « Chronique marxiste – Actualité du marxisme », *Feuilles Libres de la quinzaine*, 1re année, n°2 (25 octobre 1935) ; repris dans G. Canguilhem, *Œuvres complètes*, *op. cit.*, p. 480-482, p. 481.

Sous couvert des « jeunes philosophes » évoqués ci-dessus, on est en droit de se demander si ce n'est pas Canguilhem lui-même qui cherche à cette époque, dans les écrits de Marx, « une méthode plus qu'un corps de doctrine » ? Ne louera-t-il pas d'ailleurs explicitement la méthode marxiste dans le *Traité de logique et de morale* de 1939, en ce que, contrairement à l'approche spiritualiste de la sociologie héritée de Comte, elle dégage un « fait économique » [1], emboîtant ainsi le pas de la discipline normative de la science ? C'est bien ce que nous croyons :

> Quelles que soient les conséquences « pratiques » qu'on peut vouloir tirer de cette doctrine (le marxisme), et quel que soit aussi le détail de ses prolongements théoriques normaux, on doit noter sa signification logique, essentielle ici : la doctrine comtiste faisait naître les rapports objectifs des rapports spirituels, et par là-même inversait l'orientation normale du processus scientifique ; le déterminisme social qui se donne, dans le marxisme, des postulats « matérialistes », nous semble retrouver à bon droit (si on ne l'interprète du moins que dans le cadre de la Vérité où toute science doit être placée pour être correctement jugée) cette orientation même [2].

A ce titre, nous tenons pour absolument significatif la distinction émise par Canguilhem dans la « chronique marxiste » déjà citée, entre « utiliser » et « prolonger » un auteur :

> Il est bien plus important d'*utiliser* un auteur que de le *prolonger*. Et il n'y a là aucune concession à un opportunisme de propagande. L'utiliser c'est, à notre sens, comprendre son esprit pour reprendre non pas *sa* tâche – dont il est impossible de savoir en quelle voie et jusqu'où il l'aurait menée s'il avait duré – mais *la nôtre* [3].

Difficile de ne pas voir dans ce texte contemporain du *Fascisme et les paysans*, une mise au point de Canguilhem sur le sens et la valeur qu'il accorde au marxisme. A lire ces quelques lignes – et sous réserve qu'on accepte qu'elles puissent éclairer l'état d'esprit de Canguilhem en 1935 – la brochure qu'il vient de rédiger pour le CVIA ne consiste en aucune manière à *prolonger* la tâche de Marx. Affirmer qu'une telle chose soit possible, cela reviendrait effectivement à annuler l'histoire, en faisant comme si l'ensemble des problèmes auxquels Marx a formulé une réponse était le même en 1935 qu'en 1867. « Prolonger un auteur c'est à la fois être

1. G. Canguilhem, C. Planet, *Traité de logique et de morale*, *op. cit.*, p. 778.
2. *Ibid.*, p. 779-780.
3. G. Canguilhem, « Chronique marxiste », *op. cit.*, p. 481

paresseux et déloyal »[1], en ce sens que cela revient à faire comme si on pouvait se dispenser du jugement par lequel le philosophe articule un patrimoine philosophique tendanciellement stabilisé, à la singularité des problèmes que lui pose son temps. L'historicité des problèmes interdit le dogmatisme. C'est pourquoi, en lieu et place de prolongation, Canguilhem préfère parler d'utilisation. Utiliser un auteur, c'est comme il le dit lui-même, « comprendre son esprit », c'est-à-dire saisir les principes qui sous-tendent sa démarche et qui ne sont en aucune manière relatifs au temps et au lieu au sein desquels l'auteur les a formulés. Ces valeurs que Canguilhem partage avec le marxisme, ce sont celles d'un certain humanisme. Le point de désaccord entre les deux perspectives concerne davantage les moyens à mettre en œuvre pour réaliser cet idéal :

> La fin dernière du marxisme ce n'est pas tant la socialisation des moyens de production, que la réintégration du travailleur dans la condition humaine. Le collectivisme n'est qu'un moyen pour faire passer l'humanité « de la préhistoire dans l'histoire », de l'aliénation de soi dans la conscience de soi. Or, l'automatisation technique et politique du monde rural, la dépossession de la vie paysanne au profit du mécanisme industriel sont actuellement une étape de plus dans l'asservissement du travailleur. Le cultivateur français tend à n'être plus que le propriétaire théorique de ses moyens de production. Serait-ce être infidèle à l'esprit du socialisme, que de lutter pour faire de la propriété personnelle et non anonyme du producteur rural une réalité et non plus seulement une fiction juridique ? Ce ne sont pas des raisons d'opportunité uniquement – et donc sans valeur comme sans efficacité – mais des raisons bien plus profondes qui devraient éliminer de la propagande socialiste et communiste parmi les ruraux ce qui n'a été pour eux, jusqu'à présent (il faut bien le dire), qu'un épouvantail : le mot de collectivisme[2].

Pour Canguilhem, c'est moins la fin humaniste du marxisme que les moyens pour réaliser celle-ci qui sont à revoir. Et cela commence, sur le plan épistémologique, par une reprise des catégories à l'aide desquelles la doxa marxiste unifie la réalité sociale : les classes antagonistes. Celles-ci sont en effet beaucoup trop massives; pour reprendre une expression employée par Canguilhem à l'époque, les catégories marxistes ne peuvent « unifier que par mutilation »[3]. Trop souvent constate-t-il, on se contente d'appliquer au monde rural une grille de lecture établie sur la base d'une analyse de la vie urbaine. Si bien qu'on tend à faire du paysan l'équivalent

1. *Ibid.*
2. *Le fascisme et les paysans*, *op. cit.*, p. 547-548.
3. G. Canguilhem, « Activité technique et création », *op. cit.*, p. 502.

rural de l'ouvrier. Mais cela revient à neutraliser les singularités et les spécificités du monde rural :

> Il n'y a pas une classe paysanne. Il y a un monde rural où les intérêts ne sont pas identiques, où les valeurs de la vie ne sont pas les mêmes, où la dignité paysanne n'est pas la même [1].

Au fond, le problème central du *Fascisme et les paysans* se résume ici encore pour Canguilhem à un problème de valeurs. Si les efforts des socialistes et des communistes ont jusqu'ici échoué à sensibiliser les campagnes à leur cause, cela tient à l'erreur philosophique qui consiste à réduire la densité de l'expérience à un système moniste de valeurs. Développant une argumentation que l'on retrouvera dans les textes de la maturité sur la régulation ou les rapports du vital au social, Canguilhem affirme que la paysannerie française n'est pas un tout homogène, dont les membres aspireraient tous à une même et unique fin. Une telle affirmation reviendrait en effet à neutraliser la faculté de juger par laquelle chaque paysan, comme tout homme et toute femme, choisit et se choisit un destin à vivre. S'il y a une universalité de la fonction du jugement, il y a en revanche une spécificité des valeurs paysannes qu'on ne peut, sauf à les mutiler, reconduire aux valeurs du prolétariat urbain. C'est pourquoi, à côté du socialisme, Canguilhem milite pour la reconnaissance d'un « socialisme rural », qui tienne compte des spécificités d'une paysannerie qu'on ne peut pas unifier selon les catégories massives du marxisme. Aussi note Canguilhem, en ce qui concerne le paysan français, ce n'est pas tant le collectivisme que « la propriété effective de son entreprise »[2] qu'il faut défendre. Selon lui, le collectivisme n'est du point de vue marxiste qu'un moyen possible, et non le seul, « pour faire passer l'humanité "de la préhistoire dans l'histoire" » ; c'est pourquoi, mieux que le collectivisme relatif au prolétariat urbain, la défense de la petite propriété s'avère être pour le paysan français le « seul moyen pour lui de maintenir l'unité consciente et humaine des trois moments de tout travail, *initiative, exécution, contrôle* »[3].

Il n'est pas nécessaire d'entrer plus avant dans le détail du *Fascisme et les paysans* pour constater que les thèses qui y sont avancées par Canguilhem s'enracinent dans cette philosophie du jugement qu'il qualifie,

1. *Le fascisme et les paysans*, *op. cit.*, p. 549.
2. *Ibid.*, p. 548.
3. *Ibid.*

en 1938, d'« intellectualisme axiologique »[1]. De 1935 à 1939, c'est clairement le problème de l'unité de l'expérience qui occupe le cœur de ses réflexions; et en dépit de son aspect militant et explicitement tourné vers l'action, *Le fascisme et les paysans* n'échappe pas à la règle. Si la sensibilisation des paysans au danger du fascisme a échoué jusqu'ici, cela tient à l'erreur philosophique qui consiste à croire que prolétariat et paysannerie partagent les mêmes intérêts, les mêmes fins, bref, les mêmes valeurs. Mais tel n'est pas le cas; ne serait-ce déjà qu'en tant qu'il n'y a pas une classe paysanne unifiée et homogène – la grande paysannerie du nord de la France, céréalière, diffère de la petite paysannerie du sud, viticole et fruitière. On voit ainsi qu'au-delà de la spécificité du sujet traité – la propagande socialiste auprès des paysans français – *Le fascisme et les paysans* s'inscrit dans la problématique centrale de Canguilhem à cette époque : celle de l'unité de l'expérience.

En un sens, cela n'a rien d'étonnant si notre hypothèse concernant l'épuisement du *Cogito* est exacte. Jusqu'au milieu des années 30, Canguilhem est resté fidèle à la tradition réflexive héritée d'Alain. Or, pour ce courant nourri de Kant, l'unité de l'expérience trouvait sa condition dans « l'unité originairement synthétique de l'aperception », que Kant tenait pour « le principe suprême de tout l'usage de l'entendement »[2]. Si le « Je pense doit nécessairement pouvoir accompagner toutes mes représentations »[3], c'est qu'il confère à celles-ci un sens et une unité dont elles sont par elles-mêmes entièrement dépourvues. Maintenant, que se passe-t-il si le *Je pense* est épuisé ? Cela signifie tout simplement, dans une perspective kantienne, l'éclatement de l'expérience. On comprend alors l'embarras vécu par Canguilhem, lui qui définit explicitement la philosophie comme un exercice de hiérarchisation et de mise en ordre. Comment assumer une telle tâche si nous sommes désormais privés du seul instrument dont nous disposons à cet effet ?

Précisons ici une chose : Canguilhem n'a selon nous jamais tout à fait renoncé au projet transcendantal. Dans un texte de 1963 consacré à Bachelard, et signalé à nous par Camille Limoges, il écrit :

> En tout état de cause, on ne refusera pas à Bachelard une totale lucidité concernant la difficulté de constituer de fond en comble le vocabulaire d'une épistémologie rationaliste sans référence à une théorie ontologique

1. G. Canguilhem, « Observations de M. Canguilhem à la suite de l'intervention de Dominique Parodi sur « Idéalisme et réalisme », *op. cit.*, p. 499.

2. E. Kant, *Critique de la Raison pure*, *op. cit.*, B 136, p. 201.

3. *Ibid.*, B 131, p. 198.

> de la raison ou sans référence à une théorie transcendantale des catégories [1].

C'est pourquoi nous disions, en appliquant à sa propre pensée une remarque faite à propos de Comte, que sa philosophie de la vie s'apparente à un traitement original du « projet transcendantal conservé ». Fidèle à Alain et Lagneau, l'expérience n'a pour Canguilhem rien d'un donné, que l'esprit se contenterait de recevoir passivement comme une empreinte sur de la cire. Ce serait là soumettre l'esprit aux faits. L'expérience *doit* être d'une manière ou d'une autre organisée et valorisée – Canguilhem parlerait ici volontiers du Devoir du philosophe. Mais alors, si ce n'est plus « l'unité originairement synthétique de l'aperception » qui peut assurer une telle fonction synthétique, où trouver ce principe d'unité ? Où asseoir désormais cette puissance de valorisation ?

1. G. Canguilhem, « Dialectique et philosophie du non chez Gaston Bachelard », dans *Études d'histoire et de philosophie des sciences*, *op. cit.*, p. 196-207, p. 206.

CHAPITRE VIII

L'ENTENDEMENT DÉBORDÉ

Nous avons maintenant à examiner de manière plus approfondie ce qui a causé aux yeux de Canguilhem « l'épuisement du *Cogito* », et, par conséquent, la remise en chantier de la philosophie réflexive dont il est l'héritier.

D'après le diagnostic établi par Foucault dans *Les mots et les choses*, l'impossibilité d'unifier l'expérience depuis un sujet souverain serait due à la dissolution du *Cogito* dans une nature et dans l'histoire. En un mot, ce seraient les perspectives positivistes et marxistes qui auraient enterré le sujet transcendantal au XIXe siècle. Nous ajoutions alors qu'il n'en allait toutefois pas de même pour Canguilhem, au sens où sa perspective s'avère à l'époque bien plus axiologique qu'historique. Précisons néanmoins une chose fondamentale : si Canguilhem accorde comme Alain une place de choix à la philosophie du jugement et des valeurs, cela ne signifie pas qu'il ignore l'histoire à la manière de son maître. Bien au contraire. Là où l'axiologique renvoie chez Alain à une « éternelle nature » humaine, la réflexion sur les valeurs débouche singulièrement chez Canguilhem sur une prise en compte de l'historicité des problèmes et des choix que l'humanité a fait pour les résoudre. Et en ce sens, c'est bien l'avènement de l'histoire dans le champ philosophique qui va conduire Canguilhem à reconsidérer l'approche réflexive. Mais comment en est-il venu à remettre en chantier la philosophie du jugement de ses maîtres ? Autrement dit, qu'est-ce qui amorça, aux yeux de Canguilhem, l'épuisement du *Cogito* ?

Sauf à verser dans une rétro-histoire, ce n'est certainement pas une archéologie des sciences humaines qui conduisit Canguilhem à réaménager la perspective philosophique dont il est l'héritier. Si l'on retrace son itinéraire intellectuel, on s'aperçoit qu'à partir de 1937, l'intérêt ancien pour la technique se fait de plus en plus vif. Sur les quatre articles à vocation philosophique publiés entre 1937 et 1939, trois lui sont en effet explicitement consacrés : « Descartes et la technique » (1937), « Activité technique et création » (1938), et le compte rendu de *Machinisme et philosophie* de Schuhl (1938). Sans compter les importants développements que lui accorde le *Traité de logique et de morale* de 1939 (chap. IV, 2 notamment). Se pose alors la question de savoir à quoi répond, sur le plan de l'économie générale de la pensée canguilhemienne, cet intérêt de plus en plus marqué pour le phénomène technique ?

Notre hypothèse est la suivante : si à la fin des années 1930, Canguilhem s'intéresse de près à la technique, c'est qu'elle constitue à ses yeux une expérience originale – et tout à fait essentielle – de l'humanité dont l'intelligibilité échappe pour partie au paradigme réflexif promu par ses maîtres. En un mot, poser la question de l'originalité de la technique, cela revient pour lui à mettre en lumière l'irréductibilité de *l'action* au jugement de nécessité ; et nous dirions même ici *irréductibilité de la création* à une affaire d'entendement ainsi qu'en témoigne le titre d'une communication de Canguilhem à la Société toulousaine de philosophie en 1938 : « Activité technique et création ». Si l'action est toujours à quelque degré création, c'est en tant que l'agir ne peut pas être pensé selon Canguilhem comme un strict prolongement de la connaissance objective. Examiné à la loupe – et non pas en général comme a coutume de le faire Alain [1] – l'agir technique témoigne en effet de l'impossibilité d'unifier l'expérience depuis le seul entendement. En poussant l'analyse réflexive jusqu'aux détails de l'activité technique, Canguilhem met au jour le seuil au delà duquel le jugement doit faire preuve d'une certaine humilité.

Dans le texte de 1937 sur Descartes, ce seuil correspond comme on le verra à ce que Canguilhem nomme « l'initiative de la fabrication technique » [2]. Selon lui, c'est effectivement la logique d'entendement – logique de la méthode analytique – qui se trouve *débordée* par « l'initiative » technique, dans la mesure où celle-ci ne relève pas d'un jugement de connaissance, mais d'un « pouvoir » original d'anticipation enraciné dans « les exigences du vivant » [3]. Par « initiative » technique il faut entendre, pour employer une expression de circonstance, la « chiquenaude initiale »

1. Voir par exemple le propos intitulé « De la technique » dans *Les Idées et les âges* (1927), repris dans *Les Passions et la sagesse*, *op. cit.*, p. 3-324, p. 292.

2. G. Canguilhem, « Descartes et la technique », *op. cit.*, p. 497.

3. *Ibid.*

qui amorce toute activité pratique. A suivre les analyses de Canguilhem, c'est donc le ressort déclencheur de l'action qui échapperait en partie à l'entendement, et qui marquerait par là même l'impossibilité d'unifier l'expérience humaine depuis des jugements de connaissance.

TECHNIQUE ET PHILOSOPHIE DES VALEURS

Il est important de rappeler qu'en 1937, moment où Canguilhem rédige son premier texte explicitement consacré au problème de la technique, il n'est pas encore le philosophe du vivant qu'il deviendra par la suite. A l'époque, c'est de la philosophie du jugement de Lagneau et d'Alain qu'il se revendique. Ainsi qu'en témoigne J. Piquemal, alors élève de Canguilhem au Lycée Fermat de Toulouse en 1937-1938 :

> A parcourir rapidement ces chapitres de cours, on ne tarde guère à identifier certains courants connus de l'opinion philosophique française de l'entre-deux guerres. Une « analyse réflexive » y fait apparaître, comme condition de ce qui, dans l'expérience humaine, pourrait sembler simplement « donné », une activité omniprésente de « jugement » [1].

Dès lors, si le Canguilhem philosophe du jugement s'intéresse à la technique, c'est croyons-nous en priorité pour ce qu'une telle activité implique sur le plan réflexif. L'analyse des conditions de possibilité de la technique – et en particulier de son « initiative » – témoigne en effet d'une incontestable originalité de la pensée technicienne par rapport à la pensée scientifique. L'examen philosophique – voire psychanalytique à la Bachelard – de l'esprit technicien révèle la présence, à la racine de l'activité technique, d'une hiérarchie de valeurs qu'on ne saurait reconduire à la hiérarchie de valeurs exigée par l'activité scientifique. Dans le texte de 1937 sur Descartes, Canguilhem note en effet la chose suivante :

> si la matière est pour la science l'homogène et l'anonyme, la matière que le technicien se propose de « rapporter à notre usage » c'est le particulier et le divers [2].

Tout en ayant *objectivement* affaire à un même objet, le savant et le technicien n'y voient pourtant pas la même chose. Et cela tient à ce paradoxe anthropologique que si l'humanité est une, son expérience se dit toutefois en sens multiple. La manière d'envisager la matière n'est pas

1. J. Piquemal, « Georges Canguilhem, professeur de Terminale (1937-1938) », *op. cit.*, p. 66.

2. G. Canguilhem, « Descartes et la technique », *op. cit.*, p. 496.

univoque : selon qu'on se place du point de vue de la science ou de la technique, celle-ci ne sera pas référée aux mêmes fins – autrement dit elle ne sera pas valorisée ou polarisée de manière univoque. Parce que l'humanité est en proie aux valeurs, la matière s'offre toujours à elle comme valeur.

Pour le savant, elle est ainsi un objet à *connaître* ; l'enjeu consiste pour lui à en dégager les lois universelles et nécessaires, et ce en neutralisant tout ce que la situation dans laquelle il mène ses investigations contient de particulier. C'est pourquoi l'analyse scientifique exige du savant qu'il mette hors-circuit ses désirs et ses besoins dès lors qu'il se propose de rechercher la vérité. Ayant la fonction d'établir *ce qui est*, la science est une activité normative qui neutralise le singulier au profit de l'universel – démarche incontestable et nécessaire, sans quoi il ne serait plus possible de parler de vérité.

Il en va en revanche tout à fait différemment pour la technique, dans la mesure où cette activité s'inscrit en étroite dépendance avec l'*hic et nunc*. Pour le technicien, la matière est moins un objet à *connaître* qu'un objet à *utiliser* pour satisfaire des besoins. C'est que, dans la hiérarchisation de l'expérience effectuée dans le jugement technique, la valeur d'utilité prime sur la valeur de vérité : peu importe au technicien de connaître les lois intimes de la matière, l'enjeu étant pour lui d'obtenir des effets immédiats que réclame sa situation singulière. C'est ainsi qu'une connaissance rudimentaire – ou seulement vraisemblable comme le rappelle Canguilhem en s'appuyant sur le Descartes de la quatrième partie des *Principes*[1] – peut suffire au technicien pour résoudre un problème pratique. Là où la matière constitue pour l'esprit scientifique une sorte de *fin en soi*, dans la mesure où elle n'est rapportée à rien d'autre que sa pure connaissance, elle est au contraire pour l'esprit technicien un *moyen* de réaliser une fin dont l'urgence est inscrite dans la singularité d'un lieu et d'un temps. Ce qui laisse penser, du point de vue réflexif, que ce n'est pas dans un jugement de connaissance que s'enracine la technique. L'esprit technicien ne saurait en d'autres termes se confondre avec l'esprit scientifique dans la mesure où ce qui fait valeur pour le premier, ne recoupe pas ce qui fait valeur pour le second. On notera alors que cette « polysémie » de l'expérience humaine a pour conséquence de complexifier considérablement la tâche proprement philosophique d'unifier celle-ci. Si l'esprit technicien est effectivement indifférent à ce qui fait valeur dans le champ scientifique, alors les catégories de l'entendement que Kant avait tirées de l'analyse de l'esprit

1. G. Canguilhem, « Descartes et la technique », *op. cit.*, p. 496.

scientifique, ne peuvent plus être convoquées pour unifier la totalité de l'expérience humaine.

Si le champ axiologique de la technique diffère effectivement du champ axiologique de la science, il réclame par conséquent un examen normatif original, qu'on ne peut calquer sur celui de la science. C'est d'ailleurs ce que laisse entendre Canguilhem en 1938, lorsqu'il affirme, à propos du livre de Schuhl, que

> *Machinisme et philosophie* se présente comme une contribution à la psychanalyse de « *l'homo faber* », au moment où M. Bachelard écrit dans la *Formation de l'esprit scientifique* une contribution à la psychanalyse de l'« *homo sapiens* » [1].

Si l'*homo faber* doit être philosophiquement dissocié de l'*homo sapiens*, cela tient à ce que les valeurs du premier ne recoupent pas les valeurs du second. Nous sommes donc ici en présence de deux systèmes axiologiques divergents, lesquels renvoient à deux expériences irréductibles, qui se situent paradoxalement au sein d'une même humanité. Qu'est-ce alors à dire, sinon que le phénomène technique marque l'impossibilité pour Canguilhem d'unifier l'intégralité de l'expérience humaine depuis l'entendement pur ?

QU'EST-CE QU'UNE ACTION ? LE SUBLIME CAVAILLÈS

D'un point de vue biographique, cette insistance marquée pour le problème de la technique – et donc de l'agir – dans une philosophie jusque-là cantonnée au jugement n'est selon nous pas un hasard. Canguilhem s'interroge sur les conditions de possibilité de l'action *au moment même* – fin 1936 – où il se désengage du pacifisme intégral initié par Alain et Michel Alexandre. Aussi, lorsqu'il examine en 1937 l'origine assignée par la pensée cartésienne à l'activité technique, on est en droit de se demander si ce n'est pas à *quelque degré* le nom d'Alain qu'il faut lire sous celui de Descartes – et pour être plus précis, sous le Descartes de la première partie du texte, à savoir le Descartes philosophe d'entendement qui « a résolu par une mécanique et une physique géométrique le problème de l'intelligence du réel » [2] ?

1. G. Canguilhem, « P.-M. Schuhl, *Machinisme et philosophie*. Paris, 1938 », *Revue philosophique de la France et de l'étranger*, vol. 126, no 9-10 (septembre-octobre 1938) ; repris dans G. Canguilhem, *Œuvres complètes*, tome 1, *op. cit.*, p. 510-511, p. 510.

2. G. Canguilhem, « Descartes et la technique », *op. cit.*, p. 498.

À partir de 1934, exception faite de l'hommage publié en 1952 à l'occasion de la disparition d'Alain[1], les références massives et explicites des textes de jeunesse font place à un écrasant silence. Ce qui suscite bien entendu quelques interrogations. A quoi répond ce silence? Témoigne-t-il tout simplement d'une émancipation du disciple à l'égard du maître? Est-il le signe d'une brouille strictement personnelle entre les deux hommes? Ou bien s'agit-il au contraire, de manière plus profonde, d'une prise de distance vis-à-vis de la philosophie du jugement promue par le maître? En l'absence de témoignages explicites, nous ne pouvons que nous livrer à des conjectures.

On constate toutefois que l'absence soudaine de référence à Alain dans les textes à partir de 1936, coïncide avec le désengagement de Canguilhem pour le pacifisme extrême qu'il avait défendu jusque-là, et dont Alain était justement l'un des chefs de file. De là, la question suivante : et si le revirement que Canguilhem a jugé nécessaire sur le plan politique avait impliqué en retour un remaniement sur le plan conceptuel? Examinons cette hypothèse.

D'après les documents exhumés par Camille Limoges, tout porte à croire que c'est le coup d'État franquiste du 19 juillet 1936 qui sonna pour Canguilhem le glas de son engagement pacifiste. Les campagnes de prévention du fascisme menées par le CVIA avaient atteint leurs limites. Suivant à Toulouse les analyses politiques de l'exilé italien Silvio Trentin, une « paix sans aucune réserve » lui paraissait désormais difficilement envisageable[2]. Pour reprendre le vocabulaire spinoziste que choisira bien plus tard Canguilhem afin d'évoquer le souvenir de son ami Cavaillès, nous dirions que l'éclatement de la guerre d'Espagne marque l'irruption brutale de la « nécessité » dans une philosophie du libre jugement. En 1936, l'heure n'était plus à la critique conceptuelle du *fait* : fatalisme ou pas, il n'y avait plus d'autre choix pour Canguilhem que de *passer à l'action*.

Certes, Canguilhem ne s'est jamais longuement expliqué sur son rejet du pacifisme intégral. Inutile de rappeler ici la discrétion de l'homme. Néanmoins, on s'est souvent demandé, à propos des différentes hommages rendus à Cavaillès, s'il n'évoquait pas discrètement sa propre expérience de résistant. Dans la présentation au recueil d'articles sur Canguilhem qu'il a coordonné, J.-F. Braunstein note :

1. G. Canguilhem, « Réflexions sur la création artistique chez Alain », *op. cit.*

2. *Cf.* G. Canguilhem, « Témoignage », dans *Silvio Trentin. Saggi e Testimonianze*, Gennaio, Marsilio editori, 1991, p. 176-178.

> Canguilhem ne parle cependant jamais de sa propre action dans la Résistance, si ce n'est à travers ses textes d'hommage à Cavaillès, où il remarque simplement que « parler de lui ne va pas sans quelque honte, puisque, si on lui survit, c'est qu'on a fait moins que lui ». Philosopher sans grandiloquence, résister sans phrases, là est la grandeur de Canguilhem [1].

Nous croyons nous aussi que dans ses textes sur Cavaillès, Canguilhem témoigne discrètement de sa propre résistance. Et nous renverrions ici volontiers à un passage en particulier, tiré du discours d'« Inauguration de l'amphithéâtre Jean Cavaillès à la Faculté des Lettres de Strasbourg », le 9 mai 1967. Canguilhem déclare :

> ce serait se méprendre sur le caractère de Cavaillès que de croire qu'il aurait pu se contenter de l'entreprise, en elle-même d'ailleurs suffisamment dangereuse, qui consistait à animer un mouvement d'opinion, à rédiger des manifestes ou des analyses. L'objectif dernier d'une entreprise de cet ordre c'était bien de susciter une résistance active et armée. Puisque la parole et l'écrit devait aboutir à l'action, c'est-à-dire à la main et à ses gestes, Cavaillès a pensé que c'était d'abord sa main qui devait accomplir des gestes d'opposition défensive et offensive. D'où la fondation par lui d'un réseau militaire, du nom de *Cohors* [2].

Dans cet extrait, Canguilhem met un point d'honneur à préciser qu'il n'y a véritablement de résistance que de « la main » et de « ses gestes ». Parler d'actions ou de gestes de l'esprit, c'est au mieux une métaphore heuristique, au pire une usurpation. Même si, et c'est là le sublime paradoxe fréquemment relevé par Canguilhem, Cavaillès définissait l'expérience mathématique en termes de « gestes » : « Par expérience, j'entends un système de gestes, régi par une règle et soumis à des conditions indépendantes de ces gestes » [3]. Cavaillès, promoteur d'une philosophie où les « gestes » mathématiques ne sauraient être assimilés aux gestes d'un sujet-acteur, a pourtant accompli, en son âme et conscience, les gestes de la main que l'on sait puisqu'ils lui coûtèrent la vie.

On conviendra qu'en 1967, la question du pacifisme intégral est pour Canguilhem une affaire réglée depuis 30 ans. Comme nous le faisait justement remarquer Camille Limoges, sa cible de l'époque n'est assurément plus Alain et les membres du CVIA ; ce sont « ces intellectuels

1. J.-F. Braunstein, « Présentation », dans *Canguilhem. Histoire des sciences et politique du vivant*, *op. cit.*, p. 13.

2. G. Canguilhem, « Inauguration de l'amphithéâtre Jean Cavaillès à la Faculté des Lettres de Strasbourg », repris dans *Vie et mort de Jean Cavaillès*, Paris, Allia, 1996, p. 20.

3. J. Cavaillès, *Œuvres complètes de philosophie des sciences*, *op. cit.*, p. 601.

résistants »[1] qui ont survécu à Cavaillès tant leur résistance « fut discrète ». Mais dans le même temps, ne peut-on pas voir dans cette évocation de l'action héroïque de Cavaillès, un témoignage de ce que Canguilhem lui-même considérait comme une action authentique? Et si tel est le cas, ne peut-on pas alors essayer de retracer, sur la base de cette conception où l'action renvoie avant tout « à la main et à ses geste », la critique que Canguilhem a pu adresser 30 ans auparavant aux pacifistes réunis autour d'Alain? C'est une piste que nous souhaiterions examiner.

1) Pour Canguilhem, Cavaillès a montré au prix de sa propre vie qu'il n'y a d'action véritable que de la main. C'est là une thèse qui tranche radicalement avec la position intellectualiste défendue par ses maîtres de jeunesse. Rappelons en effet que pour Alain, il y a une stricte continuité entre juger et agir: juger est à ses yeux une action au même titre que travailler ou faire du sport: « l'esprit ne désigne nullement un être mais toujours une action »[2]. Or, si l'on nous accorde que cet hommage à Cavaillès nous livre ce qu'il faut entendre par action selon Canguilhem, nous proposerions alors volontiers l'hypothèse suivante : et si Canguilhem avait reproché à son maître Alain ce que le jeune Marx des *Manuscrits de 1844* avait reproché en son temps à son maître Hegel, c'est-à-dire réduire l'activité aux seules dimensions intellectuelles[3]? L'action est en effet toujours considérée par Alain de façon abstraite et générale. Comme pour la technique, jamais il ne s'intéresse aux détails de l'action – ce que lui reprochera d'ailleurs Canguilhem de manière indirecte lorsqu'il affirme, au début de l'*Essai*, qu'il attendait « précisément de la médecine une introduction à des problèmes humains concrets »[4]. Cette absence d'intérêt pour le détail aurait en somme conduit Alain à négliger l'originalité de l'agir par rapport au connaître. Dans l'*Histoire de mes pensées*, ce dernier avoue d'ailleurs explicitement la chose suivante: « Traitant de la liberté dans le jugement je tenais presque la liberté même de l'action »[5]. Qu'est-ce à dire si ce n'est que l'action se réduit pour Alain à un problème *d'application* de connaissances? C'est du moins ce que nous soutenons. De là notre deuxième remarque à propos de ce témoignage sur Cavaillès.

1. G. Canguilhem, « Commémoration à l'ORTF, France-Culture, 28 octobre 1969 », *op. cit.*, p. 678.

2. Alain, *Définitions*, *op. cit.*, p. 1031.

3. K. Marx, *Manuscrits économico-philosophiques de 1844*, trad. fr. par F. Fischbach, Paris, Vrin, 2007, n° XXIII.

4. G. Canguilhem, *Essai*, *op. cit.*, p. 7.

5. Alain, *Histoire de mes pensées*, *op. cit.*, p. 114.

2) Eu égard au problème qui nous occupe, à savoir l'inflexion opérée par Canguilhem du « style de pensée » réflexif, la phrase suivante nous semble fondamentale :

> Cavaillès a pensé que c'était d'abord sa main qui devait accomplir des gestes d'opposition défensive et offensive [1].

Si cette phrase nous paraît capitale, c'est en tant que Canguilhem mentionne explicitement une thèse qui est à l'extrême opposé de la philosophie du jugement qu'il a défendue durant sa jeunesse. Cette thèse, c'est celle du *« dépassement présomptueux » de la connaissance par l'agir*[2]. Canguilhem semble en effet affirmer que la « précipitation et la prévention », condamnées par Descartes dans la deuxième partie du *Discours*[3], et qui lui-même réprouvait en 1929[4] se révèlent d'un certain point de vue absolument nécessaires. La fiction, que la discipline normative de l'esprit scientifique cherche légitimement à éliminer, serait en fait le moteur de l'esprit technicien. Bref, Canguilhem semble militer ici pour l'inversion du rapport de subordination que la tradition réflexive avait institué entre la connaissance et l'action.

Or, voilà quelque chose qu'Alain et la tradition réflexive ne sauraient accepter. Pour Alain, c'est en substituant progressivement une connaissance d'entendement aux fictions de l'imagination qui s'enracinent dans le corps, autrement dit par une réflexion sur la nature des choses qui laisse de côté ce que nos craintes et nos désirs y ajoutent, que nous nous élèverons des passions à la sagesse. L'esprit est toujours devant : triomphe de l'entendement sur l'imagination, triomphe de l'esprit sur les passions. A propos des passions, il n'est pas inutile de rappeler que là où Descartes parle de « bon usage des passions »[5], Alain parle quant à lui plus volontiers de « remèdes aux passions »[6]. Si le but de la philosophie est pour Alain d'accéder à un certain art de vivre, il insiste sur ce fait que pour bien vivre, il est nécessaire de connaître le monde qui nous entoure par ses lois. C'est à cette seule condition que nous nous sauverons du fatalisme. En neutralisant

1. G. Canguilhem, « Inauguration de l'amphithéâtre Jean Cavaillès à la Faculté des Lettres de Strasbourg », *op. cit.*, p. 20.

2. Nous empruntons cette expression au texte sur les idéologies scientifiques, dans *Idéologie et rationalité*, *op. cit.*, p. 38.

3. Descartes, *Discours*, Alquié I, p. 586 ; AT VI, 18.

4. G. Canguilhem, « Préjugés et jugement », *op. cit.*, p. 241.

5. Descartes, *Les Passions de l'âme* (1649), Alquié III, deuxième partie, p. 997 *sq.* ; AT XI, 371 *sq.*

6. Alain, *Descartes* (1927), repris dans *Les Passions et la sagesse*, *op. cit.*, p. 926-991 ; voir en particulier le dernier chapitre intitulé « Remèdes aux passions ».

dans notre perception tout ce qu'elle peut comporter de désirs et de craintes, nous pourrons voir le monde tel qu'il est, à savoir un univers mécanique qui ne nous veut rien, et que nous pouvons utiliser à nos fins dès lors que nous en connaissons le fonctionnement. C'est là le sens de la métaphore d'« Ulysse nageant », fréquemment employée par Alain dans ses textes :

> mieux il sait que la vague ne veut rien, qu'elle est poussée et balancée par les autres vagues, par le vent et par les astres du ciel, plus il est assuré de cela, plus il ose, plus il s'évertue [...] ; il s'élève et se sauve sur ce mécanisme qui ne trompe point [1].

Mieux Ulysse « *sait* que la vague ne veut rien », mieux il se sauvera en s'appuyant sur le mécanisme du monde. L'influence du Descartes de la sixième partie du *Discours* sur Alain est ici manifeste : c'est en se rendant « comme maître et possesseur de la nature », autrement dit par le progrès dans l'ordre de la connaissance objective, que nous nous sauverons du fatalisme enraciné dans les fictions de l'imagination. Ceci explique en quoi Alain tend à faire de la vérité, la seule valeur légitime pour le jugement. De là l'idée, au fond proche de la maxime positiviste « science d'où prévoyance, prévoyance d'où action », que l'agir *doit* s'enraciner dans la connaissance. Or, dans sa conférence de 1967 en mémoire de Cavaillès, Canguilhem semble suggérer exactement le contraire : si Cavaillès en était resté au seul jugement d'entendement, il ne serait jamais entré en résistance, tant cette action et cet engagement paraissent déraisonnables et irrationnels au regard des normes de l'entendement.

Pour résumer notre hypothèse de recherche, nous dirions donc que le point de dissension entre Canguilhem et Alain semble se situer au niveau de la question, traditionnelle en philosophie, des rapports entre connaissance et action : Alain a-t-il raison d'affirmer, avec le Descartes de la 3e partie du *Discours*, qu'« il suffit de bien juger pour bien faire, et de juger le mieux qu'on puisse pour faire aussi tout son mieux » [2] ? C'est avec cet arrière-plan à la fois circonstanciel et philosophique, qu'il faut lire le grand texte de 1937 sur « Descartes et la technique », texte où Canguilhem formule la thèse aujourd'hui classique de l'antériorité de la technique sur la science.

1. Alain, *Saisons de l'esprit*, *op. cit.*, XXIII.
2. Descartes, *Discours*, *Troisième partie*, Alquié I, p. 595 ; AT VI, 25.

« DESCARTES ET LA TECHNIQUE » : UN TEXTE PIVOT

« Descartes et la technique » est la première communication scientifique de Canguilhem. Prononcée à Paris à l'occasion du tricentenaire de la publication du *Discours de la méthode*, cette conférence inaugure à bien des égards la méthode par *obligation* du philosophe aux « matières étrangères », caractéristique du Canguilhem de la maturité. Il s'agit d'une texte charnière et à tiroirs, que nous considérons comme une synthèse remarquable du parcours philosophique du jeune Canguilhem. Le philosophe y attachait d'ailleurs une extrême importance. Comme nous le faisait remarquer Michele Cammelli, c'est l'une des rares occasions où Canguilhem s'autorise une autoréférence[1]. Nous commencerons par faire deux remarques.

Double continuité…

1) 1937 ne marque assurément pas une coupure nette et franche avec le « style » réflexif hérité d'Alain. Canguilhem conserve de ses maîtres kantiens un vif intérêt pour la question de l'unité de l'expérience; c'est même pour lui *le* problème majeur de la philosophie. Se réclamant de Le Senne dans « Activité technique et création » de 1938, il définit ainsi « le philosophe comme "un professeur d'unité" », et ajoute aussitôt : « tout le monde s'accordera là dessus faute de s'entendre »[2]. L'année suivante, il déclare dans le *Traité de logique et de morale* : « La valeur morale c'est de créer de l'unité, là où elle n'est pas »[3]. Cette quête problématique d'unité s'inscrit bien évidemment dans le sillage de Kant. L'un des enjeux de l'*Analytique transcendantale* consistait en effet à mettre au jour les conditions de possibilité de la synthèse – reconduction d'un divers à l'unité – des intuitions empiriques et des concepts purs de l'entendement qui « leur sont totalement hétérogènes »[4]. « C'est cette question si naturelle et si importante qui rend nécessaire une doctrine transcendantale de la faculté de juger »[5]. Chez Canguilhem, le problème philosophique de la synthèse est un problème axiologique : celui de la coordination, voire de la

1. L'autoréférence se trouve dans « Machine et organisme », dans *La connaissance de la vie*, *op. cit.*, p. 124-159.

2. G. Canguilhem, « Activité technique et création », *op. cit.*, p. 501.

3. G. Canguilhem, C. Planet, *Traité de logique et de morale*, *op. cit.*, p. 824.

4. E. Kant, *Critique de la Raison pure*, *op. cit.*, « Du schématisme des concepts purs de l'entendement », A 137/ B 176, p. 224.

5. *Ibid.*

systématisation, de valeurs plus ou moins antagonistes. C'est ce à quoi doit répondre la doctrine du jugement, telle que la comprend désormais Canguilhem : comment systématiser notre aspiration à la vérité et notre désir de démocratie, notre exigence morale et notre soif de beauté ?

> L'unité doit-elle être obtenue par la réduction de toutes les fonctions spirituelles à une seule, ou par leur harmonie, laquelle ne peut consister que dans une subordination des unes à quelque autre. C'est là le seul moyen de concilier autrement que par un compromis instable des fonctions jugées originalement quoique différemment valables [1].

En 1937-1938, le problème auquel se consacre Canguilhem n'est pas fondamentalement différent de celui de Kant : chez l'un comme chez l'autre, l'enjeu consiste à créer de l'unité là où elle n'est pas. L'un et l'autre cherchent en effet à articuler dans le jugement, et « autrement que par un compromis instable », la vérité, le bien, le juste, le beau… Sauf qu'avec Canguilhem, ce problème de l'unification de l'expérience gagne en extension. En posant la question des rapports normatifs entre la technique et la science dans « Descartes et la technique », ce n'est plus seulement la synthèse problématique entre intuitions empiriques et concepts qui va être examinée. A partir de 1937, le problème de la coordination systématique d'éléments hétérogènes va être étendu au problème de l'agir en général, et ne concerne plus seulement le jugement réflexif. Aussi, s'il y a une continuité à chercher entre le jeune Canguilhem « idéaliste » et le Canguilhem de la maturité, elle s'opère au niveau du concept « d'action synthétique », expression utilisée dans « Descartes et la technique » [2], qui structure en sourdine l'ensemble de la philosophie canguilhemienne.

2) Une deuxième continuité avec le « style de pensée » réflexif peut être repérée au niveau de la thèse, chère à Alain, selon laquelle le *Cogito* est toujours déjà un *Volo* :

> Eclairé par les stoïciens et par Lagneau mon maître, j'ai pu comprendre assez vite, et peut-être trop vite, que c'est la volonté qui fait et porte les idées [3].

Pour Alain, « c'est la volonté qui juge et pense » [4].C'est cette doctrine de la volonté dans le jugement qui lui permet d'articuler, dans une lecture non fidèle du texte kantien, *Critique de la Raison pure* et *Critique de la Raison*

1. G. Canguilhem, « Activité technique et création », *op. cit.*, p. 501.
2. G. Canguilhem, « Descartes et la technique », *op. cit.*, p. 497.
3. Alain, *Les Idées et les âges*, *op. cit.*, p. 242.
4. Alain, *Correspondance avec Elie et Florence Halévy*, Paris, Gallimard, 1958, p. 92.

pratique. Parce que la volonté n'est jamais indifférente comme l'a bien vu Descartes[1], tout jugement est toujours pour Alain un jugement de valeur. Y compris le jugement de nécessité, lequel n'a de valeur qu'en tant qu'il est soutenu par la volonté.

L'idée que le jugement se compose de l'entendement soutenu par la volonté nous semble au cœur de l'argumentation de « Descartes et la technique ». Et ce d'entrée de jeu lorsque Canguilhem, pour marquer la révolution opérée par Descartes dans l'histoire des techniques, combat

> toute interprétation des attributs divins qui, les distinguant les uns des autres, les subordonneraient les uns aux autres, et spécialement la volonté à l'entendement[2].

Sur ce point, les travaux de Vincent Guillin mirent en évidence une filiation inaperçue jusque-là de Canguilhem avec la tradition idéaliste française de la fin du XIXe siècle. Lorsque Canguilhem défend dans son texte sur Descartes la thèse de l'indépendance de la volonté divine par rapport à l'entendement divin, il reprend la thèse d'Émile Boutroux, autre figure du « style de pensée » réflexif[3]. Comme le rappelle V. Guillin, Boutroux avait effectivement placé en exergue de sa thèse latine sur les *Vérités éternelles chez Descartes*[4] – traduite par le jeune Canguilhem en 1927 – la lettre de Descartes au Père Mesland du 2 mai 1644, où le philosophe affirme, à propos de Dieu, que nous ne devons

> concevoir aucune préférence ou priorité entre son entendement et sa volonté ; car l'idée que nous avons de Dieu nous apprend qu'il n'y a en lui qu'une seule action, toute simple et toute pure ; ce que ces mots de Saint Augustin expriment fort bien : *Quia vides ea, sunt*, etc., parce qu'en Dieu *videre* et *velle* ne sont qu'une même chose[5].

Reprenant à son compte la thèse cartésienne de l'indépendance de la volonté vis-à-vis de l'entendement, Canguilhem renvoie, dans les

1. Voir Descartes, *Discours*, *Troisième partie*, Alquié I, p. 598 ; AT VI 28. Reprenant à son compte la doctrine scolastique selon laquelle, loin d'être indifférente, la volonté se porte naturellement vers le Bien, Descartes affirme par conséquent qu'« il suffit de bien juger pour bien faire ». Voir aussi la lettre à Mersenne du 27 avril 1637, AT I, 363-365.

2. G. Canguilhem, « Descartes et la technique », *op. cit.*, p. 492.

3. V. Guillin, « Les études cartésiennes de G. Canguilhem », *Les Cahiers philosophiques*, n° 114, Paris, CNDP, 2008, p. 65-84, p. 67 pour l'analyse du rapport de Canguilhem à Boutroux.

4. E. Boutroux, *Des vérités éternelles chez Descartes*, Paris, Vrin, 1927 ; repris dans G. Canguilhem, *Œuvres complètes*, *op. cit.*, p. 935-978.

5. Descartes, « Lettre au Père Mesland du 2 mai 1644 », Alquié III, p. 75.

dernières lignes du texte, « l'impossibilité d'une transformation totale et continue de la science en action » au fait que « dans la conscience humaine comme en Dieu, la volonté ou la liberté ne sont pas aux limites de l'intelligence »[1]. C'est donc dire l'importance que Canguilhem attachait à cette doctrine de la volonté dans le jugement, puisqu'au bout du compte, c'est sur celle-ci qu'il appuie la thèse, aujourd'hui largement partagée, de l'antériorité de la technique sur la science.

... et double rupture avec le « style de pensée » réflexif

Si « Descartes et la technique » témoigne donc d'une certaine continuité avec le « style » réflexif, l'examen du texte permet toutefois de relever quelques ruptures. Signalons les principales.

1) Une première rupture avec Alain se manifeste d'emblée lorsque Canguilhem s'emploie à dégager l'*a priori historique* de la réflexion cartésienne sur la technique :

> Après Léonard de Vinci et Bacon et comme eux, Descartes relève le travail, la construction des machines et l'accommodement par eux de la nature à l'humanité, du mépris dans lequel les avaient tenus la pensée philosophique des anciens, exception faite pour les atomistes[2].

Voilà quelque chose de tout à fait étonnant de la part d'un alaniste de strict obédience. Comme on l'a vu précédemment, Alain n'a pas le sens de l'histoire, et méprise les historiens qu'il considère comme des adorateurs du fait : « Il y a deux sortes d'hommes (dit Alain), les intelligents et les historiens »[3]. L'ambition d'Alain n'est pas de découvrir l'évolution historique de l'humanité mais de décrire la nature même de l'homme. Au fond, ce qui l'intéresse dans le passé des hommes, ce n'est pas ce par quoi un moment est original ; mais le contraire, à savoir ce qu'il y a de *permanent* au sein de l'évolution et du changement. Dans les *Saisons de l'esprit* de 1937 il confie : « j'aperçois bien moins le changement que l'immuable nature humaine »[4]. De là, le parti pris bien connu d'Alain de lire les philosophes en neutralisant le moment historique dans lequel ils s'inscrivent :

1. G. Canguilhem, « Descartes et la technique », *op. cit.*, p. 497.
2. *Ibid.*, p. 491.
3. Alain, *Cahiers de Lorient*, tome 2, Paris, Gallimard, 1964, p. 176.
4. Alain, *Les saisons de l'esprit*, Paris, Gallimard, 1937, p. 124.

> Je les lis tout vivants; ils pensent avec moi; ils m'expliquent mon temps [...] les temps ont changé en vain; Platon est toujours en avant, Platon éclaire la route...[1].

Ainsi que le résume Georges Pascal dans sa thèse de doctorat consacrée à *L'Idée de philosophie selon Alain*:

> ce que nous trouvons pour Alain dans Platon et dans Aristote, dans Descartes ou dans Hegel, c'est l'esprit humain aux prises avec des problèmes qui ne sont pas d'un lieu et d'un moment, mais qui sont toujours et partout présents[2].

Rompant avec l'approche anhistorique de son maître, Canguilhem pointe d'emblée dans son texte de 1937 que le problème de la technique chez Descartes ne peut absolument pas être posé dans les mêmes termes que chez les stoïciens – et les grecs en général. C'est que « la philosophie stoïcienne niait aussi vigoureusement le progrès humain qu'elle affirmait la providence divine »[3]. Dans un univers cohérent, entièrement imprégné et régi par une raison divine, excluant ainsi toute perfectibilité, il n'y a en effet aucune place pour une pensée de la technique. Ainsi que le résume V. Guillin, pour les stoïciens « tout est déjà bien dans le plus nécessaire des mondes »[4]; et dans ces conditions, on voit mal comment l'action technique pourrait en définitive acquérir une quelconque valeur. Or, remarque Canguilhem

> sur ce point de doctrine, il n'est pas douteux que la pensée cartésienne a conscience de marquer une conversion... Renonçant à faire de nécessité vertu, Descartes se propose et nous propose de tourner en puissance la connaissance de la nécessité[5].

Rendre l'homme « comme Maître et possesseur de la nature »[6], cela suppose en effet de rompre radicalement avec la hiérarchie axiologique des Anciens cristallisée dans la notion de *Cosmos*. C'est pourquoi

> dans la doctrine de Descartes, comme dans celle des atomistes, une matière sans qualités réelles, un univers sans hiérarchie téléologique sont les raisons métaphysiques de la foi en l'efficacité créatrice de la technique.

1. Alain, propos inédit du 28.01.1911; cité par O. Reboul dans *L'homme et ses passions d'après Alain*, Paris, P.U.F., 1968, p. 20.
2. G. Pascal, *L'Idée de philosophie selon Alain*, *op. cit.*, p. 360.
3. G. Canguilhem, « Descartes et la technique », *op. cit.*, p. 491.
4. V. Guillin, « Les études cartésiennes de G. Canguilhem », *op. cit.*, p. 67.
5. G. Canguilhem, « Descartes et la technique », *op. cit.*, p. 491.
6. Descartes, *Discours*, *Sixième partie*, Alquié I, p. 634; AT VI, 62.

> L'énergique négation de la finalité naturelle est dans la philosophie de Descartes la condition d'une théorie mécanique de la nature et d'une théorie mécanicienne de l'art [1].

Une pensée technicienne authentique ne saurait voir le jour dans un monde finalisé dont la structure immuable et parfaite exclut tout progrès. Cause finale et action technique ne font pas bon ménage. C'est pourquoi, à la suite des atomistes et de Descartes, Canguilhem note qu'un univers mécanique où tout s'explique par l'entrechoquement de corps sans intention propre, est la condition préalable à toute pensée technique. C'est au fond ce qu'avait bien vu Lucrèce lorsqu'il oppose, au Livre V de son *De rerum natura* cité par Canguilhem, le mythe du progrès au mythe du lointain âge d'or perdu. C'est dans « la négation de tout plan providentiel relatif à l'univers » [2] que réside

> l'affirmation du progrès technique par lequel l'humanité, toujours plus ingénieuse et mieux informée, modifie son rapport au milieu cosmique, se donne ce qui ne lui fut pas donné et s'élève par le travail jusqu'à la perfection dont toute philosophie théologique la fait descendre [3].

Certes, le monde n'a pas été fait pour l'humanité; mais au cours de son histoire, elle a appris à en tirer parti et à le plier dans une certaine mesure à ses fins, lesquelles ne sont pas inscrites dans la nature des choses. Sur ce point, Descartes ne nous semble pas dire autre chose dans la sixième partie du *Discours*.

Pour résumer, nous dirions donc qu'une première rupture avec le « style » réflexif se manifeste dans « Descartes et la technique » au niveau d'une réelle prise en compte de l'histoire qui ne renvoie plus, comme chez Alain, à « la nature humaine, à l'Éternelle Histoire » [4].

2) Une seconde rupture avec l'approche réflexive se situe au niveau de la thèse, mentionnée précédemment, du *dépassement présomptueux de la connaissance par l'agir*. « Descartes et la technique » porte comme son nom l'indique sur le statut de la technique dans la philosophie de Descartes. Ce qui est loin d'être un simple problème *d'historien* de la philosophie. Poser la question de la technique chez Descartes, cela revient en effet à s'interroger sur le statut accordé à l'action dans une philosophie qui soutient que « l'efficacité des arts a pour condition la vérité de la

1. G. Canguilhem, « Descartes et la technique », *op. cit.*, p. 492.
2. *Ibid.*, p. 491.
3. *Ibid.*
4. G. Canguilhem « Réflexions sur la création artistique selon Alain », *op. cit.*, p. 181.

connaissance»[1]; autrement dit dans une philosophie qui reconduit le problème de l'action à un problème d'application de connaissances. Les réponses qu'apporte Canguilhem dans «Descartes et la technique» sont absolument fondamentales pour le problème général qui nous occupe: celui de comprendre l'articulation problématique opérée par Canguilhem entre une philosophie intellectualiste appuyée sur le jugement, et une philosophie de la vie articulée autour des notions de normes et de santé. Examinons la structure argumentative de «Descartes et la technique».

La subordination de l'action à la connaissance objective

Comme nous le disions, Canguilhem a très tôt considéré que la finalité de l'exercice philosophique résidait dans une mise en ordre de l'expérience; aussi ce texte sur la technique ne fait-il pas exception à la règle, dans la mesure où son enjeu consiste à déterminer *le sens du rapport de subordination* entre l'agir et le savoir: l'action dépend-t-elle de la connaissance, ou bien, à l'inverse, est-ce la connaissance qui se subordonne dans une certaine mesure à l'action? Telle est la question que pose ici Canguilhem. Pour y répondre, il va commencer par replacer le problème des rapports de la connaissance à l'action dans la perspective d'une philosophie des valeurs.

Que «Descartes et la technique» ait une portée axiologique, Canguilhem ne s'en cache pas. Dès les premières lignes, il note en effet que si Descartes affirme à maintes reprises que la finalité de la science est d'être «utile à la vie»,

> on n'en doit cependant tirer aucun droit d'assimiler la pensée de Descartes à ces philosophies qui ont, de nos jours, tenté, à diverses fins et de diverses façons, de réduire toutes les valeurs du jugement à la valeur pragmatique[2].

Ce sont les *Études sur Descartes*[3] du Père Laberthonnière, parues à titre posthume en 1935, qui sont ici visées sans être nommées. L'objectif de Canguilhem n'est toutefois pas de discuter la thèse selon laquelle la valeur de la science est pour Descartes fonction de son degré d'utilité. L'enjeu consiste bien davantage à faire remarquer que si Descartes admet explicitement que la science doit être «utile à la vie», cela n'implique en aucun cas pour lui la réduction de toutes les valeurs possibles du jugement à la seule

1. G. Canguilhem, «Descartes et la technique», *op. cit.*, p. 490.
2. G. Canguilhem, «Descartes et la technique», *op. cit.*, p. 490.
3. L. Laberthonnière, *Études sur Descartes*, 2 vol. Paris, Vrin, 1935.

valeur d'utilité. La preuve en est que les *Regulae* comme les *Principes* accordent au jugement de connaissance, et donc à la valeur de vérité, un rôle tout à fait crucial dans tout succès technique :

> Les textes sont innombrables où Descartes proclame l'infirmité des routines artisanes étrangères à toute connaissance des objets et des phénomènes qu'elles utilisent, où il affirme que toute action consciente de sa portée est postérieure à la science correspondante [1].

Et Canguilhem de s'appuyer entre autre sur « l'admirable affirmation des *Principes* » [2] selon laquelle la mécanique étant un chapitre de la physique, la connaissance des lois de la nature est par conséquent indispensable à la réalisation de toutes fins artificielles. C'est pourquoi

> il faut avoir expliqué quelles sont les lois de la nature et comment elle agit à son ordinaire avant qu'on puisse enseigner comment elle peut être appliquée à des effets auxquels elle n'est pas accoutumée (II, 50) [3].

Dans un tel cadre de pensée, l'action s'inscrit ainsi en étroite dépendance par rapport à la connaissance; ou, pour employer un vocabulaire axiologique, la valeur d'utilité est dans un strict rapport de subordination par rapport à cette valeur propre à la science qu'est la vérité.

> Faire sans comprendre (commente Canguilhem), c'est le propre du technicien qui n'est que tel [...], obtenir à volonté des effets par l'intelligence des causes, c'est l'ambition cartésienne. La conscience du possible nous est donnée par la connaissance du nécessaire théorique [4].

Situé à la moitié du texte de Canguilhem, ce commentaire fait écho aux remarques inaugurales sur la valeur de la science. Si la conscience du possible est pour Descartes proportionnelle à la connaissance théorique, alors Canguilhem voit juste lorsqu'il affirme qu'on ne saurait assimiler la philosophie cartésienne à un pragmatisme, qui ferait de l'utilité la seule valeur à laquelle le jugement puisse se consacrer. Car tous les textes de Descartes convoqués jusqu'ici par Canguilhem semblent indiquer au contraire que c'est la vérité, et non l'utilité, qui fait office de valeur suprême. C'est en effet de la connaissance du vrai, de l'adéquation entre la représentation et le monde, que dépendent non seulement le succès de l'action, mais aussi, et surtout, de façon antérieure, la *prise de conscience*

1. *Ibid.*, p. 494.
2. *Ibid.*
3. *Ibid.*
4. *Ibid.*

de la possibilité de l'action. Dans la conscience humaine, le champ des possibles serait en somme fonction des conquêtes de la science. Si bien qu'à suivre une telle perspective, le cartésianisme s'apparenterait bien plus à une philosophie d'entendement pur – « obtenir à volonté des effets par l'intelligence des causes » [1] – qu'à une forme de proto-pragmatisme.

Canguilhem synthétise cette lecture de Descartes dans une phrase que nous tenons pour capitale :

> Toute acquisition de vérité devenant règle méthodique, la pensée portée de vérité en vérité, se rend capable d'assurer à l'action sécurité et efficacité [2].

Si cette phrase doit retenir toute notre attention, c'est qu'elle renvoie implicitement à la fameuse maxime tirée de la deuxième leçon du *Cours de philosophie positive* d'Auguste Comte : « Science, d'où prévoyance ; prévoyance, d'où action » [3]. Cette formule, dont Canguilhem dit qu'elle est « aussi trompeuse qu'elle est célèbre » [4], fera l'objet de nombreuses réflexions du philosophe. Les deux textes qui suivent immédiatement « Descartes et la technique » y font en effet explicitement référence (« Activité technique et création » en 1938 et le *Traité de logique et de morale* en 1939) ; et le cours sur « Le statut social de la science moderne », dispensé quinze ans plus tard à l'Institut d'histoire des sciences, lui accordera là encore une place de choix [5]. Lorsqu'en 1937, Canguilhem commence par exposer la thèse selon laquelle la technique procèderait de la science, c'est à une lecture positiviste de Descartes qu'il fait allusion. Il le confie d'ailleurs lui-même. Après avoir montré dans un premier moment que Descartes subordonne la valeur d'utilité à celle de vérité, c'est-à-dire l'action à la connaissance, il conclut provisoirement :

> Jusqu'ici il n'y a rien dans la philosophie cartésienne relativement à la technique qui ne nous paraisse évident, si nous appelons évidence la longue familiarité de la pensée moderne avec un thème de réflexion qui, de Vinci à Marx en passant par les Encyclopédistes et Comte, a été l'occasion d'un développement devenu classique [6].

1. *Ibid.*
2. *Ibid.*
3. A. Comte, *Cours de philosophie positive, deuxième leçon*, repris dans *Philosophie des sciences*, présentation, choix de textes et notes par J. Grange, Paris, Gallimard, 1996, p. 90.
4. G. Canguilhem, « Activité technique et création », *op. cit.*, p. 504, et *Traité de logique et de morale*, *op. cit.*, p. 685 et 794.
5. *Cf.* P. Macherey, « Georges Canguilhem : un style de pensée », repris dans *De Canguilhem à Foucault, la force des normes*, *op. cit.*, p. 110-123.
6. G. Canguilhem, « Descartes et la technique », *op. cit.*, p. 494.

Pour le positivisme, l'action n'est que le strict prolongement de la connaissance objective. Elle réside essentiellement dans l'application d'un protocole établi au préalable – c'est-à-dire pensé et réfléchi selon les normes qui régissent les activités scientifiques. C'est bien là ce que suggère la forme déductive de la maxime « Science, d'où prévoyance; prévoyance, d'où action » : la connaissance de ce qui fait *objectivement* « conditions » pour l'agir, détermine intégralement le déroulement de celui-ci. La connaissance sur le plan théorique garantit le succès sur le plan pratique. Pour un positiviste, rien dans l'expérience ne saurait altérer le cours des choses, autrement dit se soustraire à la logique déterministe de l'entendement. La détermination des causes sur le plan théorique implique la maîtrise des effets sur le plan expérimental. C'est pourquoi, pour le positiviste, la pratique est essentiellement une question d'application d'un savoir préalable. Quiconque détient la vérité dans ses pensées, s'assure de la réussite dans ses actions.

Cependant, dans la deuxième moitié de son texte, Canguilhem va s'employer à marquer les limites d'une telle subordination de l'agir à la connaissance. Car, selon lui, ce n'est rien de moins que la condition première de l'action qui échappe à toute philosophie qui tend à réduire, à la manière du positivisme, l'ensemble des fonctions de l'esprit à la seule fonction de connaissance. Comme nous allons le voir, ce n'est pas un jugement de nécessité qui se trouve selon Canguilhem à la racine de l'action. Celle-ci repose sur autre chose que la connaissance des causes et des effets. Si bien qu'à travers l'étude de prime abord bien circonscrite du statut de la technique chez Descartes, Canguilhem se livre en fait à une critique de toute philosophie d'entendement pur – et *a fortiori* de l'approche réflexive de ses maître de jeunesse.

L'énigme de l'agir technique

Après avoir dressé dans un premier temps le portrait d'un Descartes « proto-positiviste », pour qui la pratique s'épuiserait dans l'application d'un protocole établi *ex-ante*, Canguilhem rappelle que

> cette thèse de la connaissance convertible en action technique ne va pas dans la pensée cartésienne sans d'importantes restrictions. Descartes aperçoit très clairement, dans le passage de la théorie à la pratique, des

> « difficultés » que l'intelligence supposée parfaite ne saurait par elle-même résoudre [1].

Et Canguilhem de répertorier trois cas tirés du corpus cartésien où, selon le mot de Descartes lui-même, « la pratique ferait honte à la théorie » [2]. Que ce soit pour le miroir d'Archimède, la balance romaine ou les lunettes optiques, Descartes avoue rencontrer en effet des « "difficultés" que l'intelligence supposée parfaite ne saurait par elle-même résoudre » [3], dès lors qu'il se propose de construire ces objets techniques selon des proportions inhabituelles. Constat d'échec d'autant plus étonnant que,

> en ces trois exemples du miroir, de la romaine et de la lunette, les théories, relativement simples, de la réflexion et de la réfraction optiques et du levier ont été les premiers succès de la science cartésienne [4].

Autant dire que Descartes sait là de quoi il parle. Nous sommes manifestement face à un cas où, contrairement à ce qu'affirme Comte, la science ne garantit pas la prévoyance, et où l'action technique conserve une part d'obscurité qui échappe aux analyses de l'entendement. Descartes aurait-il alors fait preuve de « prévention et de précipitation » lorsqu'il tient pour acquis, dans le *Discours*, qu'« il suffit de bien juger pour bien faire » [5] ? Dans la première partie du texte, Canguilhem s'emploie comme on l'a vu à restituer un Descartes proto-positiviste promoteur d'une science analytique définitive. Mais dans un tel cadre, comment interpréter le fait que Descartes ait pu d'un côté affirmer « pouvoir déduire l'expérience à partir de principes intuitivement discernés » [6], et d'un autre côté, « estimer ne pouvoir rendre compte des effets particuliers sans chercher d'abord à les constater... » [7] ? C'est bien là le problème. Or note Canguilhem :

> Sur ce décalage entre les fonctions humaines de science et de construction que pourtant sa philosophie semble nous inviter à tenir pour homogènes et convertibles dans le sens de la première à la seconde, Descartes ne s'est pas expliqué... [8].

1. G. Canguilhem, « Descartes et la technique », *op. cit.*, p. 494-495.
2. Cité par Canguilhem, *ibid.*, p. 495.
3. *Ibid.*
4. *Ibid.*
5. Descartes, *Discours*, *Troisième partie*, Alquié I, p. 598 ; AT VI, 28.
6. G. Canguilhem, « Descartes et la technique », *op. cit.*, p. 495.
7. *Ibid.*
8. *Ibid.*

Autrement dit, Descartes aurait mystérieusement gardé le silence sur ce qui constitue, selon Canguilhem, le principal problème de la philosophie : celui de l'unité de l'expérience. Est-on alors en présence d'un immense paradoxe? Un des plus grands philosophes aurait-il vraiment ignoré l'un des plus grands problèmes de la philosophie? C'est pourquoi, après avoir relevé quelques passages où Descartes affirme de façon contradictoire la possibilité de déduire l'intégralité de l'expérience depuis quelques principes, tout en admettant dans certains cas l'obligation du savant de « venir au devant des causes par les effets »[1], Canguilhem esquisse sa propre explication du décalage entre la pratique et la théorie.

LES « EXIGENCES DU VIVANT »

Dans la deuxième partie de « Descartes et la technique », Canguilhem repère deux niveaux d'explication de l'irréductibilité de l'action à la connaissance chez Descartes.

Le premier niveau relève selon nous de ce que l'*Essai* de 1943 entendra par « infidélité du milieu »[2] :

> si, dans bien des cas, la pratique « fait honte à la théorie », c'est parce que « toute application des corps sensibles les uns aux autres », disons toute synthèse technique, doit normalement inclure, opérant sur des espèces de corps dont la déduction ne peut être intégrale, de l'imprévisible et de l'inattendu[3].

Parce que le monde est composé d'une infinité de corps qui ont une infinité de grandeurs et de formes différentes, le savant ne peut bien évidemment pas calculer *ex-ante*, sur la base des « principes ou premières causes »[4], toutes les conséquences possibles résultant de l'entrechoquement de cette infinité de corps. Ainsi que le reconnaît Descartes dans le *Discours*,

> lorsque j'ai voulu descendre (aux choses) qui étaient plus particulières, il s'en est tant présenté à moi de diverses, que je n'ai pas cru qu'il fût possible à l'esprit humain de distinguer les formes ou espèces de corps qui sont sur la terre d'une infinité d'autres qui pourraient y être, si c'eût été le vouloir de Dieu de les y mettre, ni par conséquent, de les rapporter à notre usage, si ce

1. Descartes, *Discours*, *Sixième partie*, Alquié I, p. 637 ; AT VI, 64.
2. G. Canguilhem, *Essai*, *op. cit.*, p. 130.
3. G. Canguilhem, « Descartes et la technique », *op. cit.*, p. 496.
4. Descartes, *Discours*, *Sixième partie*, Alquié I, p. 636 ; AT VI, 64

> n'est qu'on vienne au-devant des causes par les effets, et qu'on se serve de plusieurs expériences particulières [1].

Si « l'imprévisible » et « l'inattendu »[2] sont donc convoqués par Canguilhem pour démolir la thèse d'une déduction intégrale de l'expérience, ce n'est toutefois pas du côté de ce que l'*Essai* de 1943 entendra par « infidélité du milieu »[3] qu'il concentre ici son argumentation. Ou du moins pas directement. En 1937, le débat se situe comme on l'a dit sur le terrain d'une philosophie du jugement, l'enjeu étant désormais d'en marquer les limites.

Nous en arrivons au deuxième niveau d'explication de l'irréductibilité de l'action à la connaissance, niveau que Canguilhem considère explicitement comme le plus fondamental :

> Allant plus loin (dit-il), on découvre dans l'œuvre cartésienne la conscience d'une forme de relation entre la connaissance et la construction autre que celle qui fait dépendre, même avec des réserves, la seconde de la première [4].

Chez Descartes, les « difficultés » qui marquent « l'impossibilité d'une transformation totale et continue de la science en action »[5], reviendraient en somme « à l'affirmation de l'originalité d'un "pouvoir" »[6], pouvoir qui ne s'enracine pas dans l'entendement mais dans les « exigences du vivant » :

> De cette technique que la science prétend désormais régenter en lui proposant de convertir consciemment des lois en règles, mais dont l'élan n'a pas attendu la permission du théoricien, où faut-il chercher l'initiative ? Cette initiative n'est pas dans l'entendement [...]. L'initiative est dans les exigences du *vivant* [7].

Exiger, c'est réclamer. Et réclamer, c'est exprimer un manque, un désir, bref un rapport en valeur au milieu. Ici réside l'argumentation sur laquelle va désormais s'appuyer Canguilhem pour inscrire la valeur dans la vie, valeur que le « style de pensée » réflexif réservait jusque-là au seul domaine de l'esprit. Dans une intervention dont nous espérons la publication

1. *Ibid.*, p. 636-637 ; AT VI, 64.
2. G. Canguilhem, « Descartes et la technique », *op. cit.*, p. 496.
3. G. Canguilhem, *Essai*, *op. cit.*, p. 130.
4. G. Canguilhem, « Descartes et la technique », *op. cit.*, p. 496.
5. *Ibid.*, p. 497.
6. *Ibid.*
7. *Ibid.*

prochaine[1], Camille Limoges a ainsi retracé comment Canguilhem, dans un cours sur les valeurs qu'il donna en juin 1941 à la Faculté des Lettres de Strasbourg repliée à Clermont-Ferrand, s'appuie sur la notion de *besoin* pour inscrire la valeur dans la vie, allant jusqu'à attribuer une forme de jugement à l'amibe.

UN VIVANT *ENCORE* HUMAIN

Un problème se pose : que faut-il entendre ici par *vivant*? Peut-on affirmer qu'en 1937, Canguilhem est déjà en train de mener le combat qu'il mènera cinq ans plus tard sur le terrain du *Normal et du pathologique*? Peut-on en effet reconduire légitimement ces « exigences du vivant » à la vie entendue comme « normativité » ? Pour mieux dire : faut-il voir dans le « vivant » dont il est ici question, une puissance de valorisation qui viendrait en quelque sorte prendre la suite de cette autre puissance de valorisation qu'est le jugement ? C'est aller un peu vite en besogne. En 1937, les « exigences du vivant » ne renvoient pas vraiment à la vie comme position de normes et de valeurs ; ces exigences renvoient aux besoins, à l'appétit et à la volonté :

> C'est dans les besoins, l'appétit et la volonté qu'il faut chercher l'initiative de la fabrication technique (IX, *Principes*, 123)[2].

Si l'on se reporte à « Activité technique et création », texte qui – chronologiquement comme philosophiquement – suit immédiatement « Descartes et la technique », Canguilhem recourt à nouveau à la notion d'exigence, sauf que cette fois-ci, il précise que par « exigences » il faut entendre :

> les impulsions psychophysiologiques d'un organisme astreint par sa structure héréditaire à un rythme coercitif de besoins d'abord spécifiques [3].

« Impulsions psychophysiologiques » : pour employer une expression de circonstance, tout porte donc à croire qu'en 1937, le « vivant » renvoie non pas à tout le vivant, mais à ce vivant particulier que Descartes nomme le « vrai homme »[4], entendu comme union d'une âme et d'un corps :

1. C. Limoges, « Le vivant et les vivants avant *Le Normal et le pathologique* », intervention au colloque *Georges Canguilhem avant Le Normal et le pathologique (1943) : quel engagement philosophique ?*, Aix-en-Provence, 15 juin 2010.

2. *Ibid.*

3. G. Canguilhem, « Activité technique et création », *op. cit.*, p. 502.

4. Descartes, *Discours*, *Sixième partie*, Alquié I, p. 632 ; AT VI 59.

> Le soin mis par Descartes à affirmer dans sa théorie de l'union de l'âme et du corps l'irréductibilité des affections et dans sa théorie de l'erreur, l'originalité de la volonté, signifie vraisemblablement l'impossibilité à ses yeux d'unifier dans une philosophie de l'entendement pur, dans un pur système de jugements de connaissance, cette vie que le propos de la philosophie consiste à vouloir bien vivre. Ainsi l'irréductibilité finale de la technique à la science, du construire au connaître, l'impossibilité d'une transformation totale et continue de la science en action, reviendraient à l'affirmation de l'originalité d'un « pouvoir »[1].

Pour Descartes, le « vrai homme » n'est pas composé d'une âme et d'un corps – l'homme n'est un composé qu'au regard de l'entendement qui cherche à connaître. Le « vrai homme » est fondamentalement « union », et nous aimerions pouvoir dire « synthèse », au sens où le tout de l'union diffère qualitativement de l'association de l'âme et du corps. C'est pourquoi le « vrai homme » est tout autant en proie aux jugements de connaissance (exigence de la pensée) qu'il est en proie à des besoins vitaux (« exigences du vivant », c'est-à-dire du corps). Or remarque Canguilhem, dans la vie de tous les jours, « cette vie que le propos de la philosophie consiste à vouloir bien vivre », autrement dit lorsqu'il ne s'agit plus seulement de connaître mais d'agir tout autant avec son corps qu'avec son âme[2], l'urgence des besoins vitaux nous contraint à nous déterminer sans que nous ayons le temps de juger selon les exigences normatives de la méthode analytique. Il nous faut donc *anticiper* – c'est là le « pouvoir » original évoqué par Canguilhem dans le texte ci-dessus – c'est-à-dire *faire comme si nous savions ce que nous ne savons pas*.

Et c'est au niveau de cette « présomption absurde »[3] de l'agir au regard des normes de la méthode analytique, que se manifeste sans doute la prise de distance la plus nette d'avec l'approche réflexive. Au fond, ce que Canguilhem oppose à Alain, c'est l'idée que sur le plan de l'action, le jugement de connaissance doit parfois laisser place à une forme de générosité et de témérité qui débordent l'entendement.

1. G. Canguilhem, « Descartes et la technique », *op. cit.*, p. 497.
2. Sur ce point voir la lettre de Descartes à la princesse Elisabeth du 28.06.1643.
3. G. Canguilhem, « Descartes et la technique », *op. cit.*, p. 494.

CHAPITRE IX

L'IRRÉDUCTIBILITÉ DE L'ACTION AU JUGEMENT DE NÉCESSITÉ

ALAIN : PHILOSOPHE PÉRIMÉ OU PHILOSOPHE SANCTIONNÉ ?

Avant d'entrer plus avant dans l'analyse de ce débat concernant l'incapacité de l'approche réflexive à s'intégrer l'action sans la mutiler, avouons d'emblée un embarras que nous ne cherchons nullement à dissimuler : Canguilhem a-t-il un jour *radicalement* rompu, au plan philosophique, avec Alain ?

Certes, il y a le passage par la médecine, autrement dit le souci du « concret » et de la spécialisation ; ce qui tranche évidemment avec l'abstraction d'Alain, qui ne parle de *la* guerre, de *la* science ou de *la* technique qu'en général. Ainsi que le remarque Jean-François Braunstein,

> Alors que Bergson, Politzer ou Jean Wahl, comme d'autres à l'époque, proclamaient leur volonté de s'orienter « vers le concret », Canguilhem va, pour sa part, effectivement se consacrer à un objet déterminé et concret, la médecine, qui offre à sa réflexion une « matière étrangère ». Il évitera ainsi l'abstraction d'Alain ou de Bergson qui ne traitaient que de « la technique » en général et non de telle ou telle technique particulière [1].

Conscient de rompre avec la pratique philosophique essentiellement livresque de ses maîtres, Canguilhem confiera effectivement, à la première page de l'*Essai* :

1. J.-F. Braunstein, « Introduction. À la découverte d'un "Canguilhem perdu" », dans G. Canguilhem, *Œuvres complètes*, tome 1, *op. cit.*, p. 101-137, p. 130.

> Ayant entrepris des études médicales quelques années après la fin des études philosophiques, et parallèlement à l'enseignement de la philosophie, nous devons quelques mots d'explication sur nos intentions. Ce n'est pas nécessairement pour mieux connaître les maladies mentales qu'un professeur de philosophie peut s'intéresser à la médecine. Ce n'est pas davantage nécessairement pour s'exercer à une discipline scientifique. Nous attendions précisément de la médecine une introduction à des problèmes humains concrets [1].

Autre démarcation tout à fait notable : la passion de Canguilhem pour l'histoire qu'Alain dédaignait soigneusement. Une grande partie de son œuvre de la maturité consiste effectivement à retracer les *apriori historiques* à partir desquels se forment et se déforment certains concepts qui structurent notre expérience. Dimension qu'on chercherait en vain chez Alain. En ce sens, devenir historien des sciences marque une vraie coupure avec la *philosophia perennis* du maître. Mais d'un autre côté, Canguilhem n'est jamais revenu sur ce qui constituait à ses yeux l'essentiel de la philosophie d'Alain : le jugement.

C'est ce dont témoigne le texte de 1937 que nous examinons présentement. De notre point de vue, il s'apparente moins à une rupture qu'à l'amorce d'une longue réflexion sur les conditions et les implications d'une philosophie du jugement que Canguilhem n'abandonnera jamais complètement. L'ambition réflexive de subordonner l'être à la valeur a toujours gardé pour lui quelque chose de son actualité. Si Canguilhem cherche maintenant à lui assigner des limites, c'est moins dans une optique de destruction que de consolidation, l'enjeu étant de compléter celle-ci en la confrontant à certains aspects de l'expérience humaine qu'elle avait jusque-là négligés.

Nous évoquons les limites d'une philosophie du jugement. Jusqu'à présent, ce que nous avons dit d'Alain laisse penser que c'est précisément sur cette question des limites du jugement que Canguilhem s'en serait éloigné, au sens où la philosophie du maître assumerait explicitement que l'entendement puisse à lui seul rendre compte de la totalité de l'expérience humaine. Mais les choses ne sont pas aussi simples. Certes, Alain n'a jamais caché son ambition d'appréhender l'ensemble de l'expérience humaine depuis une philosophie d'entendement. C'est notamment l'objectif de ses *Entretiens au bord de la mer*, à qui il a donné le sous-titre de *Recherche de l'entendement*. Si l'entendement doit être toujours recherché et donc voulu (la fameuse doctrine de la volonté dans le jugement), c'est

1. G. Canguilhem, *Essai*, *op. cit.*, p. 7.

que la volonté de coller à l'expérience garde l'esprit des raisonnements dialectiques dans lesquels il est toujours susceptible de sombrer :

> Car l'entendement séparé de la résistante nature devient raison, et ne trouve que la preuve ; au lieu que la raison, étroitement collée à la chose, et la tenant toujours embrassée, devient entendement [1].

Pour Alain, la philosophie d'entendement s'apparente ainsi à ce qu'il appelle une « police de l'esprit », c'est-à-dire une attitude qui, par le contact voulu et maintenu de l'esprit à l'expérience, garantit celui-ci contre deux risques : 1) qu'il se meuve en Raison dialectique en se focalisant uniquement sur les enchaînements logiques ; 2) qu'il retombe dans l'imagination en jugeant selon les désirs et les craintes. C'est pourquoi la philosophie d'entendement constitue en somme pour Alain une sorte d'ascèse par laquelle l'homme s'élève des passions à la sagesse.

Bien entendu, si nous en restions là, la critique serait aisée : la philosophie d'Alain ne serait ni plus ni moins qu'un pur intellectualisme. Ce sera notamment le jugement que portera Merleau-Ponty dans la *Phénoménologie de la perception*[2]. Cependant, l'intellectualisme n'est qu'un aspect de la pensée d'Alain. Réduire celle-ci à une philosophie d'entendement, c'est faire fi de sa doctrine de l'imagination, à laquelle il attache pourtant une extrême importance. C'est d'ailleurs la seule fois où Alain ait prétendu à une forme d'originalité[3], estimant que ses analyses de l'imagination – autrement dit du rapport corps/esprit – avaient apporté une « nouveauté choquante »[4]. C'est donc dire que le philosophe est loin de dévaloriser unilatéralement l'imagination au profit de l'entendement. Bien au contraire : c'est notamment dans l'imagination qu'Alain enracine ces pans absolument non négligeables de l'expérience humaine que sont les religions et les beaux-arts. Et on ne peut pas imaginer une seule seconde qu'un disciple aussi fidèle que le jeune Canguilhem ait pu ignorer cela. En atteste en particulier l'article de la maturité « Réflexions sur la création artistique selon Alain », dans lequel Canguilhem rend hommage non pas à la philosophie du jugement de son maître à qui ses premiers écrits doivent tant, mais à son esthétique, c'est-à-dire à sa doctrine de l'imagination.

1. Alain, *Entretiens au bord de la mer*, *op. cit.*, p. 1275.

2. M. Merleau-Ponty, *La Phénoménologie de la perception* (1944), Paris, Gallimard, 1976, p. 41-44.

3. *Cf.* Alain, *Histoire de mes pensées*, *op. cit.*, p. 108-110. « Cette idée (la doctrine de l'imagination) est peut-être la plus féconde de celles que j'ai enseignées ».

4. *Ibid.*, p. 108.

Ce qui vient d'être dit implique donc la plus grande prudence lorsque nous examinons le texte de 1937 sur « Descartes et la technique ». Il est absolument impératif de se garder de conclusions trop hâtives qui verraient en lui une rupture définitive avec Alain. Nous appuyons cette réserve sur deux arguments qu'un lecteur honnête vis-à-vis d'Alain ne saurait passer sous silence.

La générosité

Premier argument. Nous avons affirmé à maintes reprises qu'en examinant de près les rapports normatifs entre la science et la technique chez Descartes, Canguilhem a pour objectif de révéler les limites d'une philosophie intellectualiste qui prétendrait pouvoir unifier la totalité de l'expérience depuis le seul entendement :

> Le soin mis par Descartes à affirmer dans sa théorie de l'union de l'âme et du corps l'irréductibilité des affections et dans sa théorie de l'erreur, l'originalité de la volonté, signifie vraisemblablement l'impossibilité à ses yeux d'unifier dans une philosophie de l'entendement pur, dans un pur système de jugements de connaissance, cette vie que le propos de la philosophie consiste à vouloir bien vivre [1].

De manière paradoxale, c'est au sein d'une philosophie ayant « résolu par une mécanique et une physique géométrique le problème de l'intelligence du réel » [2] que Canguilhem aurait trouvé l'argumentation démolissant l'ambition d'appréhender l'expérience depuis une philosophie d'entendement pur. Mais à suivre ici les analyses de Canguilhem, Descartes n'aurait-il pas lui-même préparé le terrain à ce type d'interprétation paradoxale? En insistant, dans la *Quatrième Méditation*, sur le rôle joué par la volonté dans l'avènement de l'erreur, Descartes ne défend-t-il pas finalement l'idée qu'on se trompe moins par *intelligence* que par *générosité*? En effet, comment le doute de la *Deuxième Méditation* serait-il possible sans qu'une généreuse affirmation sans borne ne le précède chronologiquement? Ici réside sans doute une des sources du concept canguilhemien si essentiel de « présomption » [3]. Le doute, produit d'une intelligence prudente, ne peut

1. G. Canguilhem, « Descartes et la technique », *op. cit.*, p. 497.
2. *Ibid.*, p. 498.
3. *Cf.* G. Canguilhem, « Qu'est-ce qu'une idéologie scientifique », *op. cit.*, p. 38. La tentation de rapprocher la « présomption » canguilhemienne de la « générosité » cartésienne est d'autant plus forte que la notion figure explicitement, on l'a vu, dans les analyse de « Descartes et la technique » (*cf.* p. 494).

logiquement être premier. Comprendre une chose, c'est la limiter; mais l'intelligence qui limite suppose alors nécessairement une altérité qui la déborde. Cette altérité, c'est ce que Descartes nomme « la générosité » :

> la vraie générosité, qui fait qu'un homme s'estime au plus haut point qu'il se peut légitimement estimer, consiste seulement partie en ce qu'il connaît qu'il n'y a rien qui véritablement lui appartienne que cette libre disposition de ses volontés [...] et partie en ce qu'il sent en soi-même une ferme et constante résolution d'en bien user, c'est-à-dire de ne manquer jamais de volonté pour entreprendre et exécuter toutes les choses qu'il jugera être les meilleures. Ce qui est suivre parfaitement la vertu [1].

Pour Alain, la générosité est cette « ferme résolution de ne manquer jamais de libre-arbitre » [2]; pour Canguilhem et Planet, c'est « le sentiment intuitif en chaque homme de l'infinité de son vouloir libre » [3]. Or, la générosité est comme on le sait d'après le *Traité des passions*, une passion enracinée dans l'union de l'âme et du corps, et donc irréductible en tant que telle à l'entendement pur. C'est pourquoi on ne saurait trop insister, comme le fait Canguilhem, sur « le soin mis par Descartes à affirmer dans sa théorie de l'union de l'âme et du corps l'irréductibilité des affections et dans sa théorie de l'erreur, l'originalité de la volonté ». Au delà de la théorie de l'union, c'est croyons-nous la doctrine cartésienne de la générosité qui interdit de rattacher Descartes à un pur intellectualisme, bien que celui-ci ait affirmé paradoxalement, comme on l'a souvent répété ici, qu'« il suffit de bien juger pour bien faire et de juger le mieux qu'on puisse pour faire aussi tout son mieux » [4].

Cet aspect paradoxal de la pensée cartésienne est loin d'avoir échappé à Alain; c'était même une des raisons pour lesquelles on doit admirer Descartes. L'avant-propos des *Saisons de l'Esprit* loue ainsi explicitement Descartes d'avoir su limiter l'usage de l'entendement pur. Certes lorsque le jugement vise « la contemplation de la vérité » [5], se proposant ainsi de produire une connaissance,

> il s'agit bien de séparer l'âme et le corps, comme Descartes voulait. Maigre écriture; anémique algèbre. Seulement Descartes n'a pas ordonné pour

1. Descartes, *Traité des passions* (1649), Alquié III, art. 153, p. 1067; AT XI, 446.
2. Alain, *Histoire de mes pensées*, *op. cit.*, p. 190
3. G. Canguilhem, C. Planet, *Traité de logique et de morale*, *op. cit.*, p. 817.
4. Descartes, *Discours*, *Troisième partie*, Alquié I, p. 595; AT VI, 25.
5. Descartes, *Principes*, *op. cit.*, art. 3, Alquié III, p. 92; AT IX II, 26.

> tous les jours cette sévère méthode, disant au contraire qu'il faut souvent joindre l'âme au corps, par promenade et société [1].

Ce n'est pas le Descartes savant des *Méditations* ou du *Discours*, le promoteur de la méthode analytique, qu'évoque ici Alain; c'est « l'homme Descartes », celui des *Lettres à Elisabeth*, qui affirme que

> c'est en usant seulement de la vie et des conversations ordinaires, et en s'abstenant de méditer et d'étudier aux choses qui exercent l'imagination, qu'on apprend à concevoir l'union de l'âme et du corps [2].

Ce qui n'est pas peu dire, si l'on se souvient avec M. Gueroult que pour Descartes, le « vrai homme » est « l'assemblage des trois substances, (...) entendement seul, étendue seule, être psychophysique seul » [3]. User « de la vie et des conversations ordinaires », c'est donc *agir* aussi bien avec son âme qu'avec son corps. Et cela ne saurait s'épuiser dans une affaire d'entendement puisque, sauf mutilation, il n'y a pas ici d'éléments à isoler : « il n'y a ici qu'un homme, qui est cet homme de chair et d'os; et le pilote c'est la machine elle-même » [4]. La vie de tous les jours ne se prête guère à l'analyse. Et Alain était loin d'ignorer le problème. C'est pourquoi il ne faudrait pas assimiler trop rapidement sa philosophie à une philosophie d'entendement pur. Cela ne serait ni plus ni moins qu'un énorme contresens.

L'antériorité de la technique sur la science

Avançons maintenant le deuxième argument contre l'idée d'une rupture définitive et brutale de Canguilhem d'avec la pensée d'Alain. Si le texte sur « Descartes et la technique » a jusqu'ici attiré l'attention des commentateurs [5], c'est principalement parce que Canguilhem y avance pour la première fois l'idée que la technique est logiquement et chronologiquement antérieure à la science. Chacun sait qu'il s'agit-là d'une thèse défendue par Bergson dans l'*Evolution créatrice*. Et comme on a tendance à réduire l'histoire de la philosophie à quelques auteurs canoniques, on déduit trop rapidement de l'endossement de cette thèse par Canguilhem, la preuve d'une influence soudaine de Bergson, lequel viendrait en quelque

1. Alain, *Les Saisons de l'Esprit*, *op. cit.*, Avant-Propos.
2. Descartes, « Lettre à Elisabeth du 28 juin 1643 », Alquié III, p. 45.
3. M. Gueroult, *Descartes selon l'ordre des raison*, tome 2, Paris, Aubier, 1968, p. 162.
4. Alain, « Lettres au Docteur Henri Mondor », dans *Les Arts et les dieux*, *op. cit.*, p. 730.
5. *Cf.* J. Sebestik, « Le rôle de la technique dans l'œuvre de G. Canguilhem », dans *Georges Canguilhem. Philosophe, historien des sciences*, *op. cit.*, p. 243-250.

sorte prendre la place occupée jusque-là par Alain au sein du panthéon philosophique de notre philosophe.

Rappelons en effet qu'au chapitre II de l'*Evolution créatrice*, Bergson soutient la thèse de l'antériorité *de l'homo faber sur l'homo sapiens* :

> Si nous pouvions nous dépouiller de tout orgueil, si, pour définir notre espèce, nous nous en tenions strictement à ce que l'histoire et la préhistoire nous présentent comme la caractéristique constante de l'homme et de l'intelligence, nous ne dirions peut-être pas *Homo sapiens*, mais *Homo faber*[1].

Selon Bergson, l'homme est d'abord un fabricant d'outil avant d'être un spéculateur. La science – l'intelligence pour utiliser le langage bergsonien – naît de l'action, et pour être plus précis, de l'action contrariée. Pourtant, cette thèse de l'antériorité de la technique sur la science, Alain l'a lui-même explicitement défendue en 1927 dans les *Idées et les Ages*, ouvrage que Canguilhem considérait comme « magistral » :

> Chacun sent que l'histoire des idées ne peut être séparée de l'histoire des outils. Or, outre que l'histoire des outils n'a point laissé de documents jusqu'à l'époque où l'arc, le coin, le levier et la roue sont en usage partout, il faut dire que le progrès technique, même en notre temps, est par lui-même impénétrable, parce que la machine et le procédé sont toujours en forme avant que l'intelligence y ait vu clair[2].

Quand on connaît les rapports étroits qu'entretenait Canguilhem avec Alain en 1927, ainsi que la médiocre opinion que le jeune disciple avait à l'époque des écrits de Bergson[3], on peut raisonnablement penser que si Canguilhem a effectivement emprunté la thèse de l'antériorité de la technique sur la science, c'est davantage à Alain qu'à Bergson.

RÉHABILITER L'ACTION PRÉSOMPTUEUSE

Malgré toutes ces réserves, nous sommes néanmoins convaincus qu'en rédigeant « Descartes et la technique », Canguilhem amorce discrètement un débat avec Alain sur les conditions de l'agir en général.

Et aussi paradoxal que cela puisse sembler, c'est un détour par *L'Evolution créatrice* qui va nous permettre d'identifier avec précision ce qui pose problème à Canguilhem dans la philosophie d'Alain. Indiquons

1. H. Bergson, *L'Evolution créatrice* (1907), Paris, P.U.F. 1999, p. 140.
2. Alain, *Les Idées et les Ages*, *op. cit.*, p. 246.
3. Qu'on se reporte à l'éloge déjà cité du pamphlet de Politzer.

toutefois que ce « détour stratégique » par *L'Evolution créatrice* est avant tout didactique. Bergson et Canguilhem se sont effectivement heurtés à un même problème philosophique : celui de l'unité de l'expérience, qui, chez l'un comme chez l'autre, est posé à travers la reconnaissance de l'originalité de l'action par rapport à la connaissance. L'un comme l'autre refusent en effet de considérer l'agir comme un simple prolongement de la connaissance objective. Mais de là à en déduire avec certitude la preuve d'une influence subite de Bergson sur Canguilhem, il y a un pas que nous refusons de faire. Toutefois, en soulevant la question de savoir jusqu'où l'action s'enracine dans l'intelligence, Bergson met assurément le doigt sur ce que Canguilhem tient pour la limite de toute philosophie d'entendement pur.

Si on laisse donc de côté le problème de la détermination des influences pour se recentrer sur un terrain philosophique, que cherche à faire Bergson dans *L'Évolution créatrice*? L'enjeu consiste à faire « entrevoir la possibilité d'engendrer l'intelligence »[1]. Devançant ses contradicteurs, Bergson évoque alors d'emblée une immense difficulté que comporterait un tel projet : comment retracer la genèse de l'intelligence, si ce n'est avec l'intelligence elle-même ?

> En vain, nous dira-t-on, vous prétendez aller plus loin que l'intelligence : comment le ferez-vous, sinon avec l'intelligence même ? Tout ce qu'il y a d'éclairé dans votre conscience est intelligence. Vous êtes intérieur à votre pensée, vous ne sortirez pas d'elle. Dites, si vous voulez, que l'intelligence est capable de progrès, qu'elle verra de plus en plus clair dans un nombre de plus en plus grand de choses. Mais ne parlez pas de l'engendrer, car c'est avec votre intelligence encore que vous en feriez la genèse[2].

Tel est le cercle vicieux auquel on se heurte dès lors qu'on se propose de retracer la genèse de l'entendement : comment penser la condition de possibilité de la pensée sans présupposer la pensée pour la penser ? La chose paraît impossible, et c'est le projet de Bergson qui se voit sérieusement compromis. Nous ne sommes pas ici en train de dire que Canguilhem se serait dissocié d'Alain au sujet de la restitution problématique de l'histoire de l'intelligence. Ou du moins pas directement : comme on l'a dit, il est effectivement fort probable que Canguilhem ait vu dans l'anhistoricité des catégories de la pensée, une limite de la philosophie de son maître de jeunesse. Ce qui est en jeu entre les deux, c'est bien plutôt la solution que Bergson met en avant afin de rompre le cercle vicieux. Pour lever l'objection concernant l'impossibilité de retracer la genèse de l'entendement,

1. H. Bergson, *L'Evolution créatrice*, *op. cit.*, p. 187.
2. *Ibid.*, p. 193.

Bergson avance la thèse que seule une action généreuse au sens cartésien du terme, c'est-à-dire téméraire et au bout du compte *présomptueuse*, peut briser le cercle du raisonnement de l'intelligence.

Expliquons-nous. Si du point de vue de sa propre démarche, Bergson en était resté au niveau de l'entendement, il n'aurait jamais pu engager le projet de *L'Évolution créatrice*. C'est que, du point de vue de la logique, il y a quelque chose de déraisonnable à vouloir retracer la genèse de l'intelligence : cela sous-entend effectivement que nous soyons en mesure de penser la cause de notre propre pensée. Or, comment mener à bien une telle entreprise sans présupposer à nouveau la pensée pour penser la cause de la pensée ? « L'objection se présente naturellement à l'esprit »[1] reconnaît Bergson ; mais il ajoute aussitôt que ce n'est pas pour autant que l'on doit en rester là. Car

> on prouverait aussi bien, avec un pareil raisonnement, l'impossibilité d'acquérir n'importe quelle habitude nouvelle. Il est de l'essence du raisonnement de nous enfermer dans le cercle du donné. Mais l'action brise le cercle. Si vous n'aviez jamais vu un homme nager, vous me diriez peut-être que nager est chose impossible, attendu que, pour apprendre à nager, il faudrait commencer par se tenir sur l'eau, et par conséquent savoir nager déjà. Le raisonnement me clouera toujours, en effet, à la terre ferme. Mais si, tout bonnement, je me jette à l'eau sans avoir peur, je me soutiendrai d'abord sur l'eau tant bien que mal en me débattant contre elle, et peu à peu je m'adapterai à ce nouveau milieu, j'apprendrai à nager. Ainsi, en théorie, il y a une espèce d'absurdité à vouloir connaître autrement que par l'intelligence ; mais, si l'on accepte franchement le risque, l'action tranchera peut-être le nœud que le raisonnement a noué et qu'il ne dénouera pas [2].

En renvoyant « l'initiative »[3] de nos actions les plus hardies non pas à un jugement de connaissance, mais à une forme de générosité et de témérité qui déborde l'entendement, Bergson met le doigt sur ce que Canguilhem considère, comme la grande limite de la philosophie du jugement d'Alain.

Celle-ci, quintessence du « style de pensée » réflexif hérité de Lagneau, n'a au fond qu'un objectif : thématiser le perpétuel triomphe de l'esprit (triomphe de l'esprit sur le fait, sur les passions...). On a vu combien Alain aimait à citer le mot d'Anaxagore : « Au commencement tout était ensemble, mais l'esprit vint, qui mit tout en ordre. » Le monde sans l'esprit, si tant est que cela soit concevable, n'est que chaos et indifférence ; l'ordre (la

1. *Ibid.*
2. *Ibid.*
3. G. Canguilhem, « Descartes et la technique », *op. cit.*, p. 497.

valeur) naît de la pensée comme Platon, Descartes et Kant l'ont si bien montré. Et par pensée, entendons ici la substitution d'une connaissance d'entendement aux fictions de l'imagination qui s'enracinent dans le corps : « Toute sagesse consiste à éliminer autant qu'on peut cette part de soi-même dans ce qu'on connaît »[1]. En d'autres termes, la vie bonne, « cette vie que le propos de la philosophie consiste à vouloir bien vivre »[2], n'est possible qu'à partir de la connaissance des lois du monde qui nous entoure. C'est par la connaissance objective des choses que nous nous libérerons de nos passions, sources des erreurs qui conduisent de proche en proche au fatalisme.

Certes, nous n'ignorons pas qu'Alain accorde à l'erreur un rôle tout à fait fondamental dans la quête de la vérité : « Quiconque pense commence toujours par se tromper. L'esprit juste se trompe d'abord tout autant qu'un autre »[3]. Alain aurait donc pu aisément faire sienne la fameuse pensée de Bachelard selon laquelle « Il n'y a pas de vérité première, il n'y a que des erreurs premières »[4]. Si l'erreur est donc toujours première, elle doit cependant être éliminée par la fonction correctrice du jugement : « Toutes nos erreurs sont des jugements téméraires, et toutes nos vérités, sans exception, sont des erreurs redressées. »[5].

Or, c'est au niveau de cette reconduction systématique des « jugements téméraires » à « des erreurs » que se manifeste le plus sensiblement la rupture avec Alain. En effet, si l'on se place dans la perspective axiologique du Canguilhem de la fin des années 30, nous dirions que « l'erreur première » dont parle Alain n'est première que *rétroactivement*, en ce sens qu'elle n'apparaît telle qu'à la condition d'avoir effectué, au préalable, le choix pour la science et la valeur qui lui est propre : à savoir la vérité. Autrement dit, l'erreur ne peut être que seconde par rapport au choix d'appréhender l'expérience du point de vue de la connaissance. Et c'est au niveau de ce « jugement de valeur » que Canguilhem se dissocie de son maître. En considérant l'expérience de l'humanité depuis le seul entendement, Alain place la vérité au sommet de la hiérarchie axiologique que l'humanité a la charge d'établir. Cependant, si notre expérience se dit en sens multiple, et que l'on refuse ainsi de reconduire l'action à une application de vérités préalablement établies par analyse, nous dirions alors que

1. Alain, *Les Dieux*, *op. cit.*, p. 1204.

2. G. Canguilhem, « Descartes et la technique », *op. cit.*, p. 497.

3. Alain, *Les Vigiles de l'esprit*, *op. cit.*, p. 34.

4. G. Bachelard. « Idéalisme discursif », dans *Recherches philosophiques* (1934-1935), repris dans G. Bachelard, *Études*, Paris, Vrin, 1970, p. 89.

5. Alain, *Les Vigiles de l'esprit*, *op. cit.*, p. 34.

les « jugements téméraires », qu'Alain ramène sans équivoque à des « erreurs », témoignent au contraire d'une « sagesse pratique » qui tient précisément à ce qu'une telle sagesse refuse d'« éliminer autant qu'on peut cette part de soi-même dans ce qu'on connaît »[1]. Il est effectivement des situations où « la prévention »[2], condamnée par Descartes dès lors qu'on se propose « la contemplation de la vérité », est toutefois essentielle quand il s'agit de répondre par l'action à l'urgence des « exigences du vivant »[3]. Reprenant une formule que Canguilhem emploiera dix ans plus tard pour qualifier l'apport philosophique des réflexions de G. Friedmann sur le machinisme, nous dirions ceci : « il n'est pas raisonnable de vouloir être, en tout ordre de réalités, uniformément rationnel »[4]. Contrairement à ce qu'affirme l'approche réflexive, certains pans de l'expérience humaine réclament effectivement du jugement de connaissance qu'il mette son triomphe de côté, et se subordonne à un « pouvoir » original d'anticipation que Canguilhem, dans son texte sur Descartes, retrouve chez les artisans et les techniciens. La « sagesse » dont parle Alain ne saurait être en d'autres termes la propriété exclusive des détenteurs de la méthode analytique.

La course-poursuite entre technique et science

Dans « Descartes et la technique », le domaine où le jugement d'entendement doit faire preuve d'humilité n'est pas encore celui de la connaissance de la vie[5]. En 1937, c'est devant l'agir technique que le jugement de connaissance doit savoir se faire humble. Et sur ce point, la lecture consciencieuse de Descartes a certainement été déterminante[6].

1. Alain, *Les Dieux*, *op. cit.*, p. 1204.

2. Voir Descartes, *Discours*, Alquié I, p. 586 ; AT VI, 18. Nous ne pouvons ici nous empêcher de rappeler les sens 4 et 5 que le *Littré* attribue au mot « prevention » : la prévention est « l'action de prévenir, d'aller au-devant » (sens n°4) ; elle est aussi « ce qui dispose le jugement ou la volonté à se déterminer, indépendamment des motifs de vérité et de justice. » (sens n°5).

3. G. Canguilhem, « Descartes et la technique », *op. cit.*, p. 497.

4. G. Canguilhem, « Milieu et normes de l'homme au travail », *op. cit.*, p. 122.

5. Comme ce sera le cas en 1952 dans *La connaissance de la vie*, où Canguilhem affirme explicitement en Introduction : « Nous soupçonnons que, pour faire des mathématiques, il nous suffirait d'être anges, mais pour faire de la biologie, même avec l'aide de l'intelligence, nous avons besoin parfois de nous sentir bêtes. » *Cf.* « La Pensée et le vivant », *op. cit.*, p. 13.

6. Nous devons à Yves Schwartz la substance du paragraphe qui suit ; *cf.* Y. Schwartz, « Conclusion » dans *Le Paradigme ergologique ou un métier de philosophe*, Toulouse, Octarès, 2000, p. 641-743 ; p. 658-664 notamment.

D'un côté, Descartes est parfaitement conscient que son ambitieux – voire présomptueux – projet d'appuyer la connaissance sur des « fondements » métaphysiques sûrs ne peut se faire que sur le « long terme »[1]. Et ce notamment en raison de l'ordre imposé des séquences démonstratives, couplé aux nombreuses « expériences cruciales » à réaliser. Les difficultés de la physique

> sont tellement enchaînées, et dépendent si fort les unes des autres, qu'il me serait impossible d'en démontrer une, sans les démontrer toutes ensemble[2].

C'est pourquoi le projet cartésien, rigoureusement mené, est nécessairement un projet à « long terme ». Mais d'un autre côté, Descartes est en proie à une urgence à laquelle le rythme d'un tel projet ne saurait correspondre. Dans une lettre à Huygens, il confie : « Les poils blancs qui se hâtent de me venir m'avertissent que je ne dois plus étudier à autre chose qu'aux moyens de les retarder »[3]. Descartes a effectivement très souvent avoué que « la conservation de la santé a été de tout temps le principal but de ses études »[4]. Dans le *Discours*, il reconnaît d'ailleurs explicitement que s'il désire « nous rendre comme maîtres et possesseurs de la nature », c'est « principalement aussi pour la conservation de la santé, laquelle est sans doute le premier bien et le fondement de tous les autres biens de cette vie »[5].

Or, comme on le sait d'après la métaphore de l'arbre de la connaissance des *Principes*[6], il y a une infinité de démonstrations à faire pour passer avec assurance des racines (les fondations métaphysiques) aux branches que constituent « la médecine, la mécanique et la morale ». C'est pourquoi, comme le remarque à juste titre Yves Schwartz, Descartes

> est heureux que des artisans [...] aient largement anticipé le moment où le philosophe soit parvenu, dans sa démarche d'enchaînement des notions et des expériences de plus en plus concrètes, au point où il se découvrirait en

1. Voir la lettre à Mersenne du 15 avril 1630, Alquié I, p. 255 notamment.
2. *Ibid.*
3. Descartes, « Lettre à Huygens du 5 octobre 1637 », Alquié I, p. 800.
4. Descartes, « Lettre au Marquis de Newcastle d'octobre 1645 », Alquié III, p. 625 ; AT IV, 329.
5. Descartes, *Discours*, *Sixième partie*, Alquié I, p. 634 ; AT VI, 62.
6. Descartes, « Lettre-Préface » de l'édition française des *Principes de la Philosophie* (1647), texte français de l'Abbé Picot, trad. par D. Moreau, introduction et notes par X. Kieft, Paris, Vrin, 2009, p. 260-261.

> état de concevoir et prescrire des mécaniques utiles ou des remèdes salvateurs[1].

Si nous en restions à une connaissance d'entendement tel que l'exigent le Descartes des *Regulae* et le Alain des *Entretiens*, nous ne serions jamais assez avancés dans notre connaissance du particulier pour répondre à l'urgence des besoins et des appétits. C'est pourquoi Descartes, pourtant promoteur d'une science analytique « définitive », est contraint de reconnaître une forme de dette à l'égard des anticipations synthétiques et présomptueuses des artisans qui contribuent, sans toutefois pouvoir l'expliquer selon l'ordre des raisons, à la conservation de notre santé.

Contrairement au savant qui dispose d'une connaissance des « effets ordinaires », l'artisan a la maîtrise énigmatique – parce que non appuyée sur une connaissance analytique – du particulier et du divers, lesquels échappent pour partie aux déductions générales du premier[2]. Aussi, l'analyse du savant est-elle toujours seconde par rapport aux anticipations synthétiques des artisans, lesquels n'ont *heureusement* pas attendu la lumière du concept pour répondre aux « exigences du vivant ». C'est dans ce dépassement présomptueux du concept par l'agir que s'enracine la thèse canguilhemienne de l'antériorité de la technique par rapport à la science; *idem* pour la célèbre formule du Canguilhem de la maturité selon laquelle « le rationalisme est une philosophie de l'après-coup »[3]. Loin de témoigner en faveur d'une forme de nietzschéisme hostile à la science, Canguilhem voit dans les « anticipations présomptueuses » de la technique, le matériau sur lequel s'exerce par la suite l'analyse de la science, laquelle n'est pas moins essentielle à l'humanité que les synthèses des artisans. C'est en effet par l'analyse des échecs de l'humanité agissante que la connaissance contribue à lever les difficultés qui font obstacle à l'action. Dans « Descartes et la technique », Canguilhem explique en effet que

> La science procède de la technique non pas en ceci que le vrai serait une codification de l'utile, un enregistrement du succès, mais au contraire en ceci que l'embarras technique, l'insuccès et l'échec invitent l'esprit à s'interroger sur la nature des résistances rencontrées par l'art humain, à

1. Y. Schwartz, « Conclusion » dans *Le Paradigme ergologique ou un métier de philosophe*, *op. cit.*, p. 659.

2. Sur l'obligation pour le savant de venir « au devant des causes par les effet », voir *Discours*, *Sixième partie*, Alquié I, p. 637 ; AT VI, 64.

3. G. Canguilhem, « Note sur la situation faite en France à la philosophie biologique », *Revue de métaphysique et de morale*, juillet-octobre 1947, p. 322-332 ; p. 327.

> concevoir l'obstacle comme objet indépendant des désirs humains, et à rechercher une connaissance vraie [1].

L'examen des rapports normatifs entre science et technique apparaît à Canguilhem comme un moyen de concilier – autrement que par réduction ou mutilation – *action* et *connaissance*. En 1937-1938, et par l'examen de l'activité technique, Canguilhem érige l'action en paradigme des circuits paradoxaux de la connaissance; autrement dit, il pose l'irréductibilité de l'une à l'autre : contrairement à Comte, le problème de l'agir ne saurait être reconduit à un problème d'application de connaissances établies *ex-ante*. Toutefois, et c'est en cela que Canguilhem se dissocie fondamentalement de Nietzsche, cette irréductibilité ne conduit nullement chez lui à une disqualification de la science. Au contraire,

> Elle vient apporter une prudence ou une facilité à un élan dont la racine n'est pas en elle. L'homme fait désormais mieux — parce qu'il sait — ce qu'il faisait sans savoir et qu'il n'a entrepris de faire que parce qu'il ne savait pas [2].

Certes, l'activité synthétique que Canguilhem enracine désormais dans la vie devancera toujours pour partie le mouvement analytique de la science. Toutefois, et c'est là le point fondamental, ce « dépassement présomptueux » de la connaissance par l'agir ne doit pas être considéré par le savant comme une fatalité. Ce n'est pas parce que, dans les faits, l'action déborde la connaissance, que la connaissance devrait pour autant renoncer à l'espoir, en soi *légitime*, de s'intégrer l'action. Si l'agir ne peut se réduire à un prolongement de la connaissance objective, cela n'implique pas en effet que le concept doive revoir ses ambitions à la baisse. L'irréductibilité de l'agir à la connaissance doit être interprétée non pas comme un seuil insondable, mais comme un mouvement asymptotique de la connaissance de l'agir. Il s'agit en quelque sorte de l'idée régulatrice par laquelle l'humanité savante, en travaillant sur les anticipations téméraires de l'action, apporte son soutien à l'humanité agissante. Ainsi que le résume Canguilhem :

> parce que c'est la même humanité qui est à la fois savante et fabricatrice c'est en elle que s'opère mystérieusement non pas la conversion de science en technique ou de technique en science, mais l'alimentation des exigences normatives de l'une de ces fonctions par les résultats de l'autre [3].

1. G. Canguilhem, « Descartes et la technique », *op. cit.*, p. 496.
2. G. Canguilhem, « Activité technique et création », *op. cit.*, p. 504.
3. *Ibid.*, p. 505.

Et là où le Canguilhem historien de la philosophie suscite l'admiration, c'est qu'il a repéré ce mouvement de course-poursuite entre l'action et la connaissance dans une philosophie réputée pour avoir solutionné ce problème dans le sens d'une réduction de la première à la seconde. Que la connaissance analytique du savant soit *devancée* par l'« action toujours à quelque degré synthétique »[1] des artisans – autrement dit que l'agir anticipe ce que la connaissance aura à comprendre par la suite – c'est, d'après Canguilhem, la thèse défendue par Descartes dans l'article 204 de la *quatrième partie* des *Principes*.

Comme on le sait, Descartes a plus d'une fois déclaré : « La philosophie que je recherche (...) est la connaissance des vérités qu'il nous est permis d'acquérir par les lumières naturelles, et qui peuvent être utiles au genre humain »[2]. Partant donc du principe que l'efficacité pratique est subordonnée à la connaissance objective, on comprend que dans les *Regulae* – manifeste pour la méthode analytique par laquelle « nous réduisons par degrés les propositions complexes et obscures à des propositions plus simples »[3] – Descartes cite parmi les illusions qu'une telle méthode tend à éliminer, les fictions d'imagination des techniciens qui « étudient la mécanique indépendamment de la physique, et qui fabriquent à la légère des instruments nouveaux pour produire des mouvements »[4]. Cependant, dans son texte de 1937, Canguilhem insiste sur le fait que la « légèreté » de la pensée technicienne n'est pas chez Descartes dépréciée de manière unilatérale. Elle s'avère au contraire salvatrice. Parce que l'urgence des appétits et des besoins enracinés dans les « exigences du vivant » ne saurait attendre l'établissement rigoureux de la vérité selon la méthode, Descartes « croit »

> [qu'] il est aussi utile pour la vie, de connaître des causes ainsi imaginées, que si on avait la connaissance des vraies : car la Médecine, les Mécaniques et généralement tous les arts à quoi la connaissance de la physique peut servir n'ont pour fin que d'appliquer tellement quelques corps sensibles les uns aux autres, que, par la suite des causes naturelles, quelques effets sensibles soient produits ; ce que nous ferons tout aussi bien, en considérant la suite de quelques causes ainsi imaginées, bien que fausses, que si elles

1. G. Canguilhem, « Descartes et la technique », *op. cit.*, p. 497.

2. Descartes, *Epître à Voetius*, 24 mai 1643, Alquié III, p. 30.

3. Descartes, *Regulae* (1628), *Règle V*, Alquié I, p. 100 ; AT 379. Il s'agit du « second précepte » de la méthode : « diviser chacune des difficultés que j'examinerais, en autant de parcelles qu'il se pourrait, et qu'il serait requis pour le mieux résoudre ». cf. *Discours*, *Seconde partie*, Alquié I, p. 586 ; AT VI, 18.

4. *Ibid.*

> étaient les vraies, puisque cette suite est supposée semblable, en ce qui regarde les effets sensibles [1].

Pour Canguilhem, l'humilité du jugement de nécessité vis-à-vis de « toute synthèse technique » [2] (la médecine et la mécanique dans le texte ci-dessus) réside fondamentalement dans le fait que tout agir industrieux opère « sur des espèces de corps dont la déduction ne peut être intégrale » [3]; c'est autrement dit sur le plan de l'expérience que se déploie l'activité technique. Or, comme l'ont bien vu Kant et Alain, l'expériencc est toujours à quelque degré unc *rencontre*, c'est-à-dire une *aventure* avec son lot d'« imprévisible » et d'« inattendu » [4] qu'aucune connaissance supposée parfaite ne saurait anticiper en totalité.

> La conclusion (écrit Canguilhem en 1938) c'est que à côté et indépendamment de la connaissance quoique parfois servie par elle, *la création continue*. Si ce qui est à connaître était *fini*, pourquoi verrions-nous tout idéal de connaissance définitive aussitôt démenti par l'événement ? [5].

Sauf à neutraliser « l'événement », l'expérience – dont la mise en histoire tient aussi pour partie dans les anticipations présomptueuses de l'humanité industrieuse – débordera donc toujours les anticipations du concept. C'est d'ailleurs dans cette course-poursuite entre l'agir et la connaissance que l'histoire des sciences trouve son moteur.« Voilà ce qui reste vrai dans l'empirisme, philosophie de l'aventure intellectuelle » déclarera Canguilhem dans l'*Essai* :

> Si la témérité d'une technique, ignorante des obstacles qu'elle rencontrera, n'anticipait constamment sur la prudence de la connaissance codifiée, le problèmes scientifiques, qui sont des étonnements après avoir été des échecs, seraient bien peu nombreux à résoudre. Voilà ce qui reste vrai dans l'empirisme, philosophie de l'aventure intellectuelle, et que méconnaît une méthode expérimentale un peu trop tentée, par réaction, de se rationaliser [6].

Les anticipations synthétiques de l'agir constituent donc l'objet que la science analysera après coup. Dans le *Traité de logique et de morale* de 1939, Canguilhem et Planet écrivent :

1. Descartes, *Principes*, *Quatrième partie*, art. 204, Alquié III, p. 521 ; AT IX, 322 ; cité par Canguilhem dans son « Descartes et la technique », p. 496.
2. G. Canguilhem, « Descartes et la technique », *op. cit.*, p. 496.
3. *Ibid.*
4. *Ibid.*, pour les deux citations.
5. G. Canguilhem, « Activité technique et création », *op. cit.*, p. 506.
6. G. Canguilhem, *Essai*, *op. cit.*, p. 62.

> Si l'on se reporte à la relation qui nous a paru s'établir normalement entre l'Analyse théorique et l'action synthétique qui lui fournit indéfinitivement des prétextes, si donc l'on considère (cela revient au même) le cours de l'évolution humaine comme la conjonction de deux forces, dont l'une crée témérairement ce que l'autre aura seulement à comprendre, enfin si l'on envisage à toutes les étapes de l'évolution la rencontre d'un Art et d'une Science comme le tissu empirique même de cette évolution, on sera peut-être conduit à ne plus voir dans la Science, fonction du Réel, qu'une fonction corrective, une sorte de travail réducteur suscité par les échecs de la puissance créatrice et s'efforçant, contre les élans de celle-ci, d'en prévenir les dangers. Si ces vues paraissent acceptables, on pourra accepter de dire peut-être que la valeur de la Science est toute limitative, quasi-négative : c'est celle d'une prudence, d'un système précis de précautions [1].

Parce que l'expérience est « création », et que l'humanité est en proie à des besoins vitaux dont l'urgence ne saurait attendre le « système précis de précautions » obtenu par l'analyse, elle devra toujours anticiper sur ce qu'elle ne sait pas encore pour répondre aux « exigences du vivant ».

RISQUE, ERREUR ET TÉMÉRITÉ

De là découle le raisonnement suivant, qui n'a pas échappé à Canguilhem : si pour l'humanité agissante, la science a la valeur « d'une prudence, d'un système précis de précautions » [2], cela implique alors que les anticipations présomptueuses de l'agir ne peuvent se déployer sans risque. C'est parce que « l'action comporte normalement un élan et un risque » [3], qu'il y a à la fois pour Canguilhem « impossibilité d'une morale "définitive" » comme Descartes l'a bien vu, mais surtout « impossibilité d'une science analytique "définitive" » [4] – chose que ce dernier n'a en revanche « pas voulu s'avouer ou avouer » [5].

Or, ce qui demeure inassimilable pour l'approche réflexive d'Alain, c'est précisément que l'homme prenne des risques ; car prendre un risque, c'est toujours, à quelque degré, *agir avant de juger* au sens réflexif du terme. Cela revient effectivement pour Alain à juger selon ses désirs et ses passions plutôt que selon l'ordre du monde. Prendre un risque, c'est engager notre action avant d'avoir la connaissance suffisante des méca-

1. G. Canguilhem, C. Planet, *Traité de logique et de morale*, *op. cit.*, p. 801.
2. *Ibid.*
3. G. Canguilhem, « Descartes et la technique », *op. cit.*, p. 498.
4. *Ibid.*
5. *Ibid.*

nismes de la situation pour l'accomplir en toute sécurité; c'est agir depuis l'entendement qui retombe dans l'imagination. Si bien que du point de vue du jugement de connaissance, une prise de risque repose en fait sur une erreur. Philosophe d'entendement, spinoziste plus que cartésien sur ce point, Alain ne voit en effet dans l'erreur qu'une « privation de connaissance »[1]. Or une privation n'est rien. C'est pourquoi, si toute connaissance commence comme on l'a vu pour Alain par l'erreur, celle-ci est appelée par la suite à être redressée; et c'est dans le redressement de cette erreur première que réside le progrès de la connaissance. Parce qu'il appréhende l'expérience depuis le seul entendement, c'est-à-dire du point de vue de la connaissance, Alain ne reconnaît au bout du compte à l'erreur qu'une maigre positivité.

Mais le problème est qu'à suivre un tel raisonnement, nous n'agirions jamais. « La lucidité théorique, écrit Canguilhem en 1938, ne peut jamais être une raison suffisante de passer à l'action »[2]. Spinoza lui-même, tout en refusant la théorie de l'erreur de Descartes, admet explicitement qu'il n'y a pas d'humanité possible sans prise de risque, laquelle s'enracine dans le « dépassement présomptueux » de l'entendement par la volonté. Dans une lettre à Blyenbergh du 28 janvier 1665, il déclare :

> je dis avec Descartes que, si nous ne pouvions étendre notre volonté hors des limites de notre intellect très limité, nous serions très misérables. Il ne serait pas même en notre pouvoir de manger une miette de pain, ni de faire un pas, ni de rester immobiles. Car tout est incertain et plein de périls[3].

L'expérience étant toujours *rencontre*, nous n'en saurons jamais assez pour engager en toute prudence notre action. Pourtant, l'urgence de la situation nous contraint à agir alors même que nous ne disposons pas d'un savoir qui nous permettrait d'anticiper tous les risques que nous encourons à accomplir telle ou telle action. C'est en ce sens que Canguilhem lie, dans la philosophie cartésienne, « l'impossibilité d'une science analytique "définitive" » à « l'impossibilité d'une morale "définitive" »[4]. Selon lui, l'engagement de Descartes pour une « morale par provision » reposerait au bout du compte sur l'idée que l'expérience débordera toujours pour partie la connaissance que nous pourrons en avoir. De là découle « l'impossibilité

1. Spinoza, *Ethique* (1677), II, proposition 35, trad. fr. R. Misrahi, Paris-Tel-Aviv, Ed. de l'éclat, 2005, p. 133.

2. G. Canguilhem, « Activité technique et création », *op. cit.*, p. 504.

3. Spinoza, « Lettre à Blyenbergh du 28 janvier 1665 », dans *Correspondance*, Paris, Flammarion, 2010, p. 166.

4. G. Canguilhem, « Descartes et la technique », *op. cit.*, p. 498.

d'une science analytique "définitive" », à partir de laquelle on édicterait un ensemble de préceptes qui vaudraient universellement pour l'agir. Dressant en quelque sorte le bilan des travaux qu'il a menés en 1937-1938, Canguilhem écrit dans le *Traité de logique* de 1939 :

> si précieux (et il doit l'être infiniment) que soit ce système (de précautions fournie par la science), il n'engendre rien par soi. La prévision même d'événements concrets lui est sans doute interdite; celle qu'il peut accomplir porte sur des ensembles immenses de phénomènes (astronomie, « grands nombres », « espèces »), non sur l'action créatrice imprévisible comme telle qui altère sans doute, hors de notre échelle d'aperception, le devenir effectif des choses [1].

C'est la maxime comtiste qui est discutée ici une nouvelle fois. Si la formule « science d'où prévoyance; prévoyance d'où action » est « aussi trompeuse qu'elle est célèbre » [2], c'est qu'elle méconnaît les anticipations présomptueuses de l'humanité agissante que Canguilhem considère explicitement, dans le texte ci-dessus, comme une « action créatrice ». Dans un texte contemporain au *Traité de logique*, il remarque que :

> Si le savoir conduit à la prévision, c'est dans la mesure où l'avenir ressemble au passé, dans la mesure donc où aucun pouvoir ne peut altérer le cours nécessaire des phénomènes. La foi en la conversion possible du savoir en pouvoir suppose qu'au moment où il affirme connaître, l'homme en tant que sujet du savoir et sujet du pouvoir se place implicitement hors du système des objets connus et à connaître [3].

Toutefois, cette mise hors circuit est une vue de l'esprit. Et cela tient fondamentalement, comme l'a bien vu Descartes, au fait que le « vrai homme » est « union ». Parce que l'homme n'est pas moins un corps qu'un entendement, il est soumis à un système coercitif de besoins et d'appétits auquel il doit répondre positivement. C'est dans ces « exigences du vivant » que s'enracine l'activité technique. Mais paradoxalement, ces tentatives techniques de fidélisation du milieu contribuent toujours à quelque degré à rendre le milieu d'autant plus infidèle. A tout besoin comblé correspond en effet un besoin créé. La création appelle la création, et l'humanité contribue ainsi à la mise en histoire d'une expérience, qu'elle cherche par ailleurs à fidéliser par son activité scientifique. Si bien que le risque sur le plan de

1. G. Canguilhem, C. Planet, *Traité de logique et de morale*, *op. cit.*, p. 801.
2. G. Canguilhem, « Activité technique et création », *op. cit.*, p. 504.
3. *Ibid.*

l'action, et l'erreur sur le plan de connaissance, sont consubstantiels à la vie humaine.

A ce propos, il n'est pas inutile de rappeler ici encore le contexte politique dans lequel Canguilhem rédige son « Descartes et la technique » et le *Traité de logique* : les événements de février 1934, l'entrée des troupes allemandes en Rhénanie démilitarisée en mars 1936, le coup d'État franquiste de juillet 1936, la prise de distance vis-à-vis du pacifisme, l'*Anschluss*, le pacte germano-soviétique… Autant dire qu'à l'époque, il était impossible de ne pas se poser la question de l'action, avec les risques que celle-ci comporte nécessairement dans un tel contexte. En interrogeant philosophiquement la notion de risque, ce ne sont rien de moins que les ressorts de l'agir en général – et pas seulement ceux de l'agir technique – que Canguilhem se propose d'examiner.

Pour bien comprendre ce dont il est ici question, il faut revenir à Bergson, pour qui seule une action téméraire et généreuse rompt le cercle dans lequel nous enferme l'entendement. Alors que le jugement réflexif nous recommande la prudence et le doute, l'urgence des besoins vitaux conduit notre volonté à outrepasser les bornes de la raison – entendue ici au sens vulgaire. Si bien que du point de vue du strict entendement, nous agissons alors d'une façon « inconsidérée »; et dans les cas les plus extrêmes, cette présomption peut même nous être fatale. Pourtant Bergson, qui rejoint ainsi paradoxalement des philosophes d'entendement comme Descartes et Spinoza, remarque que si aucune hardiesse n'avait traversé l'esprit des hommes, s'ils n'avaient jamais péché par excès de confiance en leurs propres capacités, ceux-ci ne seraient jamais entrés dans l'histoire : la nouveauté, et pour tout dire, la *création*, s'enracinent toujours à quelque degré dans une prise de risque. A ce titre, nous croyons que la métaphore de la nage utilisée par Bergson dans *L'Évolution créatrice* pour illustrer sa propre activité (retracer la genèse de l'intelligence), doit être érigée en véritable paradigme de l'agir, et pas seulement en l'agir intellectuel.

Tant que nous en restons au jugement de connaissance, nous ne nous jetterons pas à l'eau. La témérité et la générosité ne relèvent pas de l'entendement, qui nous cloue par nature à l'état de choses, *ce qui est*. Pourtant, il est manifeste que l'homme a peu à peu développé l'art de la natation. C'est donc là la preuve qu'il ne s'épuise pas dans un entendement pur : s'il n'était qu'intelligence, l'homme n'aurait jamais pris « l'initiative » de se jeter à l'eau. C'est donc par témérité et générosité – toutes deux enracinées dans les « exigences du vivant », autrement dit dans le corps – que l'homme a repoussé ses limites en se familiarisant avec un nouveau milieu dont le raisonnement lui interdisait pourtant l'accès. En somme, c'est à partir du moment où l'humanité prend un risque, où le jugement de connaissance se voit débordé par la volonté qui cherche à répondre positivement aux passions, que celle-ci devient créatrice de nouvelles formes de vie.

A ce niveau, celui de la création prise dans un sens générique, la rupture avec Alain est assez nette. En 1937-1938, le problème de la création renvoie chez Canguilhem à un problème de valeurs, problème qui aurait échappé en partie à Alain. Fidèle à la ligne directrice de toute philosophie d'entendement, Alain érige comme on l'a vu la vérité au rang de valeur suprême. Toutes les valeurs possibles pour le jugement – qu'elles soient morales, esthétiques *et vitales* – sont selon lui relatives à l'affirmation du vrai. Refusant de voir dans les passions quelque chose de positif, Alain reste finalement bien plus proche du Descartes du *Discours* que du Descartes des *Principes* ou du *Traité des passions*. Philosophe d'entendement, il n'aurait sans doute aucune difficulté à faire sienne la déclaration de la troisième partie du *Discours* où Descartes reconduit le bien au vrai :

> je n'eusse su borner mes désirs, ni être content, si je n'eusse suivi un chemin par lequel, pensant être assuré de l'acquisition de toutes les connaissances dont je serais capable, je le pensais être, par même moyen, de celle de tous les vrais biens qui seraient jamais en mon pouvoir [1].

La connaissance de ce que les choses *valent* dépend pour Alain de la connaissance de ce qu'elles *sont*. Autrement dit, tous les problèmes se ramènent selon lui à un problème de jugement de nécessité. A cause des passions qui pervertissent le jugement, les choses nous apparaissent meilleures ou moins bonnes qu'elles ne le sont en réalité ; aussi, c'est seulement en s'élevant de l'imagination à l'entendement, de la fiction à la connaissance que nous connaîtrons les choses telles qu'elles sont, et que nous découvrirons, par là même, leur valeur véritable. L'expérience ne tire ainsi son sens que dans et par le prisme de la vérité.

LA FICTION CRÉATRICE

Soucieux de prendre en compte l'intégralité de l'expérience humaine, Canguilhem refuse de voir en celle-ci l'empire du seul entendement. Car que semble indiquer l'examen de l'activité technique chez Descartes, et en particulier de l'article 204 de la quatrième partie des *Principes* précédemment cité, si ce n'est l'existence d'une forme de positivité des fictions

1. Descartes, *Discours*, *Troisième partie*, Alquié I, 598 ; AT VI 28.

d'imagination – *ce qui n'est pas* – enracinées dans les passions ? Jamais les artisans, les techniciens et les médecins n'auraient construit de machines ou trouvé de remèdes salvateurs s'ils en étaient restés au fait accompli. C'est parce qu'ils refusent *ce qui est* au nom d'un idéal, outrepassant ainsi par leur volonté les bornes de leur entendement, que les artisans se lancent dans la construction d'instruments – et tant pis s'ils ignorent les lois de la physique. L'important pour eux n'est pas d'établir *ce qui est*; c'est de faire advenir *ce qui doit être* selon leurs désirs. La technique témoigne autrement dit d'une subordination non-réflexive de l'Être à la valeur. Comme l'écrira Canguilhem dix ans plus tard dans *Machine et organisme* :

> C'est la rationalisation des techniques qui fait oublier l'origine irrationnelle des machines et il semble qu'en ce domaine, comme en tout autre, il faille savoir faire place à l'irrationnel, même et surtout quand on veut défendre le rationalisme [1].

Répondre aux besoins et aux appétits du composé psychophysique, cela exige effectivement du technicien une forme d'irrationalité, qui tient dans la capacité de créer des fictions où il suppose résolu le conflit entre *ce qui est* et *ce qui n'est pas*. Et tout l'enjeu de ses créations techniques consiste à faire advenir cette forme de non-être à laquelle il aspire.

> La science (écrit Canguilhem en 1939) tend à affirmer une existence pure, indifférente aux préférences comme aux répulsions. La technique cherche à permettre une puissance intéressée par ces mêmes tendances humaines, dont la science n'a cure. La science vise à découvrir ce qui est par delà ce qu'on croit qui peut être ; la technique vise à substituer ce qui n'est pas et qui est souhaité à ce qui est. La science a pour idéal la réalité et la technique veut réaliser quelque idéal. Alors que la science nie l'originalité et l'indépendance de l'humanité par rapport à la nature et la traite comme une partie de la nature (physiologie-sociologie), la technique nie la valeur en soi de la nature indépendante de l'homme et prétend la lui subordonner, la plier aux espoirs de l'impatience [2].

Le critérium de l'esprit technicien n'est pas la vérité, le fait, l'état de choses que l'esprit scientifique cherche à établir. Parce qu'il cherche à répondre à des besoins et des appétits qui ne sont pas seulement spirituels, le technicien vise l'utile et l'agréable, valeurs qui se situent tant au niveau de l'âme qu'au niveau du corps. Toutefois note Canguilhem, une telle activité technique n'est possible qu'à partir du moment où l'humanité dépasse le jugement de

1. G. Canguilhem, « Machine et organisme », *op. cit.*, p. 125.
2. G. Canguilhem, C. Planet, *Traité de logique et de morale*, *op. cit.*, p. 684.

connaissance qui la cloue au réel. D'où la nécessité d'admettre une forme d'irrationalité qui tient dans la capacité de créer des fictions grâce auxquelles l'humanité s'extirpe du fait pour affirmer ses désirs.

Comme l'a bien vu le Descartes des *Principes*, il y a effectivement à la racine de « l'initiative » technique une positivité de la fiction d'imagination que ne saurait reconnaître une philosophie d'entendement, celle-ci reconduisant l'ensemble des jugements possibles au seul jugement de nécessité. Dans « Descartes et la technique », Canguilhem renvoie de manière lapidaire cette positivité de la fiction à la doctrine cartésienne de l'indépendance de la volonté vis-à-vis de l'entendement : « Dans la conscience humaine comme en Dieu, la volonté ou la liberté ne sont pas aux limites de l'intelligence »[1]. Néanmoins, si l'on nous accorde l'hypothèse fort plausible que le Canguilhem de 1937 – qui n'est plus tout à fait le Canguilhem des textes de jeunesse – est déjà à quelque degré le Canguilhem de la maturité, alors cette positivité de la fiction nous paraît recevoir une lumière éclatante d'un texte plus tardif consacré à la théorie du fétichisme chez Comte[2], théorie à laquelle Canguilhem donne une portée générale.

Quel lien entre « l'irréductibilité finale de la technique à la science »[3] décelée chez Descartes par Canguilhem en 1937, et l'examen qu'il conduit en 1964 sur ce qui peut paraître, de prime abord, comme un point de détail dans l'histoire de la philosophie ? Pour reprendre une expression de Canguilhem, nous dirions que « le décalage » science/technique chez Descartes, et le rôle fondamental qu'accorde Comte au fétichisme dans l'avènement de l'humanité, pointent tous deux en direction d'une faculté originale de l'humanité. Cette faculté irréductible à l'entendement n'est autre pour Comte que le pouvoir de créer des fictions, autrement dit de se détacher de *ce qui est* (le fait) pour affirmer *ce qui n'est pas* (la valeur). Comme le rappelle Canguilhem en 1964,

> Initialement, la nature humaine est dysharmonique : pouvoirs et exigences, moyens et fins n'y sont pas ajustés. La vie et l'expérience humaines sont un aspect de la co-relation biologique entre les organismes et les milieux. Cette co-relation s'exprime dans deux tendances également quoique inversement vitales : soumission aux conditions d'existence, initiative en vue de les modifier. De cette opposition concrète naissent toutes sortes de conflits,

1. G. Canguilhem, « Descartes et la technique », *op. cit.*, p. 497.

2. G. Canguilhem, « Histoire des religions et histoire des sciences dans la théorie du fétichisme chez Auguste Comte », repris dans *Études d'histoire et de philosophie des sciences*, *op. cit.*, p. 81-98.

3. G. Canguilhem, « Descartes et la technique », *op. cit.*, p. 497.

> entre la spéculation et l'entreprise, entre l'intelligence et l'affectivité, entre la réalité et la fiction [1].

Si l'humanité s'était contentée d'enregistrer le fait accompli, elle aurait disparu sous la pression des milieux. Mais tel n'est pas le cas. Et cela tient selon Comte, tel que le comprend Canguilhem, à la faculté de l'humanité de pouvoir parfois régler ses jugements sur ses désirs plutôt que sur l'ordre du monde, autrement dit à une forme d'irrationalité :

> « La tentation naturelle de fonder nos opinions sur nos désirs » (Comte) se révèle une illusion aussi féconde qu'elle est fondamentale. On n'a peut-être pas assez insisté sur le fait que, selon Comte, la mise en marche de l'histoire par une illusion propulsive est nécessaire à l'avènement de l'esprit positif [2].

Nous retrouvons là, à vingt-cinq années d'intervalle, l'argumentation inaugurée en 1937 dans « Descartes et la technique », et poursuivie en 1938 dans « Activité technique et création ». Critiquant sévèrement la formule de Comte « savoir pour prévoir afin de pouvoir » [3], Canguilhem nous avertissait dans le même temps, mais sans développer, qu'« on oublie toujours qu'elle traduit seulement un aspect de la pensée d'A. Comte » [4]. La réflexion sur le fétichisme explicite quelque peu cet avertissement. Si comme l'affirme une philosophie d'entendement pur – dont est issue la formule comtiste – l'humanité n'avait d'autres fins que la recherche de la vérité, il n'y aurait pas de mise en histoire possible, pas de création. L'urgence de l'action, l'assouvissement des besoins qui s'enracinent dans les « exigences du vivant » ne sauraient en effet attendre l'avènement d'une science définitive. D'où la nécessité de supposer résolu (fiction), le conflit constant entre nos exigences de vivants et l'état de choses :

> Le propre de l'élan fabricateur (écrit Canguilhem) c'est de supposer résolu le problème de l'accord entre les besoins et les choses. Cette erreur est en tant que telle créatrice [5].

Or, pour que cette anticipation téméraire soit possible, cela implique, sur le plan réflexif, une capacité de l'humanité de se détacher du vrai pour affirmer le faux. Et selon Comte, tel que l'interprète Canguilhem en 1964, cette capacité n'est autre que la création de fiction. L'existence de la fiction

1. G. Canguilhem, « Descartes et la technique », *op. cit.*, p. 85.
2. *Ibid.*, p. 83.
3. G. Canguilhem, « Activité technique et création », *op. cit.*, p. 504.
4. *Ibid.*
5. *Ibid.*

témoigne en effet du pouvoir de l'humanité d'accepter une pluralité de valeurs qu'on ne saurait reconduire à la seule valeur de vérité. La vérité n'est pas la seule valeur devant laquelle le jugement aurait à s'incliner; celui-ci peut aussi opter pour le faux. Et c'est dans la mesure où l'homme peut non seulement penser le faux, mais aussi le choisir, qu'une histoire devient possible. Dans une telle perspective axiologique, la fiction se révèle être la condition de possibilité de toute histoire. C'est là le sens des réflexions du Canguilhem de la maturité sur le concept de « présomption », qu'il définit comme suit :

> Nous entendons ici par présomption l'anticipation opérative qui suppose résolu un problème, l'assomption *a priori* d'une solution dont la construction effective et efficace dépend d'une affirmation de possibilité [1].

Signe d'une certaine continuité dans les problématiques abordées, Canguilhem cherche ici encore, comme dans « Descartes et la technique », à invalider la thèse intellectualiste selon laquelle « la conscience du possible nous est donnée par la connaissance du nécessaire théorique. »[2] Lestée de dogmatisme, cette thèse sous-entend en effet que la connaissance du vrai, l'établissement de *ce qui est*, détermine l'horizon psychologique du possible. Reprenant la célèbre formule du *Faust* de Goethe « Au commencement était l'action », qu'il transforme en « Au commencement était la fiction »[3], Canguilhem affirme au contraire qu'aucune création – et par conséquent aucune mise en marche de l'histoire – ne serait possible si la vérité était la seule valeur à laquelle l'humanité pouvait se consacrer. Pour se décoller du fait qu'elle constate, celle-ci doit être en mesure de se détourner de la vérité afin de lui préférer un état de chose qui *n'est pas*, mais qu'elle souhaite faire advenir, notamment sous la pression des « exigences du vivant ». Cet état de chose qui *n'est pas*, ce possible qui comblerait ses besoins et ses appétits, c'est d'abord une fiction. Autrement dit, la *santé* a pour condition une forme d'irrationalité enracinée dans les « exigences du vivant », par laquelle l'humanité veille plus ou moins consciemment à ce que « soient réservés les droits propres de l'Action, qui ne se confondent pas avec les nécessités toutes négatives de l'"Existence" »[4].

1. G. Canguilhem, « Histoire des religions et histoire des sciences dans la théorie du fétichisme chez Auguste Comte », *op. cit.*, p. 85.
2. G. Canguilhem, « Descartes et la technique », *op. cit.*, p. 494.
3. G. Canguilhem, « Histoire des religions et histoire des sciences dans la théorie du fétichisme chez Auguste Comte », *op. cit.*, p. 85.
4. G. Canguilhem, C. Planet, *Traité de logique et de morale*, *op. cit.*, p. 802.

CONCLUSION

L'étude qu'on vient de lire avait pour ambition de déterminer les sources philosophiques sur lesquelles Canguilhem s'est appuyé pour construire le concept clé de « normativité vitale ». Pour ce faire, nous avons proposé une reconstitution de son itinéraire philosophique avant 1943, date à laquelle parut l'*Essai sur quelques problèmes concernant le normal et le pathologique*. Nous avons isolé dans ce parcours deux moments, en fonction des réponses que le jeune Canguilhem apporta successivement à la question suivante : comment concilier la nécessité du jugement avec l'urgence de l'action ?

L'examen des tout premiers textes de jeunesse révèle que jusqu'au milieu des années 1930, Canguilhem s'inscrivait dans le courant qui a dominé l'enseignement philosophique sous la IIIe République. Il s'agit de l'analyse réflexive, dont deux des principaux représentants furent Lagneau et Alain, les maîtres de jeunesse de Canguilhem. Opérant une synthèse entre Descartes et Kant sur la question du *Je pense*, l'approche réflexive est une philosophie du jugement dont l'objectif est de révéler, au fondement de l'expérience, l'activité par laquelle l'esprit ordonne et valorise librement le monde. Nous avons donc parlé de « style de pensée » réflexif à propos de cette doctrine d'inspiration kantienne, qui fait du jugement le point de départ de toute entreprise philosophique.

Cette philosophie intellectualiste est toutefois très éloignée de la philosophie de la vie développée à partir de l'illustre thèse de médecine. C'est pourquoi, après avoir retracé cette filiation surprenante de Canguilhem avec le « style » réflexif, l'enjeu consistait alors à comprendre ce passage énigmatique d'une philosophie du jugement où l'esprit est tenu pour une puissance de valorisation, à une philosophie de la « normativité vitale », où c'est la vie qui est entendue comme position de valeurs.

Ainsi qu'en témoigne le parcours intellectuel de Canguilhem dans la deuxième moitié des années 1930, le problème traditionnel de la convertibilité de la connaissance objective en action prit subitement chez lui une importance considérable. Cette irruption de l'action dans une philosophie du jugement est bien évidemment liée au contexte international de l'époque. L'éclatement de la guerre d'Espagne mit fin à l'engagement de Canguilhem pour le pacifisme intégral; mais il amorça aussi, plus discrètement, une controverse avec la philosophie d'entendement sur laquelle Alain adossait ce pacifisme extrême. C'est sur fond de cette crise politique et philosophique que nous avons lu les textes des années1937-1938. Consacrés à la technique, ils témoignent d'une montée en puissance du vocabulaire de la norme chez Canguilhem. La technique lui apparut en effet comme un champ essentiel de l'expérience humaine, où la hiérarchie normative promue parle « style de pensée » réflexif se trouve inversée. À la différence de la science, la technique doit répondre dans l'urgence à des besoins vitaux qui ne peuvent pas attendre les longues chaînes déductives du savant. Le technicien est autrement dit contraint d'*agir* avant qu'il puisse *juger* selon les règles de la méthode analytique. Ce qui correspond à un renversement de l'ordre normatif réflexif puisque, dans l'activité technique, le jugement est littéralement *débordé* par l'action. A la fin des années 1930, Canguilhem renvoie ce débordement de la connaissance par l'agir aux « exigences du vivant », qu'il considère désormais comme une puissance de valorisation dont la radicalité excède l'esprit. Les bases de la philosophie de la maturité sont désormais posées, même si le « vivant » dont il est ici question est encore, en 1937-1938, ce vivant particulier qu'est le vivant *humain*. Il faudra effectivement attendre 1941 pour que Canguilhem, en s'appuyant sur la notion de besoin, attribue une forme de jugement à l'amibe, et considère ainsi le vivant *en général* comme une puissance de choix.

Reste alors une interrogation à laquelle nous souhaiterions proposer une réponse en conclusion : qu'est-ce que le Canguilhem de la maturité a conservé du « style de pensée » réflexif qui domina ses années de formation ? La réponse se trouve dans le *Traité de logique et de morale*, texte de 1939, qui, sans annoncer véritablement l'*Essai*, n'appartient plus à la période de jeunesse. Au chapitre examinant la « Valeur de la science », Canguilhem et Planet sont amenés à discuter du projet *critique* de Kant, qu'ils décrivent comme suit :

> Il s'agit proprement d'un *examen* portant sur l'aptitude de cette Raison, c'est-à-dire en somme sur la possibilité d'une connaissance *légitime* d'un Réel en général; il faut noter ici comme décisive l'idée de légitimité, car

c'est elle qui fait le véritable problème, soulevant moins la question d'origine ou de contenu que celle de *valeur* de la connaissance [1].

En ruinant le postulat dogmatique selon lequel le jugement d'existence est le seul jugement que « l'homme vivant, pensant et agissant » [2] puisse poser de bon droit, Kant mit en évidence le pluralisme axiologique de l'expérience humaine. Ce « qui fait la doctrine kantienne encore vivante et lui confère une signification éducative encore à tant d'égards actuelle » affirment Canguilhem et Planet, c'est d'avoir opéré « un renversement de l'ordre ontologique classique », et ce en « subordonnant l'acceptation de tout jugement d'existence à l'épreuve de sa valeur » [3].

Dans la *Préface* à la première édition de la *Critique de la Raison pure*, Kant a déclaré : « Notre siècle est proprement le siècle de la critique, à laquelle tout doit se soumettre » [4] ; y compris le jugement d'existence, qui sera désormais lui aussi traduit devant le tribunal philosophique. Ici réside selon Canguilhem et Planet la « portée considérable » qu'il convient d'attribuer à « l'attitude critique » [5]. La philosophie kantienne a ouvert l'âge du jugement, où l'Être, la Réalité, l'Existence ne sont plus considérés comme des absolus auxquels la pensée serait subordonnée d'emblée. Avec Kant, ce n'est plus l'Être qui confère sa valeur à la pensée, mais la pensée qui confère *une* valeur à l'Être. Et la philosophie est précisément le tribunal où le jugement d'existence est lui-même jugé, et ce par la confrontation de la vérité – valeur propre au jugement d'existence – avec d'autres valeurs possibles pour le jugement, telles les valeurs morales, politiques ou esthétiques.

Canguilhem n'est jamais revenu sur cette conception de la philosophie. Il va même enradicaliser la portée puisqu'il estime que Kant, en conservant les « choses en soi », n'a pas su libérer l'attitude critique « des préjugés ontologiques qui en ont troublé peut-être le développement normal » [6]. Kant est resté « à la fois ontologique et critique » parce qu'il n'a pas conduit jusqu'au bout l'inversion du rapport de subordination traditionnel entre l'Être et la pensée. Purgeant le projet critique de ce qu'il pouvait encore contenir d'ontologie, « l'intellectualisme axiologique » [7] défendu par Canguilhem à la fin des années 30 « accepte et énonce nettement

1. G. Canguilhem, C. Planet, *Traité de logique et de morale*, *op. cit.*, p. 799.
2. *Ibid.*, p. 800.
3. *Ibid.*, p. 799.
4. E. Kant, *Critique de la Raison pure*, *op. cit.*, A XII, p. 65, note.
5. G. Canguilhem, C. Planet, *Traité de logique et de morale*, *op. cit.*, p. 800.
6. *Ibid.*, p. 799.
7. Cf. *infra*, p. 165-166.

l'inversion considérée »[1]. Et c'est dans cette perspective *axiologique*, qui affirme sans aucune réserve « la primauté de la Valeur à l'égard de l'Être »[2], qu'il faut comprendre la fameuse déclaration du Canguilhem de la maturité selon laquelle « il n'y a pas de vérité philosophique »[3].

Dans l'entretien télévisé de 1965 sur « Science et Vérité », Canguilhem déclare que « toute la philosophie moderne, surtout depuis Kant, est caractérisée par ceci, que la connaissance de la vérité n'est pas suffisante pour résoudre la question philosophique totale »[4]. Après Kant, l'enjeu de la philosophie ne consiste plus à instituer *ce qui est*, c'est là le travail des sciences, mais à juger *ce qui est*, c'est-à-dire apprécier un *fait* à la lumière d'une *valeur*. Or, nul ne saurait définir dogmatiquement, à notre place, les contours d'une telle *valeur*. Si le scientifique institue une vérité, il s'agit, comme dit Canguilhem, d'une « vérité sans finalité »[5]; et c'est au philosophe que revient la tâche de questionner la « finalité de la vérité », en rapportant cette finalité à une totalité qui n'est pas donnée de fait, mais à construire et à reconstruire chaque jour. L'unification de l'expérience par le jugement philosophique est une aventure, et une aventure n'est par définition jamais écrite à l'avance. « Il faut choisir » : tels sont les mots que Canguilhem a *choisi* pour clore, à propos de la guerre et de la paix, son *Traité de logique et de morale*. Nous sommes alors à la veille de la 2e guerre mondiale. « Être ou ne pas être, soi et toutes choses, il faut choisir », ainsi s'achevaient les « pages invincibles », parce que sibyllines, du *Cours sur l'existence de Dieu* de Lagneau[6].

1. G. Canguilhem, C. Planet, *Traité de logique et de morale*, *op. cit.*, p. 793, note a.
2. *Ibid.*
3. *Cf.* « Philosophie et Science », *Revue de l'Enseignement philosophique*, vol. 15, no. 2 (décembre 1964 – janvier 1965), p. 10-17.
4. G. Canguilhem, « Philosophie et Vérité », *Revue de l'Enseignement philosophique*, vol. 15, no. 4 (avril 1965 – mai 1965), p. 11-21 ; repris dans M. Foucault, *Dits et Écrits*, *op. cit.*, tome 1, p. 476-492, p. 485.
5. *Ibid.*, p. 484.
6. J. Lagneau, *Cours sur l'existence de Dieu*, *op. cit.*, p. 358.

INDICATIONS BIBLIOGRAPHIQUES

Georges Canguilhem

Œuvres (par ordre chronologique)

Œuvres complètes, tome 1, *Écrits philosophiques et politiques 1926-1939*, Paris, Vrin, 2011.

Essai sur quelques problèmes concernant le normal et le pathologique, Publications de la Faculté des Lettres de l'Université de Strasbourg, Fascicule 100. Clermont-Ferrand, Imprimerie "La Montagne", 1943.

« Milieu et normes de l'homme au travail », *Cahiers Internationaux de Sociologie*, vol. 3, 1947, p. 120-136.

« Note sur la situation faite en France à la philosophie biologique », dans *Revue de métaphysique et de morale*, juillet-octobre 1947, p. 322-332.

« Réflexions sur la création artistique selon Alain », dans *Revue de Métaphysique et de Morale*, vol. 57, avril-juin 1952, p. 171-186.

« La signification de l'enseignement de la philosophie », dans Collectif, *L'enseignement de la philosophie. Une enquête internationale de l'Unesco*, Paris, Unesco, 1953.

La connaissance de la vie (1952), 2e édition revue et augmentée, Paris, Vrin, 1965.

La formation du concept de réflexe aux XVIIe et XVIIIe siècles (1955), 2e édition revue et augmentée, Paris, Vrin, 1977.

« Philosophie et Science », dans *Revue de l'Enseignement philosophique*, vol. 15, no. 2 (décembre 1964 – janvier 1965), p. 10-17.

« Philosophie et Vérité », dans *Revue de l'Enseignement philosophique*, vol. 15, no. 4 (avril 1965 – mai 1965), p. 11-21 ; repris dans M. Foucault, *Dits et Écrits I*, Paris, Gallimard, 2001, p. 476-492.

Le normal et le pathologique, Paris, P.U.F., 1966.

« Mort de l'homme ou épuisement du Cogito », dans *Critique*, 242, juillet 1967, p. 599-618.

Études d'histoire et de philosophie des sciences (1968), Paris, Vrin, 7e édition, 1994.

« Commémoration à l'ORTF, France-Culture, 28 octobre 1969 », texte de l'intervention repris dans J. Cavaillès, *Œuvres complètes de philosophie des sciences*, Paris, Hermann, 1994, p. 677-678.

« De la science et de la contre-science », dans *Hommage à Jean Hyppolite*, Paris, P.U.F., 1971, p. 173-180.

Idéologie et rationalité dans les sciences de la vie, Paris, Vrin, 1977.

« Une vie, une œuvre 1903-1944, Jean Cavaillès, philosophe et résistant, France Culture (27 avril 1989) », dans J. Cavaillès, *Œuvres complètes de philosophie des sciences*, Paris, Hermann, 1994, p. 683-686.

« Qu'est-ce qu'un philosophe en France aujourd'hui ? », *Commentaire*, vol. 14, no. 53 (printemps 1991), p. 107-112.

« Témoignage », dans *Silvio Trentin. Saggi e Testimonianze*, Gennaio, Marsilio editori, 1991, p. 176-178.

« Un inédit de Georges Canguilhem : Ouverture du colloque Alain-Lagneau », dans *Revue de l'enseignement philosophique*, vol. 46, no. 1 (septembre-octobre 1995), p. 69-70.

Vie et mort de Jean Cavaillès, Paris, Allia, 1996.

Écrits sur la médecine, Paris, Seuil, 2002.

TRAVAUX SUR GEORGES CANGUILHEM

BALIBAR E., CARDOT M., DUROUX F., FICHANT M., LECOURT D., ROUBAUD J., *Georges Canguilhem. Philosophe, historien des sciences*, Paris, Albin-Michel, 1993.

BING F., BRAUNSTEIN J.-F., ROUDINESCO E. (ed.), *Actualité de Georges Canguilhem. Le normal et le pathologique*, Actes du Xe Colloque de la Société internationale d'histoire de la psychiatrie et de psychanalyse, Paris, Les empêcheurs de penser en rond, 1998.

BRAUNSTEIN J.-F., « Canguilhem avant Canguilhem », dans *Revue d'histoire des sciences*, vol. 53, no. 1, janvier-mars 2000.

– *Canguilhem. Histoire des sciences et politique du vivant*, Paris, PUF, 2007.

DAGOGNET F., *Georges Canguilhem. Philosophe de la vie*, Paris, Les empêcheurs de penser en rond, 1997.

DEBRU C., *Georges Canguilhem, Science et non-science*, Paris, ENS Rue d'Ulm Éditions, 2004.

FAGOT-LARGEAULT A., DEBRU C., MORANGE M. (dir.), HAN H. (éd), *Philosophie et médecine. En hommage à Georges Canguilhem*, Paris, Vrin, 2008.

GAYON J., « Le Concept d'individualité dans la philosophie biologique de Georges Canguilhem », dans M. Bitbol, J. Gayon (dir.), *L'Epistémologie française 1830-1970*, Paris, P.U.F., 2006, p. 431-463.

GUILLIN V., « Les études cartésiennes de G., Canguilhem », dans *Les Cahiers philosophiques*, n° 114, Paris, CNDP, 2008, p. 65-84.

LAGACHE D., « Le normal et le pathologique d'après M. Georges Canguilhem », *Revue de métaphysique et de morale*, n°51, 1946, p. 355-370.

LE BLANC G. (dir.), *Lectures de Canguilhem : le normal et le pathologique*, Fontenay-aux-Roses, « Feuillets de l'ENS », 2000.

– *La vie humaine. Anthropologie et biologie chez Georges Canguilhem*, Paris, P.U.F., 2002.

LECOURT D., *Pour une critique de l'épistémologie (Bachelard, Canguilhem, Foucault)*, Paris, Maspero, 1972.

– *Georges Canguilhem, Que sais-je*, Paris, Paris, P.U.F., 2008.

LIMOGES C., « Critical Bibliography », dans *A Vital Rationalist. Selected Writings from Georges Canguilhem*, Fr. Delaporte (dir.), traduit par A. Goldhammer, New York, Zone Books, 1994, p. 385-454.

MACHEREY P., *De Canguilhem à Foucault, la force des normes*, Paris, La fabrique éditions, 2009.

Revue de métaphysique et de morale, 1, janvier-mars 1985, numéro spécial consacré à Georges Canguilhem.

SCHWARTZ Y., « La radicalité de Georges Canguilhem », compte-rendu de l'ouvrage de C. Debru *Georges Canguilhem, Science et non-science*, dans *La quinzaine littéraire*, n°891, 1-15 janvier, p. 17-18.

AUTRES SOURCES

ALAIN, *Les Arts et les Dieux*, Paris, Gallimard, « Biblothèque de La Pléiade », 1958.

– *Les Passions et la Sagesse*, Paris, Gallimard, « Biblothèque de La Pléiade », 1960.

BACHELARD G., *La formation de l'esprit scientifique* (1938), Paris, Vrin, 1975.

– *La philosophie du non* (1940), 4e éd., Paris, P.U.F., 1994.

BARRÈS M., *Les Déracinés. Le roman de l'énergie nationale*, tome 1, Paris, Plon, 1922.

BERGSON H., *Essai sur les données immédiates de la conscience* (1889), Paris, P.U.F., 1948.

– *L'Évolution créatrice* (1907), Paris, P.U.F., 1999.

BRAUNSTEIN J.-F., *L'histoire des sciences. Méthodes, styles et controverses*, Paris, Vrin, 2008.

CANIVEZ A., *Jules Lagneau, professeur de philosophie. Essai sur la condition de professeur de philosophie à la fin du XIXe siècle*, 2 tomes, Paris, Les Belles Lettres, 1965.

CASSOU-NOGUÈS P., GILLOT P. (éd.), *Le Concept, le sujet et la science*, Paris, Vrin, 2009.

COMTE A., *Philosophie des sciences*, présentation, choix de textes et notes par Juliette Grange, Paris, Gallimard, 1996.

DESCARTES, *Œuvres philosophiques*, édition Alquié, 3 tomes, Paris, Garnier, 1963-1973.

FOUCAULT M., *Les mots et les choses*, Paris, Gallimard, 1966.

GRANEL G., « Michel Alexandre et l'école française de la perception », dans *Critique* n° 183-184, août-septembre 1962, p. 758-788.

GUEROULT M., *Histoire de l'histoire de la philosophie*, tome 3, Paris, Aubier, 1988.

GUTTING G., *Michel Foucault's archeology of scientific reason*, Cambridge, Cambridge University Press, 1989.

KANT E., *Critique de la Raison pure* (1781 ; 1787), traduction française d'A. Renaut, Paris, Flammarion, 2001.

LACHELIER J., *Du fondement de l'induction* (1871), Paris, Pocket, 1993.

LAGNEAU J., *Célèbres leçons et fragments* (1950), 2e éd., Paris, P.U.F., 1964.

LE SENNE R., *Le Devoir*, Paris, Alcan, 1930.

LETERRE T., *Alain. Le premier intellectuel.* Paris, Stock, 2006.

PASCAL G., *L'idée de philosophie selon Alain*, Paris, Bordas, 1970.

POLITZER G., *La fin d'une parade philosophique, le bergsonisme*, Paris, J.-J. Pauvert, 1967.

SCHMAUS W., « Kant's Reception in France : Theories of the Categories in Academic Philosophy, Psychology and Social Science », dans *Perspectives on Science*, vol. 3, n° 1, 2003, p. 3-34.

SIRINELLI J.-F., *Génération intellectuelle. Khâgneux et Normaliens de l'entre-deux-guerres*, Paris, P.U.F, 1994.

TABLE DES MATIÈRES

Imprimé sur les presses de Jouve - Mayenne
2089848Z - dépôt légal : avril 2013 - date d'impression : Mai 2013